教育部"新世纪优秀人才支持计划"资助项目(NCET-13-0722)

中央高校基本科研业务费专项资金资助项目(12QN049)

General Theory of the University-wide Innovative
Entrepreneurship Education

"广谱式"
创新创业教育概论

王占仁　著

人民出版社

序

钟秉林

当今世界，科学技术成为推动社会和经济发展的主导力量，国家竞争力越来越体现在以自主创新能力为核心的科技实力上。为在激烈的国际竞争中立于不败之地，建设创新型国家已成为我国的战略选择。创新型国家建设呼唤创新创业型人才培养。培养创新创业型人才，既是高等学校调整人才培养目标、实现教育功能的迫切需要，也是高等教育为教育现代化和学习型社会建设提供人才和智力支持的时代使命。

我认为，创新创业型人才应具有六方面的基本素质特征：博、专结合的扎实的知识基础；以创新能力为特征的高度发达的智力和能力；以创新精神为核心的自由发展的个性；积极的人生价值取向和崇高的献身精神；宽广的国际视野和强烈的竞争意识；良好的身体和心理素质。培育这些基本素质，要求高等学校必须顺应时代发展需要，发挥自身优势，建立一套多方参与、协调改革、协同探索的创新创业人才培养体系。为此，要着力抓住以下关键环节。

构建通识教育与专业教育相平衡的课程体系。调整和优化课程体系，明晰通识教育的内涵，使之涵盖自然科学、社会科学和人文科学三大领域，为学生的发展打下坚实、宽广的学科和知识基础；重视跨学科教育，探索设立跨学科专业、跨学科课程模块和跨学科课程，加强学科之间的交叉、渗透和融合，力求在不同学科交叉点上实现技术创新与突破。

注重能力的培养。创新创业型人才成长的关键在于智力的高度发展和建立在发达智力基础上的创造力的养成。高校在为创新创业型人才的培养打下扎实知识基础的同时，应该鼓励学生参与科学研究、技术研发以及创新创业活动，注重培养学生的独立思考能力、问题意识、批判精神和分析解决问题的能力。

推进学习方式和教学方法手段的变革。加强探究性学习，建立以发现和探究为核心的学习模式，倡导以问题为基础的学习、以研究为基础的学习、以发现为基础的学习，培养学生的创新意识和创新能力。重视教学的个性化，确立基于学生个性自由发展的创新型人才培养目标；突破传统的课堂教学模式，鼓励教师创造性地确立自己的教学风格，赋予学生更大的学习自由。创造性地运用信息技术，在先进教学观的引领下，推进教学方法和手段的变革，提高教学效率，改善学习效果。

为创新创业型人才培养提供制度保障。完善教师聘用考核与激励机制，鼓励和支持教师积极参与本科教育教学的改革与试验。平衡教学与科研的关系，努力形成教学科研相长、重视教学声望的"教学文化"。不断完善教学评价制度，优化评价指标体系和评价方式，在传统评价方式的基础上，增加研究报告、研究成果展示、同学评价、社区评价、批判性思维测评等多元化评价方式；完善评价反馈改进教学工作的机制，让师生直接受益。

建设有利于创新创业型人才培养的大学文化。大学文化是大学生校园生活质量的决定性因素之一，以潜移默化的方式影响着学生的成长成才。倡导学术自由和自主学习，使大学成为自由探索高深学问的场所；既注重科学精神的撒播，也注重人文底蕴的积累；既要倡导现代性，也要对传统予以批判继承；既要立足本土，也要放眼世界。创新文化制度建设，将先进的现代大学制度内化到大学的文化体系之中。

当前，深化高校创新创业教育改革既是推进高等教育综合改革的重要方面，也是培养创新创业型人才，造就"大众创业、万众创新"生力军的重要途径，迫切需要树立科学先进、广泛认同、具有中国特色的创新创业教育理念，形成创新创业教育体系。王占仁教授长期从事创新创业教育研究，他的新著《"广谱式"创新创业教育概论》在前期研究基础上进行了观点凝练和理论提升，立足"大众创业、万众创新"的时代背景，坚持问题导向，从本质论、目的论与价值论着眼，系统厘清"广谱式"创新创业教育的概念体系；从范式论、方法论、评价论入手，构建"广谱式"创新创业教育的教学体系；从文化论、历史论、学科论与趋势论出发，探究创新创业教育发展的一般规律与发展趋势。该研究成果对于拓展创新创业型人才培养的学术视野，突破创新创业教育的理论思维，发掘创新创业型人才的成长规律与特征，具有重要的理论价值；"广谱式"创新创业教育作为一种"面向全体学生"、"结合专业教育"、"融入人才培养全过程"的创新创业型人才培养体系，对于当前高校开展创新创业型人才培养的实践探索，切实提高教育教学质量亦具有重要的现实意义。

我希望该著作提出的新观点和新思路，能够对于推动我国高校创新创业教育的研究发展，破解创新创业教育的实践难题，改革人才培养模式，提升人才培养质量发挥重要作用。

2016 年 5 月 4 日

目　录

绪　论

　　近年来，党中央、国务院高度重视高校创新创业教育工作，党的十八大作出重要部署，中央领导同志多次作出重要指示，为深化高校创新创业教育改革提供了基本遵循。2010 年以来，国务院和教育部先后颁行了三份关于创新创业教育的纲领性文件[①]，确立了创新创业教育的政策导向。创新创业教育启动阶段，靠文件推动；纵深发展，靠观念变革；长久持续，靠制度保障。当前正处在观念变革阶段，需要统一认识、统一行动，简而言之，就是大家在提起创新创业教育时要不言自明地承认我们说的是"同一件事情"，这既是对话的基础，也是行动的前提。为了达到这一目的，就要对创新创业教育概念进行细分。在人们的传统印象中，创新创业教育是在商学院面向 MBA 开展的"专业式"教育，虽然后来逐渐扩展到商学院的全体学生，但仍属"专业式"教育范畴；而我们现在要面向全体学生开展创新创业教育，显然不能完全照搬"专业式"模式，与之相对应的"广谱式"创新创业教育就应运而生了。由于国家倡导并积极推动大众创业、万众创新，与之相匹配的是"广谱式"创新创业

---

① 教育部：《关于大力推进高等学校创新创业教育和大学生自主创业工作的意见》，教办 [2010] 3 号，2010 年 5 月 4 日；教育部：《普通本科学校创业教育教学基本要求（试行)》，教高厅 [2012] 4 号，2012 年 8 月 1 日；国务院：《关于深化高等学校创新创业教育改革的实施意见》，国办发 [2015] 36 号，2015 年 5 月 4 日。

教育,这就是我们强调的"同一件事情"。本研究就是要重点聚焦"广谱式"创新创业教育理论与实践面临的三方面十个基本问题,为统一思想认识奠定基础。

本书包括三方面具体内容:从"广谱式"创新创业教育的本质、目的、价值入手,奠定坚实的逻辑支点(第一至三章);从"广谱式"创新创业教育的范式、方法、评价入手,构建科学的教育体系(第四至六章);从"广谱式"创新创业教育文化、历史、学科、趋势入手,解析文化基础、历史由来、发展取向和未来指向(第七至十章),从历史演进和学科基础两个方面夯实本研究的理论与实践基础,作为解答三方面基本问题的科学支撑。

一、核心概念界定

在高校普及创新创业教育是国家长期的政策导向,"广谱式"创新创业教育是为了达到这一发展目标应运而生的全新教育理念和教育模式。"广谱式"有"广义"和"普及"两层含义,在教育内容方面可以解释为普及性的、广义的创业教育;在教育模式方面可以解释为是相对于面向商学院学生开展的"专业式"创新创业教育而提出的一种教育理念和教育模式;核心理念是"面向全体学生"、"结合专业教育"、"融入人才培养全过程",基本目标是"全覆盖"、"分层次"和"差异化"。"广谱式"创新创业教育既是当前中国高校开展创新创业教育的政策导向,也是创新创业教育理论研究和实践探索的长期努力方向,成为当前高校创新创业教育的主要发展趋势。

(一) 什么是"广谱式"

"广谱式"创新创业教育的英文表述是"University-Wide Innovative Entrepreneurship Education",有学者称其为"全校性"[1] 或"普及模式"[2] 教育;也有学者称其为"普及教育"或"通识教育",英文表述为"General Education"或"Liberal Education"[3]。尽管称谓各有不同,但通过考察这些概念的含义,可以发现其基本内涵是一致的,都与联合国教科文组织在东京会议报告中提出的"广义的创业教育"相似。总体上看,"广义的创业教育"和"普及教育"或"通识教育"系属一类,它们都不是根据教育对象群体不同而产生的概念,而是面向同一群体,所实施的与"狭义"不同的教育,这主要是针对教育内容而言的;"全校性"创业教育和"普及模式"系属一类,它们都是因为教育群体不同而产生的相对性概念,之所以称为"全校"和"普及",都是相对于"商学院"而言的,这样的概念内涵更符合"University-Wide"这个舶来语的本义,这主要是针对教育模式而言的。

"广谱式"创新创业教育的核心指导理念是:以全体学生作为教育对象,认为创业精神对任何个体都具有重大意义,任何对创业感兴趣的学生都应该有机会接受创业教育;创业教育不能脱离专业教育的根基,要将创业教育全面"嵌入"专业教育,实施深层次创业教育;教育的目的重在培养学生的创业观念、企业家精神以及创业思维和创业能力,而不仅仅是传授创业知识和技巧。在这一核心理念指引下,"广谱式"创新创业教育体系建设立足全覆盖、分层次和差异化三个基点:一是面向全体学生开展创

---

[1] 参见梅伟惠:《美国高校创业教育》,浙江教育出版社 2010 年版,第 143 页。

[2] 参见李文英、王景坤:《澳大利亚高校创业教育模式探析》,《比较教育研究》2010 年第 10 期。

[3] 参见孙洪义:《创新人才培养的四个基本问题——兼叙"3·3·3"课程体系和 7P 教学模式的探索》,《创新与创业教育》2010 年第 2 期。

新创业教育，提高学生创新意识、创业精神与实践能力；二是对有创业愿望的学生进行个性化培养，提升学生创业实战技能；三是这个体系是一个综合体系，既充分发挥传统商学院"专业式"教育在提升学生创业实战技能等方面积累的优长，也积极推动创业教育项目向商学院之外广泛拓展，融入专业教育之中，整合构建"专业式"教育与"广谱式"教育"双轨并行、相互助力"的运行机制。

（二）什么是创新创业教育①

创新创业教育是在"广义的创新"和"广义的创业"两个概念基础上形成的综合性概念。"广义的创新"不只是一种经济行为，在本质上它是现实的人有目的的创造性实践活动。②"广义的创新"突破了创新与经济增长这一经济学分析范式，超越了创新是一种经济行为，追求经济价值的实现这一传统学术观点，在经济行为和经济价值之外，还包括科学创新、技术创新、制度创新；"广义的创业"不只是建立新企业，兼有经济、政治和社会意义。经济意义上的"创业"已经突破了"创业就是创建新企业"的狭义范围，将"内创业"（Intrapreneurship）和"社会创业"（Social Entrepreneurship）也纳入创业研究领域；政治意义上的"创业"主要是指创立基业，"创业"与"守业"相对应，故有"创业难，守业更难"之说；社会意义上的"创业"主要是指创新事业，利用各种资源创造价值，这个价值不只是经济价值，还包括社会价值，非经济领域的创业更是把社会价值放在首位。

在广义上来看，创新与创业是"双生关系"，二者天然地联系在一

① 在此需要特别指出的是，本书的研究对象是"创新创业教育"，如果将其与"创业教育"作严格的概念区分，二者之间确实存在着细微的差别。但是，本书认为二者之间的差别是"同中之异"，所以将这两个概念通用。

② 参见刘红玉、彭福扬：《创新理论的拓荒者》，人民出版社2013年版，第176页。

起。"虽然创业不是创新，创新也不是创业；创业不一定涉及创新，创新也不一定涉及创业。但是，成功的创业离不开创新，成功的创新也往往在创业过程中产生。"① 正如"创业教育之父"杰弗里·蒂蒙斯（Jeffry A. Timmons）所指出的："如果把创业比做美国经济的发动机，那么创新就是此发动机的汽缸，它带动了重要新发明和新技术的诞生。"② 基于这一理论基础，有学者指出："2010 年我国教育部把创业教育名称改为'创新创业教育'，这说明了我们对创新教育与创业教育的双生性认识已形成共识，我国的创新创业教育新理念亟待我们去丰富和发展。"③

本研究认为，"创新创业教育"在形式上的表现是在"创新"的后面加上了"创业"二字，其实质是内在规定了创新的应用属性，是指向创业的创新，重在应用的创新，促进创新成果的市场化、商业化；在"创业"的前面加上了"创新"二字，其实质是全面统领了创业的方向，是以创新为基础的创业，是机会型创业，高增长的创业，提高了创业的层次和水平。"创新创业教育"既内在包含了"创新教育"、"创业教育"的科学内涵，又不与二者简单等同，成为一个综合的教育系统。在这个系统中，"创新教育"与"创业教育"在战略旗帜下实现了高度统一：国家实施创新驱动发展战略、促进经济提质增效升级；推进高等教育综合改革、促进高校毕业生更高质量创业就业；创新引领创业、创业带动就业，主动适应经济发展新常态；加快培养规模宏大、富有创新精神、勇于投身实践的大众创业、万众创新生力军。既彰显了国家战略，又表达了社会需求；既突出了本质规定，又明确了价值取向，成为新时期科学引领高等教育改革与发展方向的全新教育理念和模式。

① 李政：《创业型经济：内在机理与发展策略》，社会科学文献出版社 2010 年版，第 38 页。
② 杰弗里·蒂蒙斯、小斯蒂芬·斯皮内利：《创业学》第 6 版，周伟民、吕长春译，人民邮电出版社 2005 年版，第 9—10 页。
③ 王游：《我国高校创新创业教育哲学观的思考》，《广东社会科学》2013 年第 1 期。

（三）"广谱式"创新创业教育的科学价值

面向全体学生开展"广谱式"创新创业教育首先遇到的一个问题就是，全体学生在接受了创业教育之后，大多数学生在毕业时不会走向创业，而是选择就业。这种结果是否表明"广谱式"创新创业教育失败了呢？如果不是，那么，可能的解释是什么呢？有人会说，"广谱式"创新创业教育是培养学生的创业精神和创业意识，而不是教学生如何创办企业。据此解释，能不能说"广谱式"创新创业教育是"不为了创业的创业教育"呢？对于这些问题的解答，需要"广谱式"创新创业教育范式确立追求实效的创新创业教育新观念，统筹协调好与就业教育、素质教育的关系。

一是实现了从"两极"到"中介"的转化，确立了追求实效的创新创业教育新观念。"两极"是指现实推进创新创业教育过程中的两个极端：一个极端是认为，创新创业教育就是教学生创业，把创新创业教育"狭化"为职业教育；另一个极端是认为，创新创业教育就是培养学生创业意识，把创新创业教育"泛化"为素质教育。"广谱式"概念的提出可以有效推动"两极"思维向"中介"思维的转变。"中介"是指两个极端的中间地带，认为既不能把创新创业教育单纯地看作素质教育，不存在"不教创业的创业教育"；也不能把创新创业教育单纯地看作职业教育，不存在"只教创业的创业教育"。具体来说，"广谱式"创新创业教育就是充分借鉴素质教育的理念和专业教育的方法，形成三维教育结构，为学生提供知识与技能、过程与方法、情感态度和价值观三个维度的教育。在"中介"观的指导下，创新创业教育远非仅仅是指导大学生设计、创办、经营和管理商业企业或公司，也不仅仅是解决大学生就业问题的权宜之计。它既是当前促进高等教育内涵发展，不断提高人才培养质量的重要途径，也是大学生充分实现人生价值、提升人生境界的重要途径；既是当前强力支撑创新驱动，服务职业变迁、产业升级和整个经济增长方式转变的重要方式，也是关系民族创新能力提升和创新型国家建设的重大战略问题。以"中介"观为理论基础，高校"广谱式"创新创业教育包括在校教育和继续教育两个阶段。在校教育阶段既有面向全体学生的通识教育，也有面向各个学科的嵌入教育，还有面向有明确创业意愿群体的专业教育；继续教育阶段既有面向准创业者的教育和培训，也有面向中小企业主的咨询与援助，还有面向岗位创业者的培养和提高。通过在两个阶段实施"广谱式"创新创业教育，既要实现全覆盖，又要体现差异化，实现分层次、分阶段、分群体施教。

二是理顺了创新创业教育与就业教育的关系，实现了二者的衔接联动。关于创新创业教育与就业教育的关系，主要有两种代表性观点。一是对立关系，认为就业教育以填补现有的、显见的就业岗位为价值取向；创新创业教育以创造性就业和创造新的就业岗位为目的。"创业教育在世界范围内的全面兴起，昭示着就业教育的衰落。"[1] 二是包含关系，认为创业教育包含在就业教育范畴之内。有学者认为，就业其实是一种生活方式，"就业或雇佣不仅指被他人雇佣，也包括被自己雇佣，比如创业"[2]。在辨析创新创业教育与就业教育的关系时，很多学者在高度肯定创新创业教育的同时贬低了就业教育，这种学术观点具有一定的普遍性，并非一两个学者的个别看法。产生这种观点的深层次原因是对近年来就业教育的发展变化缺少全面把握。这种发展趋势从教育部 2007 年颁布的《大学生职业发展与就业指导课程教学要求》文件中可见一斑。该文件将职业生涯规划和就业指导作为独立课程，进入高校教育教学管理体系，明确地规定了这门课程"既强调职业在人生发展中的重要地位，又关注学生的全面发展和终身发展。通过激发大学生职业生涯发展的自主意识，树立正确的就业观，促使大学生理性地规划自身未来的发展，并努力在学习过程中自觉地提高就业能力和生涯管理能力"的性质与目标。文件将就业指导与职业发展相

---

① 唐德海、常小勇：《从就业教育走向创业教育的历程》，《教育研究》2001 年第 2 期。
② 邹蕾：《英国大学生可雇佣性培养研究及其启示——以谢菲尔德哈勒姆大学为例》，《浙江教育学院学报》2011 年第 1 期。

结合，使得就业指导具有全新的理论基础和价值定位。与职业发展相结合的就业教育的精髓是突出学生的主体地位，唤醒学生的独立工作能力和创造性思维，在实践过程中，既注重以正确的价值观引导学生，又注重个人兴趣和创新能力的塑造，批判性思维和社会责任感的培养，实现了从传统的"就业指导"到"职业生涯教育"的转变，从帮学生找工作向教会学生找工作的转变。

基于以上分析，在"广谱式"创新创业教育体系框架内，创新创业教育与就业教育的科学关系体现在以下三个方面。第一，二者不是对立关系。创业是主动的，就业是被动的，创业是"创造性"的，就业是"适应性"的，创业教育的全面兴起必然昭示着就业教育的衰落，这些命题都缺乏必要的科学根据，不足以作为分析二者关系的基本前提。第二，二者不是包含关系。就业和创业都是大学生的职业选择方式，就业教育和创业教育可以统一为"出路教育"，我们可以把创业作为学生就业的一个具体"出路"，作为学生生涯规划的一个重要选项，但在进行教育的时候，创新创业教育必须从现有的就业教育体系中分离出来，给予应有的重视。第三，二者是"衔接联动"关系。对全体学生进行"广谱式"创新创业教育有利于促进学生就业；对学生进行就业教育并帮助其落实合适的工作岗位，有利于学生在工作岗位上积蓄力量，以就业为跳板，走一条"经由就业走向创业"的道路。就业可以成为创业的台阶和跳板，创业也可以作为就业的基础和平台，二者天然具有衔接性和联动性，将二者截然分开并对立起来，既不科学也不明智。

三是贯通了创新创业教育与素质教育的本质、特征和目标，夯实了创新创业教育坚实的理论基础。全面实施素质教育是改革开放以来中国教育改革发展的总方向、总目标和总要求，创新创业教育是围绕素质教育这一主旋律跳动的音符。但是由于功利化价值取向的影响，在高校实施的创业教育一度偏离素质教育的主旋律，演化成为一种"企业家速成"和"老板培训班"式的技能教育，实际造成了创业教育在本质、理想和目标上的困惑。"广谱式"创新创业教育与素质教育本质相同、特征相通、目标相合，有助于这一问题的根本解决。

首先，从科学本质上来看，二者都是培育、提高全体受教育者素质的教育，素质教育重在培养综合素质，创新创业教育重在培养创新创业素质。"实施素质教育，就是全面贯彻党的教育方针，以提高国民素质为根本宗旨，以培养学生的创新精神和实践能力为重点。"[1] 培养学生的创新精神和实践能力，成为实施素质教育的重点，从这个角度出发，有学者明确指出创新创业教育是对素质教育的"具体化"、"新指认"，[2] 是一种高层次的素质教育[3]。认为创业教育与素质教育有诸多相通之处，作为一种教育理念和模式，创业教育系属素质教育的范畴，二者的共同本质是"恢复教育的本来意义和价值，即养成学生健康人格，促进学生全面发展"[4]。

其次，从主体特征来看，二者都是在教育改革与发展的大背景下提出的教育理念和模式。二者都是处在不断发展之中，具有鲜明的时代特征。素质教育具有主体性、全体性、全面性和长效性四方面鲜明的时代特征[5]，与此相应，"广谱式"创新创业教育突出强调"面向全体学生"、"结合专业教育"、"融入人才培养全过程"的核心指导理念，重在实现"全覆盖"、"分层次"和"差异化"的基本目标，深度契合了素质教育的主体性、全体性、全面性和长效性特征，使得二者可以更好地适应复杂多变的社会环境和应付未来世界的挑战。

<hr>

[1] 郝克明、顾明远、蔡克勇：《90 年代中国教育改革大潮丛书·综合卷》，北京师范大学出版社 2002 年版，第 306 页。
[2] 参见曹胜利、雷家骕：《中国大学创新创业教育发展报告》，万卷出版公司 2009 年版，第 6 页。
[3] 参见丁立群、吴金秋：《创业教育的目标与功能》，中国高等教育 2004 年版，第 22 页。
[4] 素质教育的概念、内涵及相关理论课题组：《素质教育的概念、内涵及相关理论》，《教育研究》2006 年第 2 期。
[5] 参见素质教育的概念、内涵及相关理论课题组：《素质教育的概念、内涵及相关理论》，《教育研究》2006 年第 2 期。

再次，从培养目标来看，关注人的发展是二者共同的灵魂、核心和目标。素质教育将促进学生全面发展、培养德智体全面发展的合格公民作为最高目标，创新创业教育的目标是培养具有开创性的个人，这样的人"对于变化持积极的、灵活的和适应的态度，视变化为正常、为机会，而不视其为问题"①。从德智体全面发展的合格公民到具有开创性的个人，正是由于创新创业教育突出强调"开创性"的培养目标，充分彰显"开创性"的意义和价值，并围绕如何培养"开创性"这一核心素质，对素质教育要求全面发展的生理素质、心理素质、文化素质的构成要素进行了选择和归并，或突出重点或赋予创新创业的内涵，由此重新建构了创新创业素质的结构和系统。这样，创新创业教育既紧密结合了素质教育的内在要求，又以实现"开创性"的培养目标为切入点和突破口，实现了人的全面发展的进一步延伸和扩展，使得创新创业教育具有了与素质教育既相联系、又相区别的独立的教育内容体系。这就是为什么二者本质相同、特征相通、目标相合，而又要同时存在的必要性。

二、主要研究内容

本书重在"基本问题"研究，旨在通过对"本质论"、"目的论"、"价值论"、"范式论"、"方法论"、"评价论"、"文化论"、"历史论"、"学科论"、"趋势论"十个基本问题的深入系统研究，充分体现"广谱式"创新创业教育"面向全体学生"、"结合专业教育"、"融入人才培养全过程"的具体目标，引领当前高校创新创业教育理论研究与实践创新。

第一章研究了"广谱式"创新创业教育的本质。本质是事物中常住

① 王一兵：《提高教育质量迎接21世纪的挑战——面向21世纪教育国际研讨会侧记》，《教育研究》1990年第2期。

不变且必不可缺之性质。创新创业教育的本质问题要回答的是"是什么"的问题。本章首先探讨了创新创业教育本质论的理论基础，提出教育本质论的指导思想是马克思主义立场、观点和方法，创新创业教育本质要遵循教育本质、大学本质和创新创业本质的规定性，做到三重本质三点一线、三位一体，既要避免因完全同一、高度重合而丧失特点，也要避免因背离和矛盾而误入歧途。借助黑格尔关于哲学的"消化与生理学"、"动物听音乐"、"密涅瓦的猫头鹰"、"同一句格言"的巧妙比喻，尝试着从哲学层面揭示创新创业教育本质。在创新创业教育的社会功能方面，论证了创新创业教育与经济发展、社会发展、文化创造的关系，在创新创业教育的个体发展功能方面，认为"主动性"是创新创业的突出特质。主动性就是要把创业作为一种生活方式和人生态度，转化为学生的主体行为；主动性就是要充分发挥人的创造性的潜力和本能，培养人的"创业自觉"。

第二章阐释了"广谱式"创新创业教育的目的。教育的目的问题是要回答教育是"干什么"的问题。所谓教育目的，就像射箭的靶子一样，教育和射箭一样都需要"有的放矢"。本章研究了创新创业教育目的论的理论基础，正面回应了"教育有无目的"的问题，认为教育目的性是客观存在的，是由社会存在所决定的。同时阐释了教育目的的历史性、阶级性和层次性，辨析了当前存在的个人本位与社会本位、通才教育与专才教育两种对立的教育目的论。提出了创新创业教育的"超越性"目的，包括对传统的超越、对时代的超越和对自我的超越三个方面。超越性的创新创业教育就是要"培养具有开创性的个人"，开创性的个人要有理性的行动能力和丰富的生活体验。

第三章论证了"广谱式"创新创业教育的价值。教育的价值问题是要回答教育是"为什么"的问题。教育价值论比本质论和目的论更为复杂难解，主要原因在于作为一般哲学概念的价值本身是一个非常复杂的哲学问题，学术界对于价值含义问题众说纷纭，价值本质问题见仁见智，使得对于价值的理解莫衷一是。我们必须以马克思主义的立场、观点和方法来研究价值问题，认识到价值既是一个关系范畴，也是一个历史范畴；价值既有主体性，又有客观性；价值既有绝对性，也有相对性。认识创新创业教育的社会价值要区分不同层次和境界，将创新创业活动分为四种类型：以创新创业驱动经济社会发展；以创造价值为目的的机会型创业；以创业带动就业；以解决生存问题为目的的生存型创业。因此，与之相匹配的创新创业教育也分别具有相应的价值。我们鼓励以创新创业驱动经济社会发展，同时要着眼于机会型创业和以创业带动就业这个大多数，对于生存型创业也要看到其对社会稳定所起的重要作用，支持它渐次发展进步。从教育过程来看，创新创业教育是一个"创造性转化"过程，从接受创业知识到形成创业智慧，从新发明新发现新创造到知识资本化，从具有创业意向到采取创业行动，需要付出艰辛的努力。其价值包括"转识成智"（知识转化为智慧）、"转知成资"（知识转化为资本）和"转意成行"（创业意向转化为创业行为）三个方面。

第四章探讨了"广谱式"创新创业教育的范式建构。"广谱式"创新创业教育的突出特点是"面向全体、分类施教、结合专业、强化实践"，它的深刻内涵是既考虑大多数，也不忽略极少数。这既是当前中国高校开展创新创业教育的价值取向，也是创新创业教育理论研究和实践探索的努力方向。但是，实践过程中大家对于这些基本原则的理解和认识并不一致，当前亟须从理论的高度解决创新创业教育为什么要"面向全体学生"而不是少数学生，为什么要"结合专业教育"而不是"另起炉灶"，为什么要"融入人才培养全过程"而不是简单地开设几门创新创业课程等基础性、根本性问题。对于这些问题的解答，需要深刻理解高校开展创新创业教育基本原则的科学内涵。本研究借鉴分层次、分阶段、分群体进行创新创业教育的做法，构建了"广谱式"创新创业教育范式，针对"全体学生"、"各个学科专业的学生"、"有明确创业愿望的学生"和"初创企业者"四个层次的学生分别开展"通识型"、"嵌入型"、"专业型"和"职业型"四个层面的教育，深入研究了每个层面的教育对象与目标、教育形式与载体、教师和学生的角色定位，以此来统筹协调好"面向全体"与"分类施教"、在校教育与继续教育、素质教育与职业教育、"教中学"与"做中学"的关系。

　　第五章阐释了"广谱式"创新创业教育的教学方法创新。"广谱式"创新创业教育是我国高校创新创业教育发展的主要趋势，在具体实施这一教育模式的过程中，由于教育对象广泛、专业类别多样、培养目标分层等状况的现实存在，经常会听到实际工作者报怨："学生太多了，只能讲讲算了，根本没有条件使用其他教学法"，客观造成当前我国高校创新创业教育尚存在"教学方式方法单一，针对性实效性不强"[1]等现实问题。多数高校形成了教学模式"以教为主"易僵化，教学内容"以知识为核心"、重理论，教学方式"以第一课堂为主阵地"、缺实践的现实困境。"缺乏行之有效的创业体验学习已经成为阻碍创业教育可持续发展的一个重要原因。"[2] 本研究充分考虑到创新创业教育的理论性、实践性和操作性，探索将案例教学法、体验教学法、项目教学法具体应用于"广谱式"创新创业教育的必要性与可能性，明确"广谱式"创新创业教育应用这些教学方法的组织形式、项目选材、考核评价、保障措施等具体问题，确保这些方法在"广谱式"创新创业教育中的成功应用。认为创新创业教育要重点建设"实践导向"的教学方法体系。

　　第六章研究了"广谱式"创新创业教育的科学评价问题。评价是改进、提高的基础，创新创业教育的质量和水平要想得到持续的改进和提高，必须以科学评价作为基础。由于创新创业教育效果评价存在着突出的"时滞效应"，所以必须清楚创新创业教育的作用机制和有效的边界条件，不能仅凭思辨来选择评价指标。加强评价体系建设的当务之急在于创建与"广谱式"创新创业教育特征相匹配的教育效果评估方案，充分考虑主观

① 国务院：《关于深化高等学校创新创业教育改革的实施意见》，国办发 [2015] 36 号，2015 年 5 月 4 日。

② 梅伟惠：《论创业体验学习及其应用》，《教育研究》2015 年第 2 期。

和客观指标、短期和长期指标等特殊因素，形成模块化评价指标体系。本章具体探讨了数量评价、个体发展水平评价和纵向综合评价三个问题。在数量评价方面，探讨了"创业率"评价的问题与改进措施，认为不能单纯以应届毕业生的创业率这一数量指标来评价创新创业教育效果；在个体发展水平评价方面，认为需要建立评价指标，对创业意向和创业能力进行评价；在纵向综合评价方面，深入研究了当前比较前沿的基于"计划行为理论"的纵向综合评价方法，对其评价指标选择和体系构建进行了深入研究。本章试图建立起与"广谱式"创新创业教育相匹配的价值导向和质量标准，进而形成全新的评价观。以此标准来规范高校创新创业教育，引导创新创业教育的理论研究和实践探索不断提高质量、效益和水平，进而全面提升中国高校创新创业教育评价的整体水平。

第七章探讨了"广谱式"创新创业教育的文化基因。中国传统文化对于创新创业人才培养起到了积极的促进作用还是消极的阻碍作用，一直是学术界争论的焦点。本章针对这一热点问题进行了深入思考，认为中国传统文化具有特殊的复杂性，单纯从文化特质的角度来看，中国传统文化确实蕴含着丰富的创造性，但是由于封建社会的长期延续，特别是明清之际封建专制主义的桎梏，使得中国传统文化的创造性特质并未得到正确发挥，以至于影响了整个社会的创造创新活力。在我们研究传统文化时，一定要加入时代元素，要把"传统与时代"作为一个主题来深入研究，不同时代会唤醒传统文化中不同的价值元素，这是我们研究传统文化的基本出发点和落脚点。当前要充分注意到中国传统文化随着时代的发展而发生的巨大变化。中国现实的社会环境已经发生了翻天覆地的变化，中国特色社会主义制度的确立为建设民主法治的中国奠定了基本的制度基础，以改革创新为核心的时代精神已经成为中华民族蓬勃向上、走向繁荣富强的精神力量。在这种时代特点和制度环境中，中国传统文化中有利于创新创业的特质会重新得到发挥和阐扬，为整合和建构促进创新创业的时代文化提供保障。因此，一定要辩证看待传统文化与创新创业人才培养的关系。中国传统文化具有刚健有为的奋进精神、修身尚德的道德精神、忧国忧民的爱国精神、日进日新的创新精神、兴邦致用的创业精神，这些优秀传统值得继续发扬光大。中国传统文化对创新创业人才培养的消极影响主要表现在：天朝心态严重阻碍了对变化世界的适应，庸俗价值观为核心的处世之术严重破坏了社会秩序，抑商政策阻断了职业选择的多样化，精神胜利法阻碍了对失败的体认与反思，中国传统文化的复杂性造成对人对己的"双重标准"，这些严重缺陷需要加以克服。创新创业文化作为现代文化的子系统，同样存在着由传统向现代转型的问题。对此需要从三方面把握：一是辩证看待传统文化的消极因素对创新创业人才培养的制约和阻却；二是探索传统文化的转化机制；三是以马克思主义为指导思想整合构建现代创新创业文化。

第八章研究了"广谱式"创新创业教育在中国的历史由来与试点实验。当今中国，在国家的大力推动下，大众创业、万众创新已经深入人心，蔚为风气，创新创业已经成为国民经济和社会发展的动力引擎，作为培养创新创业人才的高校创新创业教育也得到了前所未有的重视。但是，由于社会上多数人对创新创业知之甚少，所以常有这样的问题："大众"和"万众"哪一个更大？让"大众"和"万众"去创业创新，可能吗？"创新"、"创业"两个词用一个不行吗？为什么要叠加在一起使用？高校开展创新创业教育，是让所有的大学生都去创新创业吗？要想解决这些问题，仅仅解读政策并不管用，必须从历史上把中国创新创业教育的来龙去脉说清楚才行。本章就是要对"广谱式"创新创业教育的演进历程、中国创业教育的本土创造与"六年研究"、中国高校创业教育兴起与发展经验进行"鸟瞰式"的巡礼，整体纵贯了 1917 年① 至今的近百年史，横

---

① 根据王伦信等学者的研究，1917 年发表在《教育杂志》第 9 卷第 10 号上的《儿童创造力养成法》一文是我国最早以创造教育为主题的文章。该文作者署名"天民"，是《教育杂志》共同的笔名，文章来自主编朱元善对日文材料的译编。参见王伦信：《创造教育理论研究回溯——以民国时期为例》，《南京师大学报（社会科学版）》2007 年第 4 期。

向涉及了职业教育、继续教育、基础教育、高等教育四类教育，内在梳理了创造教育、创新教育、创业教育、创新创业教育等多个概念，以期述往思来，以史鉴今。

第九章探讨了"广谱式"创新创业教育的学科化发展取向。中国高校创新创业教育研究与实践近年来获得了快速发展，但在学科建设方面仍有潜力可以挖掘，需要以学科的标准加以规范和提高。创新创业教育学科建设是一项系统工程，由于中国高校创新创业教育走过了一条政府驱动的快速发展道路，客观上决定整体性、开放性和时代性成为中国高校创新创业教育的学科化特性。学科建设需要结合中国国情走一条"专业式"与"广谱式"双轨并进、"问题导向"与"学科导向"统筹兼顾、"政府驱动"与"高校需求"上下互动的特殊道路。未来发展的基本取向是建构共同的教育哲学基础，明确学科边界和主体领域，加强平台建设和人才培养。

第十章研究了"广谱式"创新创业教育的未来发展趋势。中国创新创业教育将向何处去？这一本来并不十分紧迫的问题，由于国家和社会的极其重视，而在当前突出地摆在所有人面前。为了集中解决这个问题，本研究展现了美国在创业教育方面尚未成熟的一面，通过全景呈现美国学者关于创业教育发展现状、阶段定位与发展趋势的争论，将美国高校创业教育"成熟性"、"合法性"以及"发展趋势"三个问题引入视域，这一研究使我们现实地看到，即使在世界上公认的最早开展创业教育的国家，美国也不是什么都好，也有这样那样的问题，这既增强了我们的信心，也让我们看到任重道远的未来奋斗之路。在拓展国际视野的基础上，我们还是要以中国情怀来关照中国创新创业教育的发展进程，对中国高校是否应该全面推进创新创业教育的争论进行科学反思与价值重估。最后，我们抓住观念更新这一突破点，以全新的观念作为理论内核，构建与创新型国家建设相适应的高校创新创业教育范式。认为当前迫切需要系统梳理创新创业教育在教育对象、知识体系和方法论体系方面存在的问题，树立全新的"大创业教育观"。

三、重要创新之处

本研究紧紧围绕"广谱式"创新创业教育"是什么"、"为什么"、"怎么办"三方面核心问题，从"广谱式"创新创业教育的本质、目的、价值入手，科学界定"广谱式"创新创业教育的概念体系，重点解决"是什么"的基本问题；从"广谱式"创新创业教育的范式、方法、评价入手，研究"广谱式"创新创业教育的范式构建与教学方法、评价体系，重点解决"为什么"的基本问题；围绕文化、历史、学科、趋势四个基本要素，重点解析创新创业教育的文化基础、历史由来、发展取向和未来指向，回答"怎么办"的问题；从历史演进和学科基础两个方面夯实本研究的理论与实践基础，作为解答三方面核心问题的科学支撑。

一是深入探讨了"广谱式"创新创业教育的逻辑支点。对高校创新创业教育"专属的"本质、目的和价值进行深入挖掘。由于高校创新创业教育系属教育学范畴，所以在思考其本质、目的、价值时，通常会将教育的本质、目的、价值"借鉴过来"为其所用，但是，这种移花接木式的"借鉴"，由于缺少切实的针对性，并不能完全符合高校创新创业教育的需要，在理论张力和解释力方面尤显不足。这就现实地要求我们结合高校创新创业教育独有的理论特质，在宏观教育规律的指导下深入思考专属于高校创新创业教育的本质、目的、价值，以此作为高校在思考和践行创新创业教育时的出发点和落脚点。当然，这种高校创新创业教育"专属的"本质、目的和价值不仅不是对教育的本质、目的和价值的颠覆，而且是教育的本质、目的和价值在高校创新创业教育领域的确证。

二是集中论证了"广谱式"创新创业教育面临的现实问题。当前创新创业教育研究基础仍很薄弱，如何深入开展创新创业教育的基本问题仍未得到有效破解，从根本上制约了"广谱式"创新创业教育理论研究与实践创新进一步向纵深发展。如何明确"面向全体学生"的具体教育方式,如何确定"结合专业教育"的主要途径,如何找到"融入人才培养全过程"的科学载体,成为需要重点解答的现实问题。亟须切实结合中国国情,摸清现状和发展趋势,充分实现"面向"、"结合"、"融入"的具体目标,着重破解教育对象、知识体系和方法论体系方面面临的基本问题,构建一个科学的创新创业教育体系,以此来切实引领当前高校创新创业教育理论研究与实践创新。本研究对于"广谱式"创新创业教育的范式构建与教学方法、评价体系的研究,重点解决了这些基本问题。

三是重点突破了"广谱式"创新创业教育发展取向问题。中国创新创业教育将向何处去?这是全社会高度关注的重大理论和现实问题。为了切实解决这一问题,本研究从文化基因入手,辩证解析中国传统文化与创新创业人才培养的关系,提出构建现代创新创业文化的发展方向;从历史演进着眼,远溯至 1917 年的创造教育,系统梳理由创造教育到创业教育、创新教育、创新创业教育的发展源流和演进规律,作为把握现状、展望趋势的坚实地基;在此基础上,从学科标准和现实状况两个方面全面展现中国创新创业教育发展的现状,从国际借鉴、本土创造和观念更新三个方面瞻望中国创新创业教育的未来发展取向,达到述往思来的现实目的。

第一章

本质论:"广谱式"创新创业
教育的科学本质

本质是事物中常住不变且必不可缺之性质。教育的本质问题是要回答教育"是什么",这是教育理论中的根本问题。创新创业教育系属教育范畴,科学认识和准确界定创新创业教育的本质,是开展创新创业教育理论研究和实践工作的前提和基础。由于本质与功能紧密联系,所以在讨论教育本质时多从教育的社会功能和个体发展功能两个方面展开。教育的社会功能包括教育与经济、政治、文化等诸多关系;教育的个体发展功能涵盖人的本质、人的发展、人的主体性等方面内容。教育本质的这种原理的规定性,使得探讨创新创业教育的本质也要兼顾社会和个体两个方面,并需要全面处理好社会发展和人的发展的关系。

第一节　创新创业教育本质论的理论基础

探讨创新创业教育的本质要以马克思主义立场、观点和方法为指导,遵循教育本质、大学本质和创新创业本质的规定性,重点克服因完全同一、高度重合而丧失特点,或由于背离和矛盾而误入歧途两个不良倾向,既不"泛化"本质也不"窄化"本质。在此基础上,以深刻的哲学思辨作为支撑，深入解答与创新创业教育本质密切相关的基本问题。

一、教育本质论的指导思想

古今中外有关教育本质的论述非常之多，虽然可以归结为社会和个体两个方面，但是细致梳理古今分殊与中外异同，就会发现不同的本质论受到不同的阶级立场的支配。站在什么样的立场就有什么样的指导思想，有什么样的指导思想就有什么样的教育本质论。这就要求我们高度重视教育本质论的马克思主义立场、观点和方法问题。马克思在《关于费尔巴哈的提纲》中用实践的观点来阐述人的发展与社会发展的关系，指出："有一种唯物主义学说，认为人是环境和教育的产物，因而认为改变了的人是另一种环境和改变了的教育的产物——这种学说忘记了：环境正是由人来改变的，而教育者本人一定是受教育的。因此，这种学说必然会把社会分成两部分，其中一部分凌驾于社会之上。（例如，在罗伯特·欧文那里就是如此。）环境的改变和人的活动的一致，只能被看作是并合理地理解为变革的实践。"[1] 这段经典论述说明三个问题：首先，人是环境的产物，但人不是消极地接受环境的影响；其次，人在改造环境的过程中改造自身；再次，在革命的实践中实现环境的改变和人的活动的一致。在这一思想的指导下，我们要遵循以下两个基本原理。一是全部人类历史的第一前提无疑是有生命的个人的存在[2]；二是人是一切社会关系的总和[3]。这样就辩证地解决了社会本位与个体本位的关系，实现了矛盾的对立统一。

---

[1] 《马克思恩格斯选集》第 1 卷，人民出版社 2012 年版，第 138 页。

[2] 参见《马克思恩格斯选集》第 1 卷，人民出版社 2012 年版，第 146 页。

[3] 参见《马克思恩格斯选集》第 1 卷，人民出版社 2012 年版，第 139 页。

二、创新创业教育本质的规定性

探讨创新创业教育的本质有着三重规定性。第一，教育本质的规定性。由于教育就是培养人的一种社会活动，就是个体的社会化过程，这就内在地规定了创新创业教育的本质也要具有这两个方面的规定性。第二，大学本质的规定性。由于本研究涉及的创新创业教育主要是在大学面向全体学生开展，大学在人才培养、科学研究、社会服务三个方面的本质规定性内在地影响到创新创业教育的本质。第三，创新创业本质的规定性。创新创业是一个复合名词，之所以要这样使用而不是单独使用其中一个名词，意在强调和突出创新对于创业的重要意义和创业对于创新的科学指向，这就内在地规定了创新创业的全新本质。创新创业教育的本质必须寻求与这三重本质三点一线、三位一体的规定性，既不能完全同一、高度重合而丧失特点，也不能有些许的背离和矛盾而误入歧途。

当前在创新创业教育本质研究中主要有两方面问题。一是因完全同一、高度重合而丧失特点。有学者根据"教育培养人"这一本质属性，提出高校创新创业教育的本质是"培养具有开拓性素质的人才"。持这一观点的学者认为，高校创新创业教育其实可以说是教育培养人这一本质的进一步拓展和深化，就是在培养人的基本素质的基础上，增添了时代的新要求、新要素，即开拓性素质。"培养具有开拓性素质的人才，具体来说，就是指在高校中实施的、旨在培养大学生现在或未来开拓事业所需素质的一种教育活动。"[1] 也有学者认为"创业教育的本质是素质教育"，其出发点是为了促进学生的全面发展，为学生的职业生涯和幸福人生打下基础，目标是开发和提高大学生的创业基本素质。[2] 这是当前中国学术界比较有代表性的创新创业教育本质论，二者的共同特点是将创新创业教育与素质

---

① 罗志敏、夏人青：《高校创业教育的本质与逻辑》，《教育发展研究》2011 年第 1 期。

② 参见韩力争：《创业教育的本质和落实关键》，《中国高等教育》2013 年第 2 期。

培养紧密结合，不同之处在于前者突出强调"开拓性素质"的培养，而后者则是全面素质培养。这种对创新创业教育本质的概括有助于全面加深对创新创业教育特质的理解，是非常有意义的理论探索。美中不足之处在于创新创业教育的特点不够突出。二是有些背离和矛盾而误入歧途。既表现为对大学本质的片面理解，在大学的三个功能之中，突出强调科学研究或社会服务，而忽视或忘记了人才培养的立校之本；也表现为对创新创业教育的窄化理解，认为创新创业教育就是要教学生创办企业。"片面"加上"窄化"的结果就是将大学的创新创业教育功利化，出现了"实体论"倾向。我们不反对创新创业教育教学生创办企业，但认为这是题中应有之义而不是全部内容；我们也不反对通过科学研究成果来为社会服务，在此过程中创造价值获得利益，但认为可以追求"功利"但是不能搞彻头彻尾彻里彻外的"功利化"。如果说第一个问题主要表现为"泛化"本质，那么第二个问题则是"窄化"本质，为了克服两种极端，本研究在创新创业教育前面加了一个"广谱式"，结合创新创业教育在"创新创业"方面独有的"一体两面"特质，认为在素质教育层面，创新创业教育要突出培养学生开拓性素质；在职业教育层面，要突出培养学生自主创业的主动性和积极性，在此过程中形成自立自主的创业型人格。综合两个层面的创新创业教育，将"广谱式"创新创业教育的本质集中概括为"主动性"。

三、创新创业教育本质的哲学理解

创新创业教育是教人创业的吗？创新创业教育就是传统管理教育的拼盘吗？创新创业教育能够给予学生的核心能力是什么？创新创业综合素质的核心和关键到底是什么？对于这些问题的本质追问构成了理解创新创业教育本质的"前提批判"。本研究借助黑格尔关于哲学的巧妙比喻，尝试着从哲学层面揭示创新创业教育本质。

"消化与生理学"。创新创业教育是教人创业的吗？这在学术界颇有争议。为了回答这一问题，我们可以通过黑格尔"消化与生理学"的比喻，来进行深入分析。列宁在阅读黑格尔的《逻辑学》时引证了黑格尔关于"消化与生理学"的比喻，他这样写道：黑格尔"关于逻辑学说得很妙：这是一种'偏见'，似乎它是'教人思维'的（犹如生理学是'教人消化'的??）"①孙正聿先生对这一比喻的解释是："谁都知道，人用不着学习'生理学'、'消化学'，就会咀嚼、吞咽、吸收、排泄；反之，如果有谁捧着'生理学'或'消化学'去'学习'吃饭，倒是滑天下之大稽。显然，'生理学'并不是'教人消化'的。同样，人的'思维'也不是'逻辑学''教'出来的。"②

通过黑格尔"消化与生理学"的比喻，认为就像生理学不是教人消化，逻辑学不是教人思维一样，创新创业教育不是简单地教人如何创造、创新、创业，而是展现创造、创新、创业发展的概念运动过程和基本规律。人们通过研究创造、创新、创业发展运动的基本规律，从而自觉到创造、创新、创业过程的本质特征，达到对于创造、创新、创业的真理性认识。

"动物听音乐"。创新创业教育就是传统管理教育的拼盘吗？黑格尔关于"动物听音乐"的比喻对于深入思考这个问题很有启发，他说这就"像某些动物，它们听见了音乐中一切的音调，但这些音调的一致性与和谐性，却没有透进它们的头脑"③孙正聿先生对这一比喻解释道："哲学不是现成的知识性的结论，如果只是记住某些哲学知识或使用某些哲学概念，那就会像'动物听音乐'一样，听到各种各样的'音调'，却听不到真正的'音乐'。"④

这一有趣的比喻使我们深刻地认识到创新创业教育的整体性特征。

---

① 《列宁全集》第38卷，人民出版社1986年版，第83页。
② 孙正聿：《哲学通论》，辽宁人民出版社1998年版，第17页。
③ 黑格尔：《哲学史讲演录》第1卷，商务印书馆1959年版，第5页。
④ 孙正聿：《哲学通论》，辽宁人民出版社1998年版，第15—16页。

我们要传授给学生的不是市场营销、金融财务、运作管理、人力资源、质量控制方法等等单个的音调，而是通过有机整合，使学生体会到"音调的一致性与和谐性"；我们要达到的目的不是教会学生对与创业相关的知识进行高谈阔论，却对"新企业首先被创建，继而成长、收获，然后是再一次的创建"这一完整的创业过程缺乏整体把握，以至于把创业看得过于轻易。黑格尔关于"动物听音乐"的比喻，可以帮助我们深刻理解创新创业教育的"通盘整体性"。具体来说，从教育内容来看，创新创业教育更重视整体性，这与传统的管理教育不同；从教育方法来看，创新创业教育必须全面超越传统的以灌输为主的教育方法，全面采用体验教育方法，才能实现自己的教育目标；从教育过程来看，创新创业教育是一个艰难的转化过程，从接受知识到形成智慧，需要付出艰辛努力。

"密涅瓦的猫头鹰"。创新创业教育能够给予学生的核心能力是什么？黑格尔将哲学比喻为"密涅瓦的猫头鹰"，以此来深刻理解成熟理性的力量。对于这一比喻，孙正聿先生解释道："这里的'密涅瓦'即希腊罗马神话中的智慧女神雅典娜，栖落在她身边的猫头鹰则是思想和理性的象征。黑格尔用密涅瓦的猫头鹰在黄昏中起飞来比喻哲学，意在说明哲学是一种'反思'活动，是一种沉思的理性。"进而他指出，这一比喻的深层次含义是"哲学的反思必须是深沉的，自甘寂寞的，不能搞'轰动效应'"①。这一解释和概括对于我们深入思考创新创业教育的本质很有助益，创新创业教育是指向创业行为的，实践是它的本质属性。但是，在创新创业教育与创业行为之间是有时间间隔的，并不是创新创业教育一结束就能马上展开创业行为，开始创业行为需要"沉思的理性"做基础。

对于创新创业的理解，我们还要有更为整体和系统的视角。过去，我们往往过多关注政府、社会、高校和学者的观点，而很少从学生的视角来审视创新创业教育的内容。正是基于这一问题，我们认为创新创业教育

---

① 孙正聿：《哲学通论》，辽宁人民出版社 1998 年版，第 15—16 页。

教什么不能由它自身来决定，不能是我们认为什么重要就教什么，也不是我们会什么就教什么，而是必须充分考虑到它的教育对象，即大学生的需要。简而言之，大学生希望创新创业教育教什么，它就应该教什么；大学生最缺少什么，它就应该教什么。从这个角度来思考，我们认为创新创业教育的核心在于培养学生理性的行动能力，既要行动又要远离空想。要做到这一点，必须借助于理性的力量，这就是创新创业教育能够给予学生的核心支撑。

　　"同一句格言"。创新创业综合素质的核心和关键到底是什么？"黑格尔认为，同一句格言，在一个饱经风霜、备受煎熬的老人嘴里说出来，和在一个天真可爱、不谙世事的孩子嘴里说出来，含义是根本不同的。"[1] 正如黑格尔所说的："老人讲的那些宗教真理，虽然小孩子也会讲，可是对于老人来说，这些宗教真理包含着他全部生活的意义。即使这小孩也懂宗教的内容，可是对他来说，在这个宗教真理之外，还存在着全部生活和整个世界。"[2] 孙正聿先生认为，"黑格尔的这个比喻告诉人们，哲学不仅仅是一种慎思明辨的理性，而且是一种体会真切的情感，不仅仅是一系列的概念的运动与发展，而且是蕴含着极其深刻的生活体验"[3]。这正是创新创业教育与哲学教育的相通之处，学习创新创业也像学习哲学一样，是一个熏陶的过程、体验的过程、陶冶的过程，不能搞"短训"、"突击"和"速成"。[4]

　　黑格尔"同一句格言"的比喻启示我们深入追问创新创业教育到底能给学生什么？我们可以概括地说，是培养学生的创新创业综合素质。那么综合素质又是什么？是知识、能力，还是意识、精神？创新创业综合素质既包括这些内容在内，但是又不止于这些所有教育类型都需要培养的一

---

① 孙正聿：《哲学通论》，辽宁人民出版社 1998 年版，第 17 页。

② 黑格尔：《小逻辑》，商务印书馆 1980 年版，第 423 页。

③ 孙正聿：《哲学通论》，辽宁人民出版社 1998 年版，第 18 页。

④ 参见孙正聿：《哲学通论》，辽宁人民出版社 1998 年版，第 18 页。

般素质。我们认为，由于创业具有突出的实践性特征，对于创新创业综合素质来讲，更为重要的是丰富的生活体验。一个人的生活体验是一种人生阅历、一种教育方式、一种情感状态，是教育的直接来源。而作为具有很强实践性的创新创业教育来说，生活体验更是必不可少。

第二节　创新创业教育的社会功能

中国高校创新创业教育的迅速勃兴，得益于国家政策的大力推动。近十年来，有两个政策导向极大地促进了高校创新创业教育的发展。第一个是"以创带就"，始于 2007 年。党的十七大报告明确提出了"实施扩大就业的发展战略，促进以创业带动就业"的战略方针，指出："完善支持自主创业、自谋职业政策，加强就业观念教育，使更多劳动者成为创业者。"[1] 在"以创带就"政策导向下，高校创新创业教育立足于就业这样一个最大的民生问题展开，围绕社会和谐与政治稳定，将自主创业作为灵活就业的两个方式（另一个为自由职业）之一，千方百计解决大学生就业问题。第二个是"大众创业、万众创新"，始于 2015 年。2015 年《政府工作报告》明确将大众创业、万众创新和增加公共产品、公共服务作为驱动经济发展的"双引擎"。认为大众创业、万众创新既可以扩大就业、增加居民收入，又有利于促进社会纵向流动和公平正义；个人和企业要勇于创业创新，全社会要厚植创业创新文化，让人们在创造财富的过程中，更好地实现精神追求和自身价值。[2] 在此阶段，高校创新创业教育已经由"以创带就"拓展为以大众创业、万众创新驱动经济社会发展，创新创业教育

---

① 胡锦涛：《高举中国特色社会主义伟大旗帜为夺取全面建设小康社会新胜利而奋斗——在中国共产党第十七次全国代表大会上的报告》，人民出版社 2007 年版，第 38 页。

② 参见李克强：《政府工作报告——2015 年 3 月 5 日在第十二届全国人民代表大会第三次会议上》，人民出版社 2015 年版。

的实质拓展为以创新为基础的创业,支持创新者去创业,使创新创业成为驱动经济社会发展的引擎。创新创业教育的社会功能内在地包括"以创带就"和"大众创业、万众创新"两个方面内容,二者都着眼于经济、社会、文化的全面协调发展。

"以创业带动就业"和"创新创业驱动经济发展"都是科学原理,二者共同支撑着创新创业教育的社会功能。在全球创业观察(GEM)的研究体系中,主要表现为两个方面。一个是"创业的就业效应",如"全球创业观察(GEM)2002中国报告"统计,1997—2001年,创业不活跃的国有单位、城镇集体单位和联营单位净减少5343万个工作机会,而创业活跃的公司、股份合作单位和私营企业(这项统计不包含农村私营企业所提供的净增就业机会)共提供了1407万个新增就业机会。① 另一个是"创业与经济增长",当前全球创业观察(GEM)虽然尚未建立起创业与经济的模型,但已经得出结论:"创业活动的因果作用还不是很清楚,但是一个充满活力的创业领域似乎是国家和地区经济高速增长的必要条件。"②

一、创新创业教育与经济发展

常规层面对于"以创业带动就业"的理解就是一人创业可以带动多人就业,创业具有扩大就业的倍增效应。这种常规理解的前提是对创业的狭义界定。这在由人力资源社会保障部等11个部委联合颁行的《关于促进以创业带动就业工作的指导意见》中表述得特别明确。这个文件的第一条就是"统一思想认识",也就是统一"创业"的概念。文件指

---

① 参见姜彦福、高建、程源、邱琼:《全球创业观察2002中国报告》,清华大学出版社2003年版,第Ⅶ页。

② 姜彦福、高建、程源、邱琼:《全球创业观察2003中国及全球报告》,清华大学出版社2004年版,第92页。

出："创业是劳动者通过自主创办生产服务项目、企业或从事个体经营实现市场就业的重要形式。"这是关于创业的狭义概念，因为在这个文件中，只有做这样的界定才能够具体展开"以创业带动就业"的各项措施，而如果采用广义的创业概念，则会使得文件无法进行准确的语言表述。文件认为：劳动者通过创业，在实现自身就业的同时，吸纳带动更多劳动者就业，促进了社会就业的增加。当前及今后一个时期，我国就业形势依然严峻，促进以创业带动就业，有利于发挥创业的就业倍增效应，对缓解就业压力具有重要的现实意义。以创业带动就业工作是实施扩大就业发展战略的重要内容，是新时期实施积极就业政策的重要任务。① 这就是对"以创业带动就业"常规理解的来源。常规理解多是从经济学的视角来进行观察和研究，但在实际的经济运行过程中，创业对于就业的带动作用已经远远超出了创造就业岗位的"乘数效应"；在国家转变长期以来的粗放型经济增长方式，提高技术进步对经济增长的贡献率，实施创新驱动战略和建设创业型经济的过程中发挥了更为重要的作用。

改革开放以来，我们国家主要依靠"要素驱动"和"投资驱动"实现了经济的快速发展，但是在取得辉煌成就的背后存在严重的隐忧：经济规模很大，但大而不强；经济增长很快，但快而不优。企业陷入低端产业的"比较优势陷阱"，在全球产业链和价值链上处于弱势地位。当前，中国经济已经进入重大转型期，宏观上支持中国经济长期增长的体制转轨、自然资源、投资、人口、外资外贸等要素禀赋条件发生了新的变化。支撑中国经济发展的红利空间正在缩小，劳动力、资源、环境成本都在提高，依靠"要素驱动"和"投资驱动"的经济发展方式已经变得不可持续。在这种情况下，2012 年 7 月召开的全国科技创新大会提出要实施创

---

① 参见人力资源社会保障部、发展改革委、教育部等：《关于促进以创业带动就业工作的指导意见》，国办发［2008］111 号，2008 年 9 月 26 日。

新驱动发展战略，随后这一战略明确写入党的十八大报告："要实施创新驱动发展战略"。这是我们党作出的事关经济社会科学发展全局的重大决策，是加快转变经济发展方式、提升综合国际竞争力的重要支撑，充分体现了我党对当代经济社会和科技发展规律的深刻把握。创新驱动发展作为提高社会生产力和综合国力的战略支撑，意味着创新不仅仅是一个概念、一个符号，而是统揽全局、左右发展的战略。如果说依靠"要素驱动"和"投资驱动"的经济主要是"管理型经济"，那么在"创新驱动"战略的带动下，则会促进"创业型经济"的快速发展。在创新驱动战略下发展起来的"大众创业、万众创新"成为驱动经济增长的两个引擎之一，这是中国经济发展进入新常态，实现既要保持中高速增长，又要向中高端水平迈进发展目标的现实选择，也是实施创新驱动发展战略的应有之意。在"大众创业、万众创新"的时代背景下，教育大有可为，要通过深入推进创新创业教育改革，培养大众创业万众创新生力军，注重培养学生创新精神，造就规模宏大、富有创新精神、敢于承担风险的创新创业人才队伍。

二、创新创业教育与社会发展

在"以创业带动就业"和"创新创业驱动经济发展"指导下开展的创新创业教育对于社会发展的促进作用，虽然效应不像经济学研究那样可以量化，但是实际的社会效益却不可限量。

社会学家马克斯·韦伯在《新教伦理与资本主义精神》一书中试图回答一个简单而又基本的问题："使资本主义文明有可能得以发展的心理条件。"该书集中论述了价值观和观念如何成为了社会变革的源泉。韦伯认为："现代经济秩序的前驱就是那些不顾传统土地和商业贵族的敌视而夺路求成的 parvenus（暴发户，新贵）。支持他们投身这场冲突的力量乃是一种新宗教观念，它教导他们不是把追逐财富仅仅看做赢利，而是看做一种义务。""资本主义就是加尔文主义神学的社会对应物。"① 韦伯认可这样的观点，即新教徒宁愿吃得舒服，天主教徒则乐意睡得安详，新教徒勤勉、惜时、节俭、诚信、禁欲，对财富孜孜不倦地追求、把工作当作生活本身和目标，把劳动当作一种天职去履行。这些"新教伦理"被韦伯称为"敬业精神"，成为构建近现代企业家精神的重要支柱。韦伯希望人彻底摈弃对资本主义的粗陋看法，认为"获利的冲动，追求最大可能数值的货币收益，这本身与资本主义并不相干"。"资本主义就意味着依靠持续的、理性的资本主义企业手段去追求利润，而且是不断再生产的利润。"② 资本主义与农民追求勉强糊口的生存截然相反，与行会师傅以及冒险家式的资本主义那种享受特权的传统主义截然相反，与传统主义趋于利用各种政治机会和非理性的投机活动来追求经济成功不同，合乎理性地使用资本、组织自由劳动、追求经济利益是资本主义精神的集中表现。这就是韦伯对"传统的"与"理性的"资本主义所作的区分，它表达出《新教伦理与资本主义精神》的中心思想：新教徒有一种"伦理"，"资本主义"则有一种"精神"，而资本主义的精神乃是产生于新教徒的伦理。这一现代社会科学的奠基之作从社会学的角度论述了资本主义的道德依托和价值呵护，为创业时代奠定了企业家伦理的基础，引导创业者不仅关注经济利益，更要关注社会责任。

创新创业的社会促进作用突出而集中地表现在创业有利于打破社会阶层固化，促进社会垂直流动，既促进了充分就业又提高了就业质量。杰弗里·蒂蒙斯将创业精神和创业过程称为"美国的秘密经济武器"，认为创业可以将"贫穷变富有"，"没有哪个组织可以像创业过程那样提供自给自足、独立自主和改善经济的机会"；创业可以"创造平等的机会而非平

---

① 马克斯·韦伯：《新教伦理与资本主义精神》，阎克文译，上海人民出版社 2010 年版，第 9、11 页。
② 马克斯·韦伯：《新教伦理与资本主义精神》，阎克文译，上海人民出版社 2010 年版，第 160 页。

等的收入",这就使得创业在导致经济扩张的同时,造成"相应的社会迁移",由此他创造了"创业=经济和社会迁移"的等式,认为创业革命使得美国是一片充满机会的地方,穷人正在以较快的速度积累财富。创业在美国社会和经济中发挥均衡器和调节器作用,"它对好的表现给予奖励,对低劣和不理智行为给予惩罚"。① 当前,中国政府大力推动的大众创新创业是释放人才红利与实现个人价值的最佳结合点。一方面通过在全社会形成大众创业、万众创新的热潮,使创新创业成为新的价值追求和社会取向,为年轻人创造更多就业机会,实现"人口红利"向"人才红利"的转换;另一方面通过创造公平竞争的环境,使广大创业者在创新创业的大平台上实现机会平等,通过勇气、智慧和能力胜出,让每个有创新创业愿望的人,都拥有自主创业的空间和人生出彩的机会。实现这两个目标,也可以完善收入分配、促进社会公平,让千千万万的创新创业梦汇聚成"中国梦"。

三、创新创业教育与文化创造

"以创带就"和"大众创业、万众创新"对于社会文化的作用,突出体现为观念的转变。中国计划经济时代对于就业的社会观念是"分配工作",大学生"包当干部"、"包分配";改革开放以来,国家改变了计划分配的传统做法,逐步实行供需见面、双向选择,大学生可以自主择业;中国高校扩招以来,大学生就业形势持续严峻,国家又在就业统计时增加了"灵活就业"的统计项,灵活就业包括"自主创业"和"自由职业",这样,创业就作为就业的一种方式而进入大学生就业的范畴。鼓励大学生自主创业可以从根本上改变其就业观念,不论是"分配工作"还是"自主择

---

① 参见杰弗里·蒂蒙斯、小斯蒂芬·斯皮内利:《创业学》第6版,周伟民、吕长春译,人民邮电出版社2005年版,第15—16页。

业",其理论基础就是"人职匹配",其社会前提都是"有业可就",是在现在的体制框架内寻找就业机会。而创业则不同,创业既包括大学生的自我雇佣,也包括大学生自主创办实体企业,还包括在工作岗位上的"内创业",这就使得大学生的就业路子更为宽广,职业生涯选择更为丰富。针对大学生就业观念中存在的突出问题,曹胜利指出:"现在,必须要抛弃'学而优则仕'的陈旧就业观念,实现学而优则就、学而优则闯、学而优则创,即就业、闯业、创业。"① 通过引导大学生树立起创业精神,可以充分唤醒其发展的动力和活力,增强责任感和使命感,毕业了,不只是考研、工作和出国三条路,还有更为宽广的创业出路。观念一变天地宽,创业既减轻了国家提供就业岗位的现实压力,也减轻了大学生无业可就的心理压力,有利于社会科学发展和个人价值实现,这是创业对就业的根本性促进效应。

创业虽好,却不是当前中国大学生的职业首选。从文化的视角来观察,这与中国的文化传统有着密切关系。首先,中国人有着深厚的官本位意识,对于经商则有普遍的偏见。"学而优则仕"成为读书人的常规发展路径,"士农工商"的排序成为社会阶层在每个人心中固化的尊卑贵贱之分,这种文化传统就使得中国社会中适合创业的优秀人才大多进入了官僚政府体系。其次,中国人对成功盲目崇拜,对失败毫不宽容。中国人耳熟能详的俗语是"胜者王侯败者贼",胜利者不容置疑,即使是不择手段取得胜利可以得到谅解,失败者不容宽恕,一失足成千古恨。中国人有着独特的"面子文化",失败者会觉得面子尽失,无力再战。楚汉之争,项羽乌江自刎,是因为无颜再见江东父老。杜牧在《题乌江亭》一诗中写道:胜败兵家事不期,包羞忍耻是男儿。江东子弟多才俊,卷土重来未可知。这是理性思考之后的历史反思,而对于项羽来说,则是无法过面子关;再

---

① 曹胜利:《大力发展创新创业教育,需要一场思维范式的革命》,《出国与就业》2010年第 8 期。

次，中国文化具有"言行不一"的复杂性，对人对己持不同的标准。这种文化传统在对待创业的态度方面具体表现为多数人在公开言论中认可创业，鼓励创业，对创业持高度赞扬和绝对肯定的态度，但是在实际行动上则能不创业尽量不创，因为创业毕竟是高风险的行为。多数支持创业的父辈不希望自己的子女创业，因为他们希望自己的子女有一份稳定的工作，创业在父辈的眼里甚至被定位为"瞎折腾"，别人的孩子可以创业，自己的孩子则不行。这就是中国在长期自给自足的小农经济中形成的文化传统，必须有一个彻底的改变才能符合当今时代的要求。改革开放以来，中国对传统文化进行了创造性转化和创新性发展，大力弘扬并初步形成了改革创新的时代精神，崇尚创新、鼓励个性的社会氛围日益浓厚，敢为人先、宽容失败的创新精神得到大力弘扬，自强不息、刚健有为的创新创业文化导向正在形成，大众创业、万众创新在全社会蔚然成风，创新创业得到了越来越多的理解与认同，创业群体已从精英小众转变为社会大众，广大青年正在逐步树立正确的就业创业观念。这是当前中国全民创业的社会基础，也是实现"以创带就"和"大众创业、万众创新"的文化根基。

第三节　创新创业教育的个体发展功能

教育为政治经济社会发展服务，归根到底还是要通过培养人才来实现。创新创业教育为"大众创业、万众创新"服务的主要途径就是培养创新创业型人才，造就大众创业万众创新的生力军。人既有社会性也有主体性，创新创业教育要突出培养人的主体性。"社会是一个大舞台，在这个舞台上有的人可以演出有声有色的剧来；有的人不仅是表演者，而且还是剧作者，这都与主体性的发挥有关。"① 教育的效果要体现在受教育者的身

---

① 黄济：《教育哲学通论》，山西教育出版社 1998 年版，第 398—399 页。

上，因而没有受教育者的积极主动性，不充分发挥主体作用，教育就不会有成果。创新创业教育由于突出地强调知行合一，所以创新创业教育的个体发展功能尤其突出地表现为培养"主动性"。

一、"主动性"是创新创业的突出特质

史蒂文森（Stevenson）认为，创业是"不顾及现有资源限制追逐机会的精神"[1]，这是为学术界广泛使用的创业定义。在此基础上，又发展出创业就是创建新组织、创业就是冒险、创业就是创新等等关于创业本质的界定。从这些观点当中，我们可以看到创新创业的突出特质就是"主动性"。不论是追逐机会、创建新组织，还是冒险、创新，其执行者都是具有"主动性"的人。创业成为一种自我实现和自我超越的行为，通过这一行为，将梦想和实干、创意和执行紧密结合，从而创造出有价值的新事物，以此来实现个人的成就感和独立性。[2] 对于创新创业"主动性"特质的科学把握，使得创新创业成为创造价值的行为，这种价值既包括经济价值，也包括社会价值。这就使得创业超越了"创富"而成为一种社会责任，使得创业可以作为一个人的生活态度和行为方式，进而可以成为创业型的生涯选择。[3] 这就是西方"创业始于商业，遍乎人生"的全部过程，从对机会的把握、资源的整合、组织的创建到创造价值，从"创富"到社会责任，创业成为全社会广泛认可的人生哲学。

在中国，从一开始对于创业就是基于人生的理解。"创业"与"守业"相对应，"创业难，守业更难"已成尽人皆知的俗语：创业之难在于

[1] Stevenson, A., Perspective on Entrepreneurship, *Harvard Business School Working Paper*, 1983.

[2] 参见 Shane, S. A., *Economic Development through Entepreneurship：Government，Unversity and Business Linkages*，Northampton，MA：Edvard Elgar，2006，p.7。

[3] 参见 Morris, M. H., Models of entrepreneurship Centers：Emerging Issues and Approach, Paper Presented at the 2004 National Consortium of entrepreneurship Centers Conference。

创业之时要抛头颅，洒热血，赤手空拳打天下；守业之难在于后继者呕心沥血，如履薄冰，日日筹踏，推动事业不断前进。孟子所云"君子创业垂统，为可继也"[①]，是说"君子创立基业，正是为着传之子孙，一代一代地继承下去。"诸葛亮所云"先帝创业未半，而中道崩殂"[②]，是说"先帝开创事业不到一半，就中途去世。"其中"创业"都是创立基业、开创事业之意，与商业关系不大。当代中国则出现"艰苦创业"的新名词，指为了国家、民族和人民的共同利益和共同理想，为了发展社会主义事业，在艰苦的环境中开拓、奋斗。艰苦创业精神既是一种崇高的思想境界，也是人们成就任何事业不可缺少的精神动力。其中"创业"既指基业，也指事业，当然也可以包括企业，于是便有"全民创业"的政策号召，创造出"百姓创家业、能人创企业、干部创事业"的生动局面。总之，在中国对于创业的理解和应用是"始于人生，用于商业"。中国传统讲究立德、立功、立言三不朽，实际上就是在追求人生成功。哲学家冯友兰认为人生成功有三种因素：才、力、命。"才"即是"天才"，"力"即是"努力"，"命""不是一般迷信的命，而是机会，也可以说是环境"。[③]

　　冯友兰将成功的三种因素与成功的种类相配匹，认为在中国传统的立德、立功、立言三不朽之中，立言即是学问方面的成功，"才"占的成分多；立功即是事业方面的成功，"命"占的成分多；立德即是道德方面的成功，"力"占的成分多。[④] 创业应该属于"立功"的范畴，要受到"命"，也即是机会和环境的影响。对此，冯友兰进一步解释道：事业方面，机会成分占的多，并非一人之力所能达成，既需要许多人帮忙，也需要与别人竞争。要取得事业上的成功，需要对手比他差，才能成功："有时他成，

---

①　《孟子·梁惠王下》。

②　诸葛亮：《前出师表》。

③　冯友兰：《一种人生观——冯友兰的人生哲学》，三联书店（香港）有限公司2006年版，第99—100页。

④　参见冯友兰：《一种人生观——冯友兰的人生哲学》，三联书店（香港）有限公司2006年版，第103页。

可是遇到的对手比他更成，那时只好失败；有时他不成，可是遇到的对手比他还不成，那时他也能成功。""一切事，都是可以成功，可以失败，怕失败就不要做。"①

中西方对于创业的理解和应用，一个是"始于人生，用于商业"，一个是"始于商业，遍乎人生"。其路径虽然不同，但核心特征都是"主动性"，通过激发人的主动性来创造人生价值，实现人生理想。

二、主动性就是要把创业作为一种生活方式和人生态度，转化为学生的主体行为

怀特海（Whitehead）认为学生是有血有肉的人，教育的目的是为了激发和引导他们的自我发展之路。教育如果不以激发首创精神开始，不以促进这种精神而结束，那么它一定是错误的。发展的本能来自于自身：发现是由我们自己完成的，训练是自我训练，收获是我们自己首创精神的成果。根本的动力，是对价值的认可，是对重要性的认知，无论在科学、道德还是宗教领域，概莫如此。对价值的认可会给生命增添难以置信的力量；没有它，生活将回复到较低层次的被动状态中。② 创业的价值是多方面的，它既可以成为学生的人生哲学和生活方式，也可以改善学生的生存和发展状态，这些价值只有得到学生的认同，内化为学生的自觉认知，才会激发出更多的创业行为。学者艾伦·吉布（Allan A. Gibb）提出创业是一种生活方式（Entrepreneurial Way of Life），"'创业的生活方式'主要是让学生理解创业会带来个人社会生活与家庭生活上的转变，创业者将享有更多的自由与自主性，但另一方面也意味着更多的责任、更长的工时、事

---

① 冯友兰：《一种人生观——冯友兰的人生哲学》，三联书店（香港）有限公司2006年版，第104—105页。

② 参见怀特海：《教育的目的》，庄莲平、王立中译，文汇出版社2012年版，第49—52页。

必躬亲、压力中学习、对于手头的事物必须有更高的掌控，甚至是了解创业必须会经历的孤独感"①。而创业作为一种人生态度，"促使人们去追求并实现他们的梦想；去蹒跚学步，一次次地尝试；去寻找适合他们自身现状和愿望，适合他们想要的生活方式和生活地点的商机"②。著名创业者考夫曼（Ewing Marion Kauffman）先生的创业精神和生活哲学，就是他"达到创业辉煌的三条原则"：待人如待己；和为公司的创立作出贡献的人一起分享财富；回报社会。这三条原则是马里恩实验室和考夫曼基金的价值、理念和文化的基石，正是因为真正、真诚并一贯地坚持了这三条"简单而精致的原则"，使得马里恩实验室和考夫曼基金具有独特的特点。③ 向学生传递创业精神和生活哲学的创业教育就从为了满足社会需要转变为满足学生自身发展需要，使教育成为主动的行为。教育是主动的行为，是生存的需要，是人的本能。以主动的教育本质观来指导教育实践，自然会由教育是主动的行为的指导思想引申出学生是教育的真正主体，教育的目标以学生为本的价值取向。这也恰好像生理学不是教人消化，逻辑学不是教人思考一样，教育与消化、思考等一样，是人的本能，教育并不是教人满足社会的需要。

三、主动性就是要充分发挥人的创造性的潜力和本能，培养人的"创业自觉"

"创业自觉"的提出受到费孝通先生"文化自觉"概念的启发。费孝通先生认为，"文化自觉"是指生活在一定文化中的人对其文化有"自知

---

① 蔡敦浩、林韶怡：《创业教育的教学模式：典范差异与现况反思》，《创业管理研究》2013 年第 2 期。

② 杰弗里·蒂蒙斯、小斯蒂芬·斯皮内利：《创业学》第 6 版，周伟民、吕长春译，人民邮电出版社 2005 年版，第 5 页。

③ 参见杰弗里·蒂蒙斯、小斯蒂芬·斯皮内利：《创业学》第 6 版，周伟民、吕长春译，人民邮电出版社 2005 年版，第 156 页。

之明",明白它的来历,形成过程,所具的特色和它发展的趋向。"文化自觉"表达了当前思想界对经济全球化的反应,是世界各地多种文化接触中引起人类心态变化的迫切要求。人们要求知道:我们为什么这样生活?这样生活有什么意义?这样生活会为我们带来什么结果?也就是说人类发展到现在已开始要知道我们的文化是哪里来的?怎样形成的?它的实质是什么?它将把人类带到哪里去?这些问题就是要求文化自觉。① 受此启发,"创业自觉"中的"自觉"主要取"自知之明"之意,就是内在自我认同与反思、外在主动选择与创造。"创业自觉"就是个体在对创业本质及规律深刻反省和科学领悟的基础上,做到自觉认同、自觉反思、自觉选择、自觉创造,强调主体自我认同与反思的"自主能力"和主动选择与创造的"自主地位"。

"创业自觉"就是要回复到人本身,创业能够满足社会需要,但不是为此而产生的,它是因为人的内生动力和主体价值。以此为基础,就可以解决目前中国高校创新创业教育理论与实践中很多"悖论"。随着创新创业教育理论与实验的不断深入,理论研究和实践工作者逐渐发现大学生群体的创新创业存在着很多与常理相悖的怪现象,这些现象的背后有着深刻的社会文化背景,无法用简单的因果关系来解释。如有学者在研究中发现,虽然近年来大学生就业压力日益严峻,但是大学生的创业意识却依然薄弱,绝大部分毕业生仍旧选择传统的就业渠道;随着受教育程度的提高,参与创业活动的人数呈直线下降趋势,受教育程度越高创业积极性越低。② 也有学者在实际调查中发现,被动型创业占大学生创业人数的70%以上,"'创业'被许多大学生认为是找不到工作或没有更好出路的学生去干的事,是工作不理想的情况下无奈之选。"与此相适应的是,"重点大

---

① 参见费孝通:《反思对话文化自觉》,《北京大学学报(哲学社会科学版)》1997年第3期。

② 参见梅伟惠、徐小洲:《中国高校创业教育的发展难题与策略》,《教育研究》2009年第4期。

学学生中有创业意向的较少，一般院校的学生有创业意向的较多"。[①] 显然，创业与就业状况紧密联系，能就业则不创业，就业困难或待遇不高则会考虑创业，创业成了诸路皆走不通时的最后选择，甚至成了"穷则思变"、"逼上梁山"的悲壮之举。对于为什么会出现这种现象，有学者认为是"社会创业环境与高校创业教育双缺的结果"[②]，有学者则将其归因于传统社会观念的阻碍[③]。我们认为这些解释都很有道理，都透过现象看到了社会环境和教育方面的深层背景，但是，这些归因方式都是解释怪现象的"近因"，有必要从更为本质的层面来进行深入探讨，找到最为切近的理解和最为本质的原因。从"创业自觉"的理论视角来观察，可以看到出现这种现象的主要原因就是没有实现外在需求与内生动力的结合，社会的需要没有转化为大学生主动的行为，最终导致了高校创新创业教育的无效。培养了学生的"创业自觉"就会彻底改变其在创新创业中"看客"的角色，做到知行合一，以行动巩固"创业自觉"，以行动坚定前行定力。

---

① 杨莉：《武汉市大学生创业状况调查研究》，《武汉工程大学学报》2009 年第 2 期。
② 梅伟惠、徐小洲：《中国高校创业教育的发展难题与策略》，《教育研究》2009 年第 4 期。
③ 参见杨莉：《武汉市大学生创业状况调查研究》，《武汉工程大学学报》2009 年第 2 期。

第 二 章

目的论：“广谱式”创新创业
教育的教育目的

    教育的目的问题是要回答教育是“干什么”。所谓教育目的，就像射箭的靶子一样，教育和射箭一样都需要“有的放矢”。“教育目的，在于决定教育的趋向，然后逐步规定其动作，依次实行，以期获得某种结果。因此，教育目的确定后，教育事业才可以是前后一贯的、有次序的、向着预定的目标进行。”① 创新创业教育系属教育的范畴，也要首先解决“干什么”的问题。创新创业教育目的论既要以“教育为社会主义现代化建设服务，必须与生产劳动相结合，培养德、智、体全面发展的建设者和接班人”这一总体目的为指导思想和基本遵循，同时也要结合当前“大众创业、万众创新”的时代特点，为实现培养创新创业人才的具体目的而实施富有针对性的教育措施。在此过程中，既要兼顾教育目的的历史性、阶级性和层次性，也要统筹协调个人本位与社会本位、通才教育与专才教育等对立的教育目的，在适应社会和时代要求的基础上实现对传统、时代和自我的超越，培养出具有理性行动能力和有丰富生活体验的“具有开创性的个人”。

---

① 伍振鷟主编：《教育哲学》，五南图书出版股份有限公司 1999 年版，第 86 页。

第一节 创新创业教育目的论的理论基础

探讨教育目的首先要进行前提批判，回答教育有无目的这一根本前提，在此基础上，科学把握教育目的的历史性、阶级性和层次性，解决好在教育目的问题上古与今、中与外、当前与长远的关系。同时，直面现实，统筹协调由于不同教育理念的冲突而产生的个人本位与社会本位、通才教育与专才教育等对立的教育目的，既树立主导又包容多样，以期求同存异，和谐共促。

一、教育有无目的

教育有无目的的论题来自杜威。杜威明确说过："教育的自身，并没有什么目的，只有人、父母、教师，才有目的。"教育即生长，而生长只是一种过程，"这个过程就是教育自身的目的，除了这个过程以外，没有别的目的。"所以有学者认为，杜威"提出教育无目的的主张"。[①] 对此，有学者作出新的解读。对于前一句，解读为"这就是说，教育本身虽没有什么目的，但在施教者与受教者两方面，不能说没有目的"；对于后一句，解读为："其实他的原意并非说生长没目的，在他后期的著作里，他曾承认生长应该有方向，但那方向应由社会决定。"而且认为，杜威主张教育本身没有目的还有其深切的用意："杜威唯恐规定一狭窄的教育目的，使个人的人格发展受到损害，因此，杜威的用意，实际上仍认为教育有其目的，它的目的就是真正民主主义的实现。"[②] 我们认为教育作为一项社会

---

① 黄济：《教育哲学通论》，山西教育出版社 1998 年版，第 429 页。

② 伍振鷟主编：《教育哲学》，五南图书出版股份有限公司 1999 年版，第 114—115 页。

活动，肯定是有目的地进行的，至于这个目的来自教育自身还是来自社会则可具体问题具体分析。恩格斯曾指出："在社会历史领导内进行活动的，全是具有意识的、经过思虑或凭激情行动的、追求某种目的的人；任何事情的发生都不是没有自觉的意图，没有预期的目的的。"[①] 这也就是说，人的活动的目的性是客观存在的，是由社会存在决定的。教育的目的也是如此，客观存在并由社会生产方式所决定。

二、教育目的的历史性、阶级性和层次性

教育目的具有历史性、阶级性和层次性。不同的历史时期有着不同的社会背景和社会需要，需要有不同的教育目的与之相匹配。中国传统教育的目的主要在于明彝人伦、修己善群、涵养心性和格物致知，[②] 中国当前教育的目的则是为社会主义现代化建设服务，必须与生产劳动相结合，培养德、智、体全面发展的建设者和接班人。

教育目的由社会生产方式所决定，直接决定教育目的的是生产关系，这就决定了教育目的的阶级性。当前中国要以马克思主义人的全面发展学说作为制定教育目的的指导思想。如何理解全面发展？马克思指出："个人的全面性不是想象的或设想的全面性，而是他的现实关系的全面性。"[③] 对"全面"的理解，不能脱离"现实关系"和"实际条件"，全面发展的概念也是发展的，人的全面发展的广度和深度将随着社会的发展而有所不同[④]。

教育目的的确立还要反映一种理想与制度，这就决定教育目的既要适应社会和时代的要求，还要有远大的理想，具有超越性的目的。既要适应又要超越，体现了教育目的的层次性。马克思和恩格斯在《共产党宣

---

① 《马克思恩格斯选集》第 4 卷，人民出版社 2012 年版，第 253 页。
② 参见伍振鷟主编：《教育哲学》，五南图书出版股份有限公司 1999 年版，第 87—89 页。
③ 《马克思恩格斯全集》第 46 卷（下），人民出版社 1979 年版，第 36 页。
④ 参见黄济：《教育哲学通论》，山西教育出版社 1998 年版，第 440—441 页。

言》中指出，未来的共产主义社会"将是这样一个联合体，在那里，每个人的自由发展是一切人自由发展的条件"①。只有共产主义社会才是"个人的独创的和自由的发展不再是一句空话的唯一社会"②。这就是我们在确立教育目的时的远大理想。

三、当前存在两种对立的教育目的

由于各种不同的教育学说在教育目的方面有着不同的认识，在现实的教育实践活动中经常会有对立的教育目的并存。"个人本位"与"社会本位"、"通才教育"与"专才教育"等对立的教育目的在创新创业教育领域也有具体呈现。

"个人本位"与"社会本位"的对立演化为教育是培养"人"还是培养"某种人"，是"育人"还是"制器"的争论。这是"高等教育价值目标的一个古老的问题"，这个古老的问题背后是理想主义与现实主义之争、是工具理性与人文理性之争、是真正的大学与职业学校之争，说到底是大学本质之争。早在20世纪30年代，冯友兰先生在《论大学教育》中就强调"大学不是职业学校"，因为"就世俗说有些学问是有用的，有些学问就没用，可是一个大学应该特别着重这些学问，因为有用的学问已有职业学校及工厂去做了。'红'的、有出路的学问大学应该研究；而'冷僻'的、没有出路的学问大学更应该研究。"强调大学教育出来的是"人"而不是"器"，"器是一种工具，别人可以利用它达到某种目的"，而"人"则"除了有专门才能贡献人类外，……对于世界社会有自己的认识、看法，对已往及现在所有有价值的东西……都能欣赏"。③希望大学保持适度的

① 《马克思恩格斯选集》第1卷，人民出版社2012年版，第422页。
② 《马克思恩格斯全集》第3卷，人民出版社1972年版，第516页。
③ 冯友兰：《论大学教育》，载《清华大学史料选编》第4卷，清华大学出版社1994年版，第220—222页。

"象牙塔"气质，要求大学以探索、追求、捍卫、传播真理和知识为目的，以引导社会价值观为使命。

"通才教育"和"专才教育"的争论具体演化为对"职业主义"的批判。"职业主义"一词是曾任美国芝加哥大学校长的赫钦斯（Robert M. Hutchins）提出来的，他将家长及其子女想通过大学教育获得好工作的愿望、大学对这种愿望的回应称为大学教育中的"职业主义"。在赫钦斯看来，职业主义既使得大学抛弃了追求知识的使命，又使得职业变成为一个初级职业。① 为了克服"职业主义"带来的问题，赫钦斯担任芝加哥大学校长期间，主持了美国高等教育史上最激进、最彻底、最全面的通识教育改革。② 赫钦斯对"职业主义"进行的批判和反思与他倡导和推行的通识教育实践，都是对 20 世纪三四十年代美国大学以实用功利为其导向，大学教育完全建立在崇尚物质主义、经济主义的思想形态上等这些极端功利主义做法的纠正。以此来观察和评判当前中国高校在创新创业教育方面一些功利主义的理论和实践，可以引以为镜鉴。

第二节　创新创业教育的"超越性"目的

创新创业教育的目的要充分体现层次性，要在适应的基础上实现超越的目的。传统教育主要是适应社会发展需要，以为社会培养各种适用人才为目的，而在快速发展的现代社会，这种适应遭遇到了巨大的挑战。由于人才培养的周期较长，培养一个本科生需要四年，培养一个硕士生需要七年，培养一个博士生则需要十年左右，而现代社会产业变化的周期则明

---

① 参见罗伯特·M. 赫钦斯：《美国高等教育》，汪利兵译，浙江教育出版社 2001 年版，第 18 页。

② 参见罗伯特·M. 赫钦斯：《美国高等教育》，汪利兵译，浙江教育出版社 2001 年版，第 53 页。

显缩短，很多产业以两年为一个周期，这就使得适应性人才培养计划在"投产"时还是有社会需求的，而在"出厂"时则由于产业结构变化而使得人才没有了用武之地。针对这种情况，教育的作用就不再是适应的，而是超越的。如果说"产业经济"时代社会需要什么人才我们就培养什么人才，那么"人才经济"时代则是我们培养的人才创造了新的产业，新的产业为人才提供了施展才华的平台。这就使得教育对社会需要产生了超越，相应地，教育目的不再是有明确目标的某种结局，而是教育本身那种具有无限容纳力的意义，"超越的"教育实现了自身的目的性。

一、对传统的超越

文化传统是人类不可逾越的基础，对生活在现代社会的大学生来说，在人生发展和创新创业方面，无论思想和行为都会不同程度地受到中国文化传统的影响。深入分析这些影响因素并有针对性地采取教育措施，是开展创新创业教育的重要基础。中国文化博大精深，有着深刻的复杂性，在当今社会仍然得以保持和延续。中国文化既有有利于个人创业的一面，也有阻碍个人创业的因素。原则上鼓励，因为创业确实具有诱人的魅力；具体上犹疑，因为创业具有高风险。对别人支持，因为事不关己，可以高高挂起；对自己规避，因为明哲保身，尽量少闯为佳。

要实现对这种传统的超越，需要我们回归大学"新民"之道，以创新创业教育来促进大学生以至于全社会对于职业设计和选择的观念变革，改变中国文化传统中求稳怕变、安土重迁的落后观念，改变"学而优则仕"的单一职业路径，形成"学而优则创"的全新观念。这种对于国民社会观念进行系统改造的过程，实际上是人的现代化过程。这实际上是老生常谈的"经典"话题，但是由于职业选择领域长期受计划经济体制影响，形成了"学位＝工作"的观念，计划经济时代以精英教育方式培养出来的大学生，属于稀缺资源，国家分配工作、包当干部，以至于形成了"读书做官"的心理定势。这种状态在 20 世纪 80 年代开始发生改变，高等教育大众化时代的到来，已经在全社会形成了新的就业观念，大学生就业已经不再是等着国家分配，而是双向选择，自主择业。但是思想只解放到这一步还不够，在"学位≠工作"的时代，需要实现从自谋职业到自主创业的跨越。而推动这一思想的解放，根本任务在于改变国民的文化心理结构。"落后和不发达不仅仅是一堆能勾勒出社会经济图画的统计指数，也是一种心理状态。"① 这是智利知识界的领袖萨拉扎·班迪（Salazar Bandi）博士在回顾发展中国家追求现代化的坎坷道路时，表述的深刻的学术观点。许多致力于实现现代化的国家，在经历了长久的现代化阵痛和难产之后，才会逐渐意识到，国民的心理和精神还被牢固地锁在传统意识之中，构成了对经济与社会发展的严重障碍，于是，改变落后的心理状态，成为实现人的现代化的根本途径。在现代化研究中，一些西方学者注意到："一些社会很快使自己适应了工业社会的生活方式，而另一些社会必须克服来自传统信仰和习惯的巨大障碍"。在某种情况下，"一个最成熟的传统社会，也就是一个长时期内最不情愿现代化的社会"。② 中国在长期传统社会中形成的"板结的政治—社会结构"、"僵滞的经济—产业结构"、"保守的文化—社会心理"③ 成为中国现代化的巨大阻力。特殊的国情基础和文化传统，使创新创业教育首先要实现对传统的超越。

二、对时代的超越

创新创业教育为什么会在当今时代成为一个世界性课题？进入 21 世纪以来，为什么中国高校创新创业教育的理论研究和实践活动异常活跃，

---

① 殷陆君编译：《人的现代化》，四川人民出版社 1985 年版，第 3 页。

② 布莱克：《现代化的动力》，景跃进译，浙江人民出版社 1989 年版，第 50 页。

③ 参见何晓明：《百年忧患——知识分子命运与中国现代化进程》，东方出版中心 1997 年版，第 59—60 页。

成为备受学者关注的"显学"？这与我们所处时代的主体特征有着密切关联。曾任芝加哥大学校长的赫钦斯在1953年大胆预测："如果我们得以幸存，我们将活在衣食无虞却工作短缺的世界，机器将代替我们工作。"① 这一伟大的预言就是我们当今时代的真实写照，"衣食无虞却工作短缺"成为世界各国政府最为头疼的社会问题。这也正是当今时代各国政府高度重视创新创业教育的根本原因。传统产业创造的工作岗位已经被"机器"侵蚀掉了，为了工作，当代人只有自己创造工作岗位。这也就是提出"就业友好型"增长的主要原因，国家投资建设资本密集、技术密集的大企业，难以提供大量的就业岗位，出现所谓的"奥肯悖论"，即经济增长与就业增长不平衡，经济增长并不必然带来就业岗位的增加。强调"就业友好型"增长，就是要在保增长的过程中特别注意就业岗位的开发，对就业吸纳能力强的中小企业加大支持和扶持力度。② 对就业难的高度关注成为中国高校创新创业教育的特色发展道路，成为当今中国高校的创新创业教育研究最为明显的时代性特征。

然而，我们既要认识和把握"衣食无虞却工作短缺"的时代特征，也要立足大势，分清主流和支流，准确地把握当今时代以知识经济为主导的"大众创业、万众创新"的时代特征，以此来实现超越。我们现实地看到，以知识经济为主导的世界经济形态更加突显了创新创业精神的重要性。知识经济时代以经济知识化和社会信息化为主要特征，如果说土地是农业经济时代的重要资源、资本是工业经济时代的重要资源，那么知识则成为知识经济时代的重要资源。清华大学校长王大中认为，与以往任何时代相比，知识和信息对于人类生产和生活变得更加至关重要，"大学必须改变传统的只传授现成知识的教育模式，而要树立创造性的教育思想，尤其像清华这样的重点大学，培养学生的创新精神应该是最

---

① Robert M.Hutchins：《乌托邦的大学》，陈秉逵译，韦伯文化国际出版有限公司2011年版，第1页。

② 参见《严峻就业形势呼唤"就业友好型"增长》，《第一财经日报》2009年8月25日。

重要的"①。这就是知识经济时代对人才培养提出的最为重要的全新要求，如果说农业经济时代的大学主要是保存知识，工业经济时代的大学主要是传播知识，那么知识经济时代的大学则主要是生产知识，大学已经从社会的边缘转移到中心，大学直接成为催生新兴产业和推动经济发展的主导力量。大学培养的创造性人才成为知识经济时代社会发展的重要推动力量，他们不再是工作岗位的搜寻者，而是工作机会的创造者，正是他们创造的新兴产业为以高校毕业生为主体的青年就业群体创造了实现人生价值的平台。当今时代，知识本身已经发挥出巨大潜力。当知识资本化、创新市场化时代到来的时候，知识与土地、资本一道，成为推动时代进步的巨大力量。创新创业因素作为主流经济学家建构经济发展模型时一度忽略的促进经济发展的重要因素，在当今时代却成为经济增长的发动机。这才是创新创业教育在当今时代成为世界性课题，异常活跃和获得持续发展的主要原因。

三、对自我的超越

人类最难认识和超越的是人类本身。梁漱溟先生在其所著的《人心与人生》一书中开宗明义指出："吾书旨在有助于人类之认识自己。"他认为："科学发达至于今日，既穷极原子、电子种种之幽渺，复能以腾游天际，且即攀登星月，其有所认识于物，从而控制利用乎物者，不可谓无术矣。顾大地之上人祸方亟，竟自无术以弭之。是盖：以言主宰乎物，似若能之；以言人之自主于行止进退之间，殆未能也。"② 这就是人类的现实处境，可以征服自然，做大自然的主人，却无法征服本身，做到"自主于行止进退之间"。追问人的本质，探索人的本性，寻找人生的意义与价值还

---

① 王大中：《王大中教育文集（1994—2003）》，清华大学出版社 2011 年版，第 107 页。
② 梁漱溟：《人心与人生》，学林出版社 1984 年版，第 1 页。

是要由认识自我开始。由于自我是一个感性与理性、情感与理智相互交织且不断变化的复杂系统，这就使得自我认识非常困难，而建立在认识自我基础之上的超越自我更是难上加难。创新创业教育主要在职业价值观念层面培养学生的自我超越，引导学生自觉认同创业对于人生的价值，并将创业作为一种自觉的生涯选择。实现了自我超越的大学生，会将创业作为一种责任担当。

我们之所以强调超越自我，因为"教育是一个需要靠自己去承担的责任"，就像农夫需要上天的合作才会有收成，医生需要病人的合作才会有疗效一样，教师需要学生的合作才能产生教育效果。① 怀特海（Whitehead）将教育分为浪漫阶段、精确阶段和综合运用阶段三个阶段，大学教育综合运用的精神和理念占据了主导地位，应该着重于理论兴趣和实际效用的结合。大学的功能在于"摆脱细节而保留原理"，而真正沉浸到骨子里的原理是"一种思维习惯"。"智力的培养无非就是人在执行某个活动的时候，大脑以一种令人满意的方式进行运转而已。"所以一所大学的理想，不是知识，而是力量，大学的职责就是把一个孩子的知识转变成一个成人的力量。② 这正是创新创业教育所要达到的目的，它需要唤醒学生潜在的力量，为了更好地实现自我价值而作出选择。

在中国，多数学生视责任担当和敢冒风险为畏途，以至于选择了"默默无闻"。为了改变这种传统积习形成的国民心态，早在1915年，陈独秀就在《敬告青年》一文中描述了现代人形象："自主的而非奴隶的"；"进步的而非保守的"；"进取的而非退隐的"；"世界的而非锁国的"；"实利的而非虚文的"；"科学的而非想象的"。希望新鲜活泼之青年，能够自觉奋斗，达此目标。"自觉者何？自觉其新鲜活泼之价值与责任，而自视不可卑也。奋斗者何？奋其智能，力排陈腐朽败者以去，视之若仇敌，若

---

① 参见傅佩荣：《哲学与人生》，天下远见出版股份有限公司2003年版，第333页。

② 参见怀特海：《教育的目的》，庄莲平、王立中译，文汇出版社2012年版，第36页。

洪水猛兽，而不可与为邻，而不为其菌毒所传染也。"① 近百年的时光倏忽而逝，如今的青年于此"六义"又有如何表现呢？大学生对于自我的超越之路依然任重而道远，自我超越的目标即是一位大学校长对于学生的四点希望：向上的精神、学习的兴趣、创造的激情、社会的责任。向上的精神是"能够向上地、积极地、乐观地活着，工作着，学习着"；学习的兴趣是"学习的根本的动力，而不是功利"，"依自己的兴趣、自己的意愿去生活，去选择职业"；创造的激情"是一种为了做一件事情充满了活力，几乎无法停止的感觉""激情来自于信念、深刻的思考或是创作欲望"；社会的责任"首先要对自己负责任，然后对父母负责任，对同学负责任，最后要对社会负责任。""如果一个人做错了事情都不感到内疚，这个人是危险的，如果许多人做任何事情都不感到惧怕，这个社会就危险了。"② 这四点与杰弗里·蒂蒙斯概括的创业者"可取的核心的创业品质"高度契合，即"责任感与决策力"、"领导力"、"执着于商机"、"对风险、模糊度与不确定性的容纳度"、"创造、自我依赖与适应能力"、"超越别人的动机"。③

第三节　创新创业教育与开创性的个人

创新是社会进步的灵魂，创业是推动经济社会发展、改善民生的重要途径。④ "大众创业、万众创新"，核心在于激发人的创造力，在创客的时代，创造不再是少数人的专业，而是多数人的机会。⑤ 青年学生富有想

---

① 任建树主编：《陈独秀著作选编》第 1 卷，上海人民出版社 2009 年版，第 158 页。
② 史宁中：《教育与数学教育》，东北师范大学出版社 2006 年版，第 80—81 页。
③ 杰弗里·蒂蒙斯、小斯蒂芬·斯皮内利：《创业学》第 6 版，周伟民、吕长春译，人民邮电出版社 2005 年版，第 160 页。
④ 参见《习近平祝贺 2013 年全球创业周中国站开幕》，《人民日报》2013 年 11 月 9 日。
⑤ 李克强：《五四青年节给清华学生创客回信：青年创业创新国家就朝气蓬勃》，2015 年 5 月 4 日。

象力和创造力，是创新创业的有生力量。青年愿创业，社会才生机盎然；青年争创新，国家就朝气蓬勃。当前创新创业教育的重点在于激发青年的创造力，为社会培养更多的"具有开创性的个人"。

一、创新创业教育就是要"培养具有开创性的个人"

由于我国高校创业教育是在大学生就业严峻形势下通过政策宣传来开展的，主要关注创业课程的设置与创业计划等活动，创业教育零散、应急，缺乏理论支撑，导致创业教育的外在性活动尚未激发大学生创业的主动性。加之创业教育目标缺乏创业型人格的唤醒与塑造，大学生个体基本处于自发参与的状态，创业率非常低，无论从深度上还是广度上都没有发挥应有的作用，高校创业教育陷入了"外铄"困境以致低效或无效。走出这一困境的办法就是从大学生个体着手挖掘其内在的创业潜力、致力于大学生创业型人格的唤醒与塑造，培养具有开创性的个人。[①] 积极推动创业教育从"外铄"到"内生"的转变是"创业自觉"的重要使命，而在此过程中培养的"创业型人格"，则是"具有开创性的个人"的核心素质。

彰显创新创业教育的超越性，就是要突出重视创业教育"培养具有开创性的个人"这一目的的实现，以此作为创业教育与一般教育的根本区别。一般的教育要培养合格建设者，创业教育要超越合格，赋予其开创性；一般的教育要满足社会需要，要与社会的经济、政治、文化相适应，创业教育则要引领社会需要，引导社会的经济、政治、文化发展方向。对此，鲁洁教授创造性地提出了教育的本质在于超越的观点，实现了教育哲学观从适应论到超越论的根本转变。他指出："教育作为培养人的活动，它的超越的核心就是，要培养出能改造现存世界的人，也即具有实

[①] 参见李燕：《从外铄到内生：霍兰德创业型人格理论对高校创业教育的启示》，《济南大学学报（社会科学版）》2010 年第 4 期。

践意识和实践能力，能超越现实世界、现实社会的人。赋予人以人所独具的实践本质，这是教育的基本功能。"① 按照鲁洁教授的论证，教育的超越性至少包括两方面内容。一是教育的职能不在于单纯地传授人类已有的、历史上积累下来的文化科学知识，不是把已有的东西复制给年轻一代，并使他们适应已有的和既定的一切。"教育的根本任务在于通过这种传授，使它所培养的人，能够把已有的一切文化科学知识作为一种工具与手段，去改造和发展现存的世界、现存的社会（其中也包括已有的文化科学知识）以及现存的自我。"由此可见，用来描述现代教育本质的词汇不是"接受"和"适应"，而是"创造"和"超越"。二是教育在赋予人以现实规定性的同时，在于否定这种规定性，超越这种规定性。鲁洁教授认为，教育的过程是个体社会化的过程，但不能仅止于此。"一切现实的规定性只能是规定人的现在，而不是要去决定他的未来。理想的教育并不是要以一种现实的规定性去束缚人、限制人，而是要使人从现实性看到发展的可能性，并善于将可能性转化为现实性；它要使人树立起发展与超越现实的理想，并善于将理想赋之予现实。培养一种理想与现实相统一的人，超越意识与超越能力相统一的人，这才是教育的宗旨。"所以要想不让教育的现实规定性成为束缚人发展的消极因素，就只有超越这种规定性。超越的途径就是培养出能够改造世界、改造现存社会的人，以此来推动社会经济、政治、文化的发展和进步。以此来看，"教育与现实社会的关系只能是一种否定的关系"。② 由此我们联想到《学会生存》中所分析的"教育既有培养创造精神的力量，也有抑制创造精神的力量。""接受"与"适应"的教育必然要造成"受教越多，受束缚也越多"的消极后果，使得教育成为抑制创造精神的力量；而"创造"和"超越"的教育则在否定现实规定性的过程中充分发挥人的主体性，通过

---

① 　鲁洁：《论教育之适应与超越》，《教育研究》1996 年第 2 期。
② 　鲁洁：《论教育之适应与超越》，《教育研究》1996 年第 2 期。

对过去的批判性继承，实现对现实和未来的改造。①

二、开创性的个人要有理性的行动能力

创新创业教育系教育的一个分支，教育的本质规定性对于创新创业教育毫无疑问是适用的。但是，由于这种适用性又涉及一些新的领域和概念，就使得人们有些困惑了。比如，我们说教育是人的本能，那么也就是说，创新创业教育也是人的本能，与创新创业教育密切相关的创新和创造也是人的本能。这样说，似乎有些牵强。实际上，这不但是完全正确的命题，而且以此为出发点，会有助于我们深刻思考和追寻全新的创新创业教育框架。实际上，关于"创新和创造也是人的本能"这一命题，柏格森早已从生物学的角度进行了阐释："对于有意识的生命来说，要存在就是要变化，要变化就是要成熟，而要成熟，就是要不断地进行自我创造。"② 由此可见，创造是生命的本质，生命的历程就是一个不断进行自我创造的过程，也可以说，创造就是人的生活方式。

当然，我们强调教育是人的本能，进而创造、创新也是人的本能，不是说教育不重要，也不是说创造、创新不需要教，而是突出强调"教什么"。我们可以得出这样的结论：不是简单地教人如何创造、创新、创业，而是展现创造、创新、创业发展的概念运动过程和基本规律。人们通过研究创造、创新、创业发展运动的基本规律，从而自觉到创造、创新、创业过程的本质特征，达到对于创造、创新、创业的真理性认识。基于此，我认为高校的创新创业教育至少要有两方面的功能：第一个方面是激发学生的创业热情，培养学生的创业精神，增强学生的创业意向，使得创业成为他们心向往之的生涯选择之一；第二个方面就是帮助学生把握创业的时机，在准备

① 参见联合国教科文组织国际教育发展委员会编著：《学会生存——教育世界的今天和明天》，华东师范大学比较教育研究所译，教育科学出版社 1996 年版，第 84 页。

② 亨利·柏格森：《创造进化论》，肖聿译，华夏出版社 2000 年版，第 13 页。

不充分、时机不成熟的时候，建议学生继续做艰苦细致的准备工作。这两个方面具有同等重要的价值和意义。德国联邦经济与科技部关于《EXIST德国高校创业启动》的科学监测报告就指出："在有志创业者明显缺乏创业的前提条件或者在经营理念不算很成功的情况下，劝阻创业，也是咨询的一项重要功能。"① 这里的"劝阻创业"是什么？我想就是理性。

　　从理性的视角来审视创新创业教育，就会对很多观点提出全新的看法。比如有学者提出创新创业教育就是要激发学生的创业激情，就是要鼓励学生行动，就是要让学生在失败中学习。对于这些观点，我是有条件赞同的，那就是要加上对能力的理性评估和对机会的理性把握。因为在GEM 的概念模型中，"创业活动是创业机会与创业能力合成的结果"②。一方面是自身的创业能力，另一方面是社会提供的创业机会，二者完美结合才能成就创业活动。所以当我们鼓励学生采取实际创业行动时，一定要先考察这两方面因素的成熟程度，如果两方面都成熟了，则应该立即行动；如果两方面都未成熟，或只有一方面成熟，则要取消行动。这就是简便易行的科学评价标准。根据这一标准，对于主张让学生在失败中学习创业的观点，我也是有条件赞同。虽然有先哲古训云"失败乃成功之母"、"无论从哪方面学习都不如从自己所犯错误的后果中学习来得快"，但是，我认为这里的"失败"和"错误"也是有条件的。如果是致命的"失败"和"错误"，给人以毁灭性的打击，则无法实现学习的目的，这一点不论是在中国还是在外国都是一样的。正如日本神户大学研究生院提交的关于创业教育的研究报告所强调的："在日本，一旦第一次创业失败，很难继续进行第二次创业挑战。"③ 我们经常会听人说，"虽然企业消失了，但创业

① 中华人民共和国教育部高等教育司：《世界主要国家创业教育情况》，高等教育出版社2012 年版，第 188—189 页。
② 高建、程源、李习保、姜彦福：《全球创业观察中国报告（2007）——创业转型与就业效应》，清华大学出版社 2008 年版，第 119 页。
③ 中华人民共和国教育部高等教育司：《世界主要国家创业教育情况》，高等教育出版社2012 年版，第 261 页。

者生存了下来，而且学到了宝贵的经验"①。这既是正确面对失败的乐观精神，也是宽容失败的科学态度，对此，我是持赞成态度的，初次创业就能够成功者毕竟是少数，多数创业者都要有多次失败的经历。我要强调的就是作为一个好的创新创业教育者需要从理性的视角来审视"失败"和"错误"的深层意味与价值，并尽力帮助创业者避免那些由于缺乏理性的冲动与莽撞而造成的无谓的"失败"和"错误"，将创业的失败率降到最低。

三、开创性的个人要有丰富的生活体验

当我们通过读书去试图"体验"别人的生命历程时，只能是得到一些知识而已，更多的信息实际上来自于人生这本"无字之书"。这里面实际上涉及直接知识和间接知识的问题，人生有限，不可能事事亲历，而为了在最短的时间内丰富自己，可以通过书本学习前人留下的间接知识。但是，问题就在于，有些知识是不能这样习得的，必须经过自身的体验来获取，这便是直接知识。一定程度上来讲，直接知识是用生命来获取的。

（一）生活体验是一种教育方式

人本主义者认为，体验是教育的核心词，认为"教育始于体验，终于体验。""真正属于人的，首先是体验。"之所以如此重视体验和高扬体验的价值，主要有三方面的原因。一是"源于教育对人性的尊重和捍卫。体验属于体验者自己，它不能被传授，也不能被移植"。这里面涉及学生的主体地位问题。当今的学校教育在理论上强调教师主导、学生主体，但在实践中总是只落实前半句，而忘了后半句。没有了主体地位的学生只能成为"观众"而不是"演员"，而本应成为"观众"的教师却成了"主

---

① 杰弗里·迪蒙斯、小斯蒂芬·斯皮内利：《创业学》第6版，周伟民、吕长春译，人民邮电出版社2005年版，第29页。

演",教学过程变成了教师的独角戏,占有了整个舞台。且不论这种教育教学谈不上对学生的尊重,其教育效果也是很难保证的。因为很多知识是无法通过讲授和灌输来传授的,而是必须通过学生的体验。二是因为"体验是领悟的基础,领悟又是创新的前提"。① 体验—领悟—创新的递进关系,彻底改写了创新的基础。传统观点认为知识是创新的基础,所以在教育过程中大量地向学生传授知识,以期达到创新的目的。有学者将这种教育方式形象地比喻为银行存款,只是"它不一定有零存整取的功效"。"这便是教育的'银行'观念,其允许学生行动的范围仅仅是接受、整理和保管存款。实际上,他们只是让学生有机会成为一个材料收集者或是储藏东西的目录而已。但是在将来的问题解决中,他们自身的能力被磨灭了。"由此而得出的结论是:"个体只有通过质疑、实践才能成为真正的人。"② 由此可见,知识并不必然导致创新,真正的创新应由体验开始,经由深刻的领悟,从而达到创新的目的。三是因为"体验伴随学习活动的全过程,赋予学习活动兑现价值"。与传统观点突出强调教育的未来价值不同,人本主义坚持认为现在和未来一样重要。他们从提高学生生存质量的高度,认为为了让学生现在就兑现学习的价值,感受到学习与成长的快乐,就要给学生以丰富的体验,"体验的意义就在于它把昨天和明天变成了今天,它使学习的价值在学习过程中即可兑现"。③

(二)生活体验是一种情感状态

真实的情感来自生活,缺乏生活基础的情感只能是无源之水、无本之木,可能会有偶尔的灵光,但不过是昙花一现而已。所以真实的情感状

---

① 张卓玉:《第二次教育革命是否可能——人本主义的回答》,商务印书馆 2009 年版,第 42—46 页。

② D.A. 库珀:《体验学习:让体验成为学习和发展的源泉》,王灿明、朱水萍等译,华东师范大学出版社 2008 年版,第 23 页。

③ 张卓玉:《第二次教育革命是否可能——人本主义的回答》,商务印书馆 2009 年版,第 47 页。

态必须是"体会真切"的，绝不是一时冲动的"矫情"与"造作"。当代教育家朱小蔓、朱永新认为，"情感教育是教育过程的一部分，它关注人生态度、情感、信念及其情绪"。"优质的情感是孕育人性真善美的种子。"他们引用英国学者沛西·能的话："如此众多的教育努力的相对无效性主要是相对忽视了作为每个人的能量的最近来源的情感，它是教育发展的真正动力，不论在学习方面还是情感方面。"①把情感作为教育发展的真正动力，主要在于"情感教育不是着眼于否定人的理性层面而强调非理性层面，甚至像非理性主义那样过分夸张不受理智控制的情欲的价值，而是强调挖掘科学的价值层面，高扬科学的文化性，主张人通过科学创造活动重新发现的意义和价值，认识提高人自身素质的重要性。"朱小蔓教授认为，情感教育不仅是适应性质的，更是主体性质的，因为"情感教育突出了人经由实践自我生成的无限可能与主体能动选择的一面，体现人的主体自由的本质"。情感教育的最终目标就是要培养"高理智与高情感相互平衡、协调发展的人才"。②

（三）生活体验是教育的直接来源

不论是作为人生阅历、教育方式还是情感状态，生活体验都是教育的直接来源。而作为具有很强实践性的创新创业教育来说，生活体验更是必不可少。这使我们自然想到陶行知先生提出的"生活即教育"的命题，"没有生活做中心的教育是死教育，没有生活做中心的学校是死学校，没有生活做中心的书本是死书本。在死教育、死学校、死书本里鬼混的人是死人——先生是先死，学生是学死！先死与学死所造成的国是死国，所造成的世界是死世界。"③教育为了"不死"，就必须以生活做中心，同理，创新创业教育为了"不死"，也必须以生活做中心。我想，之所以这么突

① 朱小蔓、朱永新：《中国教育：情感缺失》，《读书》2012 年第 1 期。
② 朱小蔓：《当代情感教育的基本特征》，《教育研究》1994 年第 10 期。
③ 方明：《陶行知教育名篇》，教育科学出版社 2005 年版，第 176 页。

出地强调以生活做中心，一方面是因为创新创业教育是"教学做合一"的教育，不做无学，不做无教。另一方面是支撑创新创业教育的知识基础的特殊性，创业教育过程中有很多"意会知识"，为了传授这些"意会知识"，对于创新创业教育来说，"教学形式与课程内容同等重要"。"经验的和反思的方法能促使深度学习。"① 用中国传统哲学的概念来表达，这些"意会知识"只有通过"悟"才能获得，这种"悟""旨在领悟有限中的无限，相对中的绝对，这种领悟往往是在顿然之间实现的，它表现为哲学上的理性直觉"②。而支撑这一"顿然之间"悟道的核心要素即是深厚宽广的生活体验。

当然，我们强调丰富的生活体验是教育的直接来源，但不是唯一来源。所以，既不是说创业只有通过生活体验这一途径才能学习，也不是说只有"饱经风霜、备受煎熬的老人"才能创业，更不是以突出强调经验的方式来否定创业知识的传授。我们高度认同这样的道理："仅仅依靠实践来学习，是对创业家的经验与智慧以及前人所做的研究成果等的蔑视。创业很难有第二次的挑战，只通过实践来学习风险太大。"③ 既然如此，我们为什么还如此突出地强调丰富的生活体验和体会真切的人生情感呢？我想是为了突出创业教育的目的不只是为了获得功利性的经济效益，更为重要的是突出学生的主体地位，实现其尊严和价值，从而为社会培养出"高理智与高情感相互平衡、协调发展的人才"。归根结底，创新创业教育还是要回到人本身。

---

① 参见中华人民共和国教育部高等教育司：《世界主要国家创业教育情况》，高等教育出版社2012年版，第134—135页。
② 杨国荣：《知识与智慧——冯契先生的哲学沉思》，《哲学研究》1995年第12期。
③ 中华人民共和国教育部高等教育司：《世界主要国家创业教育情况》，高等教育出版社2012年版，第261页。

第 三 章

价值论:"广谱式"创新创业
教育的终极价值

　　教育的价值问题要回答教育"为什么"的问题。教育价值论比本质论和目的论更为复杂难解,主要原因在于作为一般哲学概念的价值本身是一个非常复杂的哲学问题,为了深入理解教育的价值问题必须先对价值本身有一个正确认识。在此基础上,我们要深入思考什么样的创新创业教育最有价值?这是当前深入开展创新创业教育的逻辑前提。如果按照一般的说法,认为在高校开展创新创业教育就是要使更多的大学生去创业,通过一人创业带动多人就业,这就会使社会过多地将关注点聚焦在大学生"创业率"和"成功率"上,而当社会发现创新创业教育并没有使得"两率"明显提高时,就会反过来质疑创新创业教育的价值。显然,常识层面的认识水平无法解决深层次的理论问题,我们必须找到创新创业教育的"不可替代"的独特价值。只有如此,才能为创新创业教育找到坚实的逻辑前提。著名经济学家成思危认为:"经济能保证我们的今天,科技能保证我们的明天,而创业教育能保证我们的后天。创业教育是启动中国新一轮经济增长的强大动力,其重要性如何强调都不为过!"① 大力发展创新创业教育,有利于把人口压力转化为人力资源优势。这就要求创新创业教育培养

---

① 转引自陈晓春:《创业教育,新一轮经济增长动力》,《新华日报》2010 年 3 月 30 日。

造就数以亿计的创新创业型人才，成为经济增长的强大动力，这就是创新创业型人才在大众创业、万众创新时代所具有的独特的社会价值和个体价值。

第一节　创新创业教育价值论的理论基础

由于学术界对于价值的含义问题众说纷纭，价值本质问题见仁见智，使得初学者对于价值的理解莫衷一是。我们必须以马克思主义的立场、观点和方法来研究价值问题，罗国杰先生在这方面的研究成果可以给我们以启发和借鉴。罗国杰先生梳理学术界对于价值一般含义的理解，认为当前存在着四个方面、六种说法，即"实体说"、"属性说"、"人本说"、"意义说"、"效用说"和"关系说"。澄清了四种认识上的误区，即"价值"与"有价值"不能等同、价值应当与价值实体及其属性区分开来、价值不是主体的价值需要、价值不是主客体间僵死的关系。在此基础上，他认为，"价值存在于客体对主体的关系之中，它是某一客体（物质的和精神的）同人的需要、利益、兴趣、愿望、追求和喜爱等联系在一起的，是主体和客体的一定关系的体现"。价值具有主体性、客观性、实践性和历史性、绝对性和相对性等相互关联的基本规定性；价值从本质上说是一个关系范畴，是客体同主体的需要发生关系时才产生的；价值的本质是历史的、社会的，价值问题在于主要解决事物之利弊、善恶、美丑的评价问题。① 这就是罗国杰先生运用马克思主义的立场、观点和方法对于价值问题的科学认识，对于我们研究教育的价值问题，进而深入阐述创新创业教育的价值问题至少提供了三点启示。

---

① 参见罗国杰主编：《马克思主义价值观研究》，人民出版社 2013 年版，第 4—30 页。

一、价值既是一个关系范畴，也是一个历史范畴

关系范畴是说价值是在客体同主体的需要发生关系时才产生的，价值是主体和客体的统一，孤立的主体与孤立的客体都不构成价值；历史范畴是说价值的主体和客体都是具体的、历史的，随着时代的进步不断发展变化，而且价值中主体和客体之间的相互关系，也不是一成不变的。在创新创业教育价值体系中，主体是教师和学生，客体是创新创业教育实践活动，之所以能够产生价值，是因为创新创业教育对于教师和学生的生存与发展产生了积极效用。我们这个时代突出地强调和大力地推进创新创业教育，是由这个时代的历史特点和阶段性特征所决定的。这是一个大众创业、万众创新的时代，创新创业教育具有伟大的社会价值和个体价值，创新创业教育肩负着培养创新创业人才，造就创新创业生力军的重任，通过厚植创新创业文化，在一代新人中塑造敢于创新、勇于创业、乐于创造的全新观念，这不仅有利于社会的稳定和谐与发展进步，也有利于个体实现自身的人生意义和价值。在创新创业时代，大批的社会精英将会抓住国家和社会提供的难得机会实现自身的理想和抱负。这在个体层面表现为每个人都有人生出彩的机会，在社会层面则表现为社会阶层的垂直流动，一大批社会底层的"草根"通过艰苦奋斗获得了应有的社会地位，为社会增添了无限活力，在民族和国家层面则是涓涓细流汇聚成为中华民族伟大复兴的历史洪流，为建设富强民主文明和谐的社会主义现代化国家贡献力量。

二、价值既有主体性，又有客观性

主体性既是说主体的需要是价值评价的一个基本尺度，也是说主体在价值关系的建立和价值实现的过程中具有能动性、创造性和超越性特征，处于主动和主导的地位。但是"主体"不等于"主观"，价值的主体性并不意味着价值就是主观任意的，可以由主体根据自己的意志随意地进

行规定和评价。价值的存在有着自身的客观基础，即各种价值客体所具有
的属性和功能。同时，主体的需要也不能超出人的生理条件和社会历史条
件这一客观基础，即使在各种内外条件许可的范围内，人的需要也有高低
层次之别，这就是价值的客观性。在创新创业教育价值体系中，价值的主
体性既体现为主体的需要，更体现为主体的主动和主导，这种主动和主导
突出地表现为"创造性转化"；价值的客观性既与创新创业教育的属性和
功能密切相关，同时也表现出一定的层次性。借鉴罗国杰先生关于价值层
次境界的划分方法，我们可以初步将创新创业教育的价值划分为四个层
次：一是以创新创业驱动经济社会发展；二是以创造价值为目的的机会型
创业；三是以创业带动就业；四是以解决生存问题为目的的自我雇佣型创
业。我们应立足于多种价值追求和多种价值层次境界并存的实际，区分层
次，着眼多数，鼓励先进，循序渐进。区分价值的层次境界，主要是区分
上述四个层次；着眼多数，主要是着眼于机会型创业和以创业带动就业；
鼓励先进，主要是鼓励以创新创业驱动经济社会发展；循序渐进，就是在
创新创业教育价值层次境界的阶梯上一步一个脚印地向上攀登。

三、价值既有绝对性，也有相对性

绝对性是说价值是人类社会生活中普遍存在的，对于人类的整个历
史发展过程来说，价值往往是具有历久性和恒常性的；相对性是说在不同
历史时期，主体对客体有无价值和价值大小会产生不同的评价，即使在同
一时代，具有某种属性和功能的客体对主体需要的满足也是不同的。只有
认识到价值是绝对性和相对性的统一，才能正确处理创新创业教育价值中
存在的社会价值和个体价值、理想价值和实用价值、内在价值和工具价值
的内在张力，不至于走极端。如社会价值和个体价值的关系，很多人只看
到创新创业教育对于经济社会发展的作用，在高度认可其社会价值的同时
却忽略了个体价值，这种片面认识容易认为创新创业教育是外在力量加给

高校的阶段性任务，为了完成这个任务，各个高校要么是开设一两门课程或组织几个竞赛活动以求立竿见影，要么是设立几个短期项目或是支持几个创业团队以求政绩明显，这就使得创新创业教育与大学的本质相疏远，与立德树人的核心价值相脱节。创新创业教育如果不能在大学不可替代的人才培养功能中发挥作用，不能够为学生创造潜能和创新欲望的充分发挥创造氛围和环境，不能够与每一个学生的全面发展和成长成才紧密联系，其存在的价值也就大打折扣。同理，理想价值和实用价值、内在价值和工具价值都是绝对性和相对性的统一，我们承认大学的理想，向往理想的大学，但是并不妨碍我们对其实用价值的追求；我们认同创新创业教育自身的内在价值，并努力促进内在价值的充分实现，但是并不排除经济社会需要其发挥的工具价值。

第二节　创新创业教育的社会价值

创业要实，切不可好高骛远。社会上普遍地存在着大学生创业必须“做大事”、“创大业”的认识观念。由于大学生有知识，于是社会希望大学生创业是“知识创业”；由于大学生参与科技活动，于是社会希望大学生创业是“高科技创业”；由于“大学是常为新”的，于是社会希望大学生创业是“创新型创业”。当前社会最为需要的是以创新创业驱动经济发展，这是价值导向，但不是说其他类型的创业活动就毫无价值。基于此，我们将创新创业活动分为四种类型，与之相匹配的创新创业教育分别具有相应的价值。一是以创新创业驱动经济社会发展；二是以创造价值为目的的机会型创业；三是以创业带动就业；四是以解决生存问题为目的的生存型创业。我们鼓励以创新创业驱动经济社会发展，同时要着眼于机会型创业和以创业带动就业这个大多数，对于生存型创业也要看到其对社会稳定所起的重要作用，支持它渐次发展进步。

一、以创新创业驱动经济社会发展

当前中国经济进入"新常态"，经济发展的驱动方式由投资拉动为主变为现在的创新驱动。创新驱动发展战略是一个立足全局的国家战略，而不是一个短期的、局部的战略。对于教育来讲，创新驱动实质上是人才驱动，教育要通过培养创新创业型人才来为经济社会发展服务。当前，必须站在全新高度来重新审视全面推进创新创业教育的重要现实价值。要站在国家实施创新驱动发展战略、促进经济提质增效升级的高度，充分认识到在高校全面推进创新创业教育是服务创新型国家建设，培养创新型人才的重要途径。创新创业教育与经济发展"新常态"的基本内涵深度契合，是促进"大众创业、万众创新"成为推动中国经济发展调速不减势、量增质更优，实现中国经济提质增效升级"双引擎"之一的重要途径和载体，通过创新创业教育培养创新型国家建设所需的创新型人才已经成为全社会的普遍共识。

首先，从创新创业教育自身的发展历程来看，创新创业教育是一种新的教育理念和教育模式。作为一种教育理念的创新创业教育，是对自由、民主、公正等现代教育理念的呼应；作为一种教育模式的创新创业教育，是对传统教育模式的辩证否定，创新创业教育培养的人才更加符合社会发展的需求。通过创新创业教育为一代新人设定"创业遗传代码"，突出培养他们的创新创业型人格，具体来说就是一种强烈的创新创业的精神力量，可以使人战胜挫折，向既定目标顽强努力。有了崇尚创新，敢于创业的人才，国家才有光明前景，社会才有蓬勃活力。通过创新创业教育，在全社会形成良好的创新生态，倡导敢为人先、勇于冒尖的创新创业自信，使创新创业成为全社会的一种价值导向、一种生活方式、一种时代气息。形成人人崇尚创新创业、人人希望创新创业、人人皆可创新创业的社会氛围。

其次，从创新创业教育与高等教育的关系来看，创新创业教育成为新时期推进高等教育综合改革的突破口，促进了高等教育的改革发展与实践创新。学校教育在创新人才培养过程中居于主导地位，而培养创新人才对于学校体制来说是一个全新的任务和使命。世界各国纷纷对高等教育进行了改革，积极融合吸收创新创业教育思想，以创新创业教育为切入点，带动整个高等教育，包括课程、教学、师资、人才培养、大学管理、评价和拨款机制等全新的变革，成为改革的积极潮流。创新创业教育是为了现实的"创富"，还是为未来设定"创业遗传代码"？针对这一现实问题，2015 年 5 月，国务院颁行的《关于深化高等学校创新创业教育改革的实施意见》，确立了"以推进素质教育为主题，以提高人才培养质量为核心"的指导思想，将"加快培养规模宏大、富有创新精神、勇于投身实践的创新创业人才队伍，高素质创新型人才"作为面向全体学生的首要目标，坚持育人为本，提高培养质量。把深化高校创新创业教育改革作为推进高等教育综合改革的突破口，这一全新的价值定位，使得中国高校创新创业教育更加理性和稳健。

再次，从政府、企业与大学的关系来看，创新创业教育成为三者联动的桥梁和纽带。世界各国政府普遍制定支持创新创业的政策，各类企业积极支持创新创业活动，全社会迫切需要建立创业型的精神文化氛围，所有这些对科学发展的希冀和诉求都对大学提出了全新的要求，从宏观的视角希冀大学培养更多的创新创业型人才，以创新创业教育为中介，大学与政府、企业、社会其他部门及个人建立起密切而广泛的联系。知识经济时代，大学与企业的关系已经发生了根本性变化。以前，大学主要以输送人才、提供咨询、转让专利等方式为企业服务，这种大学与企业之间的关系在当今时代继续得到发展和延续。但是，随着知识经济社会的到来，知识资本化、创新市场化的速度明显加快，高校逐步走出"象牙塔"，走向社会的中心，通过直接兴办高科技产业，引领科技产业发展方向。中国的研究型大学都在抓住机遇，顺应知识经济带来的变化，加强高科技产业发展。在此过程中，为创新型国家建设和现代企业发展培养人才是高校服务社会的传统领域。在此基础上，高校以创办科技园、兴办新兴产业的方式，加强高科技成果的应用和转化，直接服务于创新型国家建设和现代企业发展，这是一种全新的政府、企业、大学的"三螺旋"结构。在这个新型结构中，"创业型大学组织模式"最为重要的是形成了大学—企业—政府"三螺旋"关系，大学不是被企业或政府所指挥，而是在促进创新和产业政策体制中，作为有影响力的行动者和平等的合伙人出现，这就使得大学在新经济中处于中心地位。在这样的大学，高层管理者全力支持创业教育、成立专门开展创业教育的机构、建立跨学科研究中心、实现多部门参与，通过广泛开展创业教育，培养学生的创业行为、创业技能和创业态度应对不确定性和复杂性，帮助学生了解创业者在创业组织中的生活世界。

二、以创造价值为目的的机会型创业

"机会型创业"是指由机会动机导致的创业活动。[①]"机会型创业"者是那些为了追求一个机会而创办企业的创业者，他们是自动自发地开创他们的企业的。著名经济学家成思危认为："国家最需要的是创新型的创业，在商业模式创新、技术创新和产品创新上有突破。"[②] 全球创业观察研究结果显示，"机会型创业"不论在产品的新颖性、市场的竞争性、技术或工艺的新颖性，还是在增长潜力方面，都有着很大的优势。特别是对于就业的贡献方面，"机会型创业""在未来 5 年超过 40% 的机会型创业企业可以提供 20 个以上的就业岗位"[③]。而那些创办时间超过 42 个月，现有雇员超过 20 人的创业企业则演变成为"高成长型企业"，只有这类创业活动才

---

① 参见高建、程源、李习保、姜彦福：《全球创业观察中国报告（2007）——创业转型与就业效应》，清华大学出版社 2008 年版，第 8 页。

② 转引自汪瑞林：《创业者应具备四维知识结构——访中国科学院大学管理学院院长成思危》，《中国教育报》2013 年 11 月 7 日。

③ 高建、程源、李习保、姜彦福：《全球创业观察中国报告（2007）——创业转型与就业效应》，清华大学出版社 2008 年版，第 58 页。

能够对经济产生显著影响。

　　大卫·伯奇（David Birch）将由"机会型创业"产生的"高成长型企业"称为"瞪羚企业"："初始年收入不低于 10 万美元，并且连续 4 年收入增长率不低于 20% 的公司"，这类公司的价值已经得到世界各国的认可，以至于"瞪羚企业"的数量成为当前评价某一地区创业活力和经济景气程度的重要指标之一。为了鼓励创办更多的"高成长型企业"，学者特意将创业者与一般的企业主区别开来，将一般的小企业和"创业型企业"区别开来。熊彼特（Joseph Alois Schumpeter）指出，只有倡导实行创新活动的创业者才是企业家，否则只是一般的老板而已，不能享受企业家与创新者的桂冠。学者杰克·卡普兰（Jack M.Kaplan）认为，"虽然所有的创业者都开办新企业，但并不是所有新企业都属于创业"。创业型企业具有快速成长的显著特征，"一家创业型公司指的是能有很快的增长速度以影响环境、获得领先地位的企业"。对于那些"低调地开办并缓慢发展"的企业来说，由于"没有任何令生产力改进的技术和方法，因此也许没有成为成长型企业的明显潜质"，不能称之为创业型企业。而创业者的共同特征是"在不断的变化中创造机会"。他们善于应变、思维敏捷、足智多谋、富有创造力，所有这些描述的核心最后还是指向两个字：创新。对于创业者来说，"如今，创新已不是奢侈品而是必需品"。创业者要想维持优势，唯一方法是持续不断地创新。"创新不能只体现在产品上，更要体现在商业活动的所有方面以及持续不断的增长率上。"①

　　当前中国高成长型创业企业的比率还很低，提高这一比率的主要希望在于机会型创业。出于这样的逻辑思考，社会各届自然而然地希望大学生充分利用所学专业知识担起"机会型创业"的重担。"高校毕业生群体思维活跃，知识水平较高，创新能力较强，富有开拓精神，他们理应成

---

① 杰克·卡普兰、安东尼·沃尼：《创业学》，冯建民译，中国人民大学出版社2009年版，第4—24页。

为创新型创业的主力军。"① 当然,"机会型创业",特别是"知识创业"和"高科技创业"的难度非常大,正如彼得·德鲁克(Peter Druker)所描述的:"这种模式一开始的时候闪耀夺目,继而快速扩张,然后便是突然陨落。在 5 年之内,经历了'从赤贫到巨富,然后又从巨富跌为赤贫'的过程。"② 这就需要我们在鼓励大学生从事"知识创业"和"高科技创业"的同时,给予系统的创业援助和支持。

三、以创业带动就业

在反思中国高校创新创业教育存在的功利性倾向时,有学者将"以创带就"也作为功利性的表现之一。对于这一观点,我认为,"以创带就"是公理,它本身并没有任何的功利色彩。我们当前要做的,不是去反对"以创带就",而要立足当前中国高校全面推进创新创业教育的这一最大的现实基础,深入揭示其中的特殊规律并努力促进"以创带就"的更好更快实现。正是从这个意义上讲,创新创业教育成为实现"以创带就"的基础工程。

首先,我们要破除这样的错误观念,即如果创新创业教育不能够提高应届毕业生的创业率,就没有实现"以创带就"的目标。这个问题的根源在于短视,只想通过创业来提高毕业生的就业率,而没有想到这种做法根本不可行。由于受到社会文化传统的影响,当前中国高校毕业生首选就业和升学。在这种职业生涯规划导向之下,全国平均 70% 以上的高校毕业生都以到工作单位就业或继续深造作为自己人生选择的第一步,在这种情况下,我们不能把创业的希望过多地寄托在应届毕业生身上。如果坚持

---

① 转引自汪瑞林:《创业者应具备四维知识结构——访中国科学院大学管理学院院长成思危》,《中国教育报》2013 年 11 月 7 日。

② 彼得·德鲁克:《创新与企业家精神》,蔡文燕译,机械工业出版社 2009 年版,第 12 页。

要这样做,就会出现这样的尴尬局面:"以创带就"变成了让无法就业的学生去创业。难怪有学者揶揄高校创新创业教育:一个无法就业的学生连自己都管理不好,又如何去管理一个团队、一个企业?面对这一现实,我们必须树立"以创带就"的全面观点和长远观点,从"全面观点"来看,经受了创新创业教育培养的毕业生其主动性和创新精神得到了提高,这对于他成功就业并在就业岗位上获得健康发展奠定了基础;从"长远观点"来看,经过创业精神的洗礼,我们已经在毕业生的心中种下了创业的种子,在他们就业几年之后,遇到了合适的创业机会,这颗创业的火种就会燃烧起来,使一部分毕业生"经由就业走向创业"。

其次,我们要正确认识"以创带就"的深刻意蕴。有学者认为,创新创业教育就是要培养人才,过多地关注"以创带就"会使人才培养蒙上功利色彩。我认为,创新创业教育不是一般的教育,它培养出来的人才不但要适应社会,而且要改造社会。一般意义上说的教育是培养"合格建设者和可靠接班人",这一目标对于创新创业教育也是天然成立的,但是不能止于此。创新创业教育要培养的人才更具个性和性格、创造性和想象力、创新精神和开拓能力。以此标准来衡量,其培养目标可以概括为培养"社会政治经济生活的积极参与者和社会文化的积极创造者"。基于此,我认为,"以创带就"不但没有给创新创业教育蒙上什么功利色彩,反而给创新创业教育指出了正确的发展方向。正是因为有了"以创带就"的目标引领,才使得创新创业教育紧密结合社会的现实需求,找到正确的发展路径和借力空间并实现了跨越式发展。

再次,只有大力开展创新创业教育,才能更好地实现"以创带就"。当前中国高校创新创业教育面临"三大矛盾":一是就业压力日益严峻与创业意识薄弱;二是创业机会大量涌现与创业能力低下;三是创业支持政策频出与创业率、创业成功率偏低。多数大学生并没有将创业作为自己职业生涯的首选,只有"创业冲动"没有"创业行动",把握机会的能力严重不足。大学生创新创业是一个生态系统,创业率是结果,前端的创业教育是准备，其后的创业服务是过程。创业率偏低既是当前大学生创业面临的主要问题，同时也折射出巨大的创业潜力和对创业教育、创业服务的迫切需要。高校的创新创业教育还不能满足大学生强烈的创业意愿及其对创业技能培养的需求。为了满足快速增长的创新创业教育需求，迫切需要高校提供更多更好的创新创业教育与培训。特别是当前高科技创业活动的快速兴起，使得科技创业成为校园创业活动的重要导向，培养更多的既有工程学专业背景知识，又接受过创新创业教育训练的学生，架起联结"技术"与"商业"的桥梁，成为当前中国高校创新创业教育肩负的重要使命。

四、以解决生存问题为目的的生存型创业

生存型创业者是那些由于没有其他更好的工作选择而从事创业的人。当前，学术界对于"生存型创业"给予的评价很低。如学者奥德莱斯切（Audrestch）认为，"生存型创业更多的是一种'流亡'效应，他们很少为经济增长做出贡献，因为他们拥有的资本较少，创业能力也不强"①。著名经济学家成思危认为，"受农耕文化中'小富即安'思想的影响，全社会对于创新创业的认识不足，大多数创业者是低端、被动的'生存型'创业，仍处于低端水平"②。"生存性的创业，比如开个饭馆、小店，这样的创业对解决个人生计和就业压力、减轻社会负担是有意义的，但是对于整个国家经济发展帮助不大。"③ 面对这些差评，我们究竟应该如何看待和评价生存型创业？这要从我国的基本国情出发作科学理性的评价。生存型

---

① 转引自高建、程源、李习保、姜彦：《全球创业观察中国报告（2007）——创业转型与就业效应》，清华大学出版社 2008 年版，第 57 页。
② 转引自陈晓春：《创业教育，新一轮经济增长动力》，《新华日报》2010 年 3 月 30 日。
③ 汪瑞林：《创业者应具备四维知识结构——访中国科学院大学管理学院院长成思危》，《中国教育报》2013 年 11 月 7 日。

创业虽然对于经济发展的贡献有限，但是对于维护社会稳定的作用不可忽视。

首先，每个人都要靠自己的劳动来获得基本物质保障，生存型创业者是自食其力的劳动者，从这个角度来看，我们要向他们致以崇敬的目光。每个人的能力有大小，我们不可能要求所有的人都去搞"高大尚"的东西，更不能不切实际地去追求那些虚无缥缈的东西。在这个意义上，解决了自己的生存问题就是在为社会稳定做贡献，一家一户的小生产同样值得肯定。

其次，每个人都要给自己的人生赋予意义和价值，为了实现人生的价值就要做事。那些无所事事、游手好闲、百无聊赖的人，那些靠父母养活的"啃老族"，那些仰人鼻息苟延残喘的"寄生虫"，不但难以实现自身的意义和价值，对于社会的和谐稳定也是毫无益处的。与这些人相比，生存型创业者是光荣的，我们应该给予肯定和支持。

再次，我们要全面理解为什么不鼓励大学生从事生存型创业？为什么不希望大学生去抢农民工的活？这是我们对于"天之骄子"的殷殷厚望，是对大学生将知识资源转化为知识资本的特别期待，因为只有充分发挥出这"特质性"优势，大学生创业才能发挥出比"自我雇佣"更大的就业潜力，才能在真正的意义上实现"以创业带动就业"。但是理想和现实之间总是有差距的，大学生群体也是有层次区别的，不能用一个模式来套定千差万别的现实情况。所以，我们在对大学生进行创新创业教育时，可以强调"生存型创业"的缺点，但是绝不能武断地否定"生存型创业"，要看到生存型创业具有的深远的社会"减压阀"和"稳定器"价值。

第三节 创新创业教育的个体价值

关于创新创业教育的价值，有学者认为包括三个层面的价值形态：一是"价值理想"；二是"价值目标"；三是"价值存在"。在这三种价值形态中，价值理想是根本、是核心，价值目标是其具体化，价值存在则是价值的展示，是创新创业教育价值目标可能性向现实性的转化，是创新创业教育的价值实现。① 这是对创新创业教育价值的全面概括和总结，很有启发和借鉴意义。正如该研究所指出的价值有"过程价值"和"终极价值"之别，在这三个层面的价值形态之上，是否还有一个概括性更强的"终极价值"存在呢？本研究从"创业自觉"的角度来审视和思考，认为创新创业教育具有"创造性转化"的终极价值。这里的"转化"是一种质的改变，强调结构、形态、功能的变化，但是由于"转化"本身不代表一定产生正向的发展，所以需要创造力，以使转化能够突破性地实践教育的价值，达成教育的目的，形成"创造性转化"。其结果可能是"微 c"（mini-creativity），即发生于个人内在的创造历程；可能是"小 c"（little-creativity），即日常生活的创造；可能是"大 C"（big-creativity），即改变人类历史文明的创造。② 从教育过程来看，创新创业教育是一个艰难的创造性转化过程，从接受创新创业知识到形成创新创业智慧，从新发明新发现新创造到知识资本化，从具有创新创业意向到采取创新创业行动，需要付出艰辛的努力。其中，包括"转识成智"、"转知成资"和"转意成行"三个方面。

一、"转识成智"就是把知识转化为智慧

知识与智慧的关系是哲学的基本问题之一，对此问题的认识，既有老子所谓"为学日益，为道日损"的怀疑论，也有康德（Immanuel Kant）的二分论，认为知识与智慧之间无法过渡；既有"科玄论战"中以胡适、

---

① 参见林文伟：《大学创业教育价值研究》，华东师范大学博士学位论文（2011 年），第 50—58 页。

② 参见林伟文：《峰回路转又一村——教师的创造性转化》，载吕金燮等：《华人教养之道——若水》，心理出版社 2008 年版，第 165—168 页。

丁文江为代表的"科学派"，对此持乐观主义信念，认为科学知识的进步自然而然地会解决人生观问题，也有"现代新儒家"对此持悲观主义态度，认为知识的增加必然会带来智慧的倒退。在20世纪中国哲学史上，有一种哲学思潮，对于知识与智慧的关系问题采取一种"中道"的立场，这种哲学思潮被称为"清华学派"。"'中道'并非是折中、调和的别名，而是既照顾到知识，又照顾到价值，同时又超越了知识与价值，它要求我们在既看到知识与价值各自合理性的同时，也承认知识与价值各执一端的片面性。"① 正是这种对于知识与智慧关系的"中道"立场，产生了"转识成智"的哲学命题。在解决这个问题时，哲学家冯契先生既继承又超越了清华学派传统，认为："关于元学的智慧如何可能（以及自由人格如何培养）的问题，包括两方面：首先要问如何能'得'？即如何能'转识成智'，实现由意见、知识到智慧的转化、飞跃；其次要问如何能'达'？即如何能把'超名言之域'的智慧，用语言文字表达出来；亦即说不得的东西如何能说，如何去说。"②

　　哲学家怀特海在知识与智慧的关系问题上，也是持二元对立的思维模式。他认为，不能加以利用的知识是相当有害的，太多一知半解的知识是悲哀的，他将那些仅仅被大脑所接收却没有经过实践或验证，或与其他东西进行融会贯通的知识称为"呆滞的思想"。所有教育的核心问题就是不能让知识僵化，而要让它生动活泼起来。这就是智力教育的另一个模糊却伟大，而且更重要的要素：智慧。习得知识但未必习得智慧，智慧是掌握知识的方法。随着智慧增长，知识将减少：因为知识的细节消失在原理之中。③ 怀特海对智慧作如下定义："智慧是掌握知识的方法。它涉及知

---

① 胡伟希：《转识成智——清华学派与20世纪中国哲学》，华东师范大学出版社2005年版，第2—3页。

② 冯契：《智慧的探索》，华东师范大学出版社1994年版，第605页。

③ 参见怀特海：《教育的目的》，庄莲平、王立中译，文汇出版社2012年版，第40—49页。

识的处理，确定有关问题时所需知识的选择，以及运用知识使我们的直觉经验更有价值。这种对知识的掌握就是智慧，是可以获得的最本质的自由。""通往智慧的唯一途径是在知识面前享有绝对的自由；但是通往知识的唯一途径是在获取有条理的事实方面的训练。"① 由此可见，智慧发挥着对于知识应用的统领作用，通过对知识的实践反思，推动知识的建构与创新，以此"方见其有神龙变化、春雷震动之妙"②。怀特海既说明了知识与智慧的区别和联系，也强调了"转识成智"的极端重要性。"智慧"是相对于"知识"而言，那么二者有什么区别和联系呢？可以说，二者一个是"结果"，一个是"过程"，智慧在过程中获取，过程是复杂和具体的，这就内在地决定了智慧的复杂本质。智慧的本质与表现，恰好与创新创业教育的本质相融共通。创新创业教育要传授给学生的恰恰是智慧而不是知识，这就是创业教育的独到之处，它注重知识的理解、知识的关联、知识的实践而不是知识的多少。这就要求创业教育教师有"转识成智"的能力和水平。首先是以智慧的心态看待知识，站在智慧的立场和高度上审视和把握知识，充分发挥智慧的综合能力，实现知识的整合、选择与创新，以此来增强学生对知识的统摄能力、贯通能力、思考能力和创新能力。其次是以智慧促进知识的实际应用，激发知识的实践活力。③ 做到这两点，教师就可以引导学生体验知识中的智慧，运用知识来激发学生的怀疑精神、养成学生的追问意识、培养学生的理论思辨能力。④ 基于"转识成智"的目标要求，"教师的工作并非只是传授信息，甚至也不是传授知识，而是以陈述问题方式介绍这些知识，把它们置于某种条件中，并把各种问题置于未来情景中，从而使学生能在其答案和更广泛的问题之间建立一种联系。"⑤

---

① 怀特海：《教育的目的》，庄莲平、王立中译，文汇出版社 2012 年版，第 40—41 页。
② 参见熊十力：《体用论》，中华书局 1994 年版，第 239 页。
③ 参见李长吉：《知识教学的使命：转识成智》，《清华大学教育研究》2010 年第 5 期。
④ 参见李长吉：《知识教学的使命：转识成智》，《清华大学教育研究》2010 年第 5 期。
⑤ 国际 21 世纪教育委员会：《教育——财富蕴藏其中》，联合国教科文组织总部中文科教育科学出版社 1996 年版，第 138 页。

之所以要实现从知识到智慧的创造性转化,是因为创业教育要全面提升人的综合素质,使人具有反思、批判和变革的精神,促进人自由而全面的发展。

二、"转知成资"就是把知识转化为资本

将知识与资本联系在一起,在传统大学里面是不可思议的事情。按照纽曼的"大学理想","若大学课程一定要有一个实际的目的,我认为就是为了培养良好的社会公民"①。大学自中世纪诞生以来,一直到 18 世纪末,主要职能是文化保存、维持和传播。此后大学先后发生了两次"学院革命",第一次始于 19 世纪初德国"洪堡改革",使得"研究"作为一项学术任务进入大学;第二次学院革命发端于 20 世纪中后期,以 20 世纪 50 年代形成的硅谷现象作为标志,使"创业"成为大学的又一项新功能。第二次学院革命改变了大学和企业的关系,在此之前"大学—企业"的联系还是把学术和商业活动区分开来,合作采用按劳付酬的方式,直接接受咨询费或是接受捐赠。与此不同,新型"大学—企业"关系形式包括大学和大学教师参与资本形成项目,比如在科技园的房地产开发和在孵化器建立公司,大学通过这种方式获得资源的增值。这就使得大学教师、研究员"实际上已经扮演了创业者的角色"。"创业活动与大学传统的教学、科研职能的结合,产生了一个追求多元化目标的'杂交组织',这些目标之间既有冲突又相互支持。"② 这就是第二次学院革命孕育和造就的新的大学模式:创业型大学。它们将发展与企业的密切关系作为自己的重要使命,或者采取行动使研究商业化,想办法从其研究资源中获取利益。大学通过多

① 约翰·亨利·纽曼:《大学的理想》,徐辉、顾建新、何曙荣译,浙江教育出版社 2001 年版,第 97—98 页。

② 亨利·埃兹科维茨:《麻省理工学院与创业科学的兴起》,王孙禹等译,清华大学出版社 2007 年版,第 14—20 页。

种渠道参与了知识的资本化及其向生产要素转化的过程，有的接受了其教师创立公司的股票，有的扮演起风险资本家的角色，有的则通过它的公司参与风险投资。① 开此知识资本化先河的美国麻省理工学院（MIT）已经成为创业型大学的典型代表。美国波士顿银行于 1997 年发表的调查报告《MIT：冲击创新》指出，如果把 MIT 校友和教师创建的公司组成一个独立的国家，那么这个国家的经济实力将排在世界第 24 位；MIT 的毕业生和在校教师已在全球创建了 4000 多家企业，就业人数 110 万，年销售额高达 2320 亿美元，大约相当于 1160 亿美元的国内生产总值，比南非的 GDP 稍低，而高于泰国。MIT 的下属公司创造的就业 80% 是在制造业（全美国制造业工作只占 16%），许多产品销往国外……它的 8500 多个分公司遍布于全球 50 个国家。② 知识经济的到来，催生了"学术创业"、"知识创业"等全新创业类型，把高等学校从社会发展的边缘推到了中心位置，大学不能离开产业及社会发展而孤立存在。知识经济时代的大学除了具有保存知识、传播知识的功能，还要充分发挥其使知识资本化的职能。"通过产出社会资本、智力资本和人力资本，大学加大其在经济发展中的基础性作用，正在成为现代社会的轴心机构。"③ 在知识资本化过程中，创业教育成为学术界和企业界之间联系的纽带，通过创业教育可以将教学和科研与知识资本化紧密结合，深入挖掘科技成果中的"商业价值"和"创新价值"，积极促成知识资本化和创新商业化，使大学更好地为经济与社会发展服务。

---

① 参见亨利·埃兹科维茨：《麻省理工学院与创业科学的兴起》，王孙禺等译，清华大学出版社 2007 年版，第 12—13 页。

② 参见 MIT, The Impact of Innovation, *a BankBoston Economics Department Special Report*, March 1997, pp.1-2。

③ 亨利·埃兹科维茨：《麻省理工学院与创业科学的兴起》，王孙禺等译，清华大学出版社 2007 年版，第 2 页。

三、“转意成行”就是把创业意向转化为创业行为

国际上有学者认为，创业意向是将创业者的注意力、精力和行为引向某个特定目标的一种心理状态，是创业者进行创业的前提条件①，是潜在创业者对从事创业活动与否的一种主观态度或心理准备状态及其程度②。国内有学者将创业意向定义为，“个人将采取创业行为的倾向程度大小”③。由此定义可以看出创业意向与创业行为联系紧密。学者李明章、代吉林甚至认为，“只有具备一定创业意向的人才有可能从事创业活动”④。

当前中国在校大学生的创业意向水平怎么样呢？有学者通过调查研究后得出结论：“对于大部分大学生来讲，创业还是一个非常模糊的概念。绝大部分的大学生均没有创业经验，他们能够考虑到的影响大学毕业生自主创业的因素是创业资金即金钱的因素，其他因素的重要性还未意识到。”⑤有创业意向的大学生在所有大学生中所在比例还比较小，“虽然学生就业难已经是一个严峻的社会问题，但自主创业还不是多数大学生的选择，甚至连意向都不是”⑥。针对这种情况，有必要对创业意向的影响因素进行研究，从而采取有针对性的培养措施。

研究结果显示，创业意向与高校支持显著正相关，高校发展水平对

① 参见 Bird, B., Implementing Entrepreneurial Ideas：The Case for Intention，Academy of Management Review，13（3），1988，pp.442-453。

② 参见简丹丹、段锦云、朱月龙：《创业意向的构思测量、影响因素及理论模型》，《心理科学进展》2010 年第 1 期。

③ 徐小洲、叶映华：《中国高校创业教育》，浙江教育出版社 2010 年版，第 12 页。

④ 李明章、代吉林：《我国大学创业教育效果评价——基于创业意向及创业胜任力的实证研究》，《国家教育行政学院学报》2011 年第 5 期。

⑤ 徐小洲、叶映华：《中国高校创业教育》，浙江教育出版社 2010 年版，第 85 页。

⑥ 徐小洲、叶映华：《中国高校创业教育》，浙江教育出版社 2010 年版，第 141 页。

个人创业意向具有显著的影响。[1] 因此，学校教育可以帮助个体获得知识和提高能力，为未来的创业进行准备，而且还会产生提高生活质量的渴望，从而产生自我雇佣的动力，进而产生相应的创业意向。但是中国学者在开展"大学生创业意向影响因素研究"时发现，"在创业的诸多影响因素上，大一学生均显著高于其他年级学生，而大四学生则显著低于其他年级学生。"对于这一现象，该学者认为，除了考虑"梦想与现实的转换外"，还要深入思考"大学四年的创业教育、阅历和见识起了何种作用"，"或者这样的一个结果恰恰说明了我们的创业教育存在较多的问题，把学生从一个高创业特质、高创业认知的个体转化成了一个低创业特质、低创业认识的个体，这似乎违背了创业教育的初衷"。[2] 这里把问题归因为创业教育，实质上隐喻着一个重要的问题，那就是创新创业教育的实效性问题。这与研究中的另一项发现可能密切相关，那就是创业经历对学生的创业意向有更多的正效应，有过创业经历的学生在创业人格特质、创业自我认知、创业先前知识和创业社会资源等各因素上的得分普遍高于没有创业经历的学生。据此该学者认为："学生的创业有失败也有成功，但这些都不重要，创业给予他们的是一种体验和经历，他们从中收获很多。"[3] 由此可见，要想改变创业教育在培养创业意向方面的低效现状，必须从创造条件使得大学生获得实际创业体验和创业经历入手，这一点至关重要。

从学者们对创业意向的测量可以看到，创业意向测项主要包括："对创办新企业多感兴趣"、"对创办新企业的考虑程度"、"创办新企业的准备程度"、"尽最大努力去创办新企业的可能性"和"多久后将创办新企

---

[1] 参见 Alicia Coduras David Urbano，AlvaroRojas & Salustiano Martinez，The Relationship between University Support to Entrepreneurship with Entrepreneurial Activity in Spain：A GEM Data Based Analysis，*International Advances in Economic Research*，14 (4) 2008，pp.395-406。

[2] 徐小洲、叶映华：《中国高校创业教育》，浙江教育出版社 2010 年版，第 143 页。

[3] 徐小洲、叶映华：《中国高校创业教育》，浙江教育出版社 2010 年版，第 144 页。

业"。① 这反映出创业意向主要是反映大学生要不要创业、想不想创业的一种心理认知，仅仅是创业过程的第一个环节，而且主要停留在思维层面，从创业意向到创业行为的转化更是一个艰难的过程。那么在这个转化的过程中，什么因素会发挥重要作用呢？经过深入研究，赵都敏认为创业经验对创业行为有更多的积极影响，有创业经验的创业者更强调创业活动的创新性，在创业过程中更多地关注创新行为。创业经验也对快速行动有利，有创业经历的创业者能够更快行动，从有创业意图到实施创业行动的间隔更短。创业经验对创业者的行为决策有重要意义。在面对高度不确定环境和资源约束双重压力下，有经验的创业者较少受到资源的影响，而是以行动代替预测、通过行动去降低环境的不确定程度。有创业经验的创业者在面对创业机会时，比没有经验的创业者能更快地采取行动，投入到机会开发过程中去，开始创业行动。② 由此可以得出结论，创业经历或创业经验对创业意向到创业行为的转化意义重大。获得这种经历或经验的途径就是"通过接触来学习"，"这句话的意义是直击教育实践中的核心问题。教育必须从精确的事实开始，对个人的领悟力来说，是具体而确切的，然后逐渐地过渡到一般概念。要避免的可怕的梦魇就是：灌输与个人经历毫不相关的一般陈述"③。创业教育还是要回到学生的主动参与和自我体验中来，对于那些有明确创业意向的学生，要通过开办"创业先锋班"的方式，采取"学徒制"的办法，为学生创造"做中学"、"干中学"的机会，只有这样才能培养学生的创业自觉，才能使有创业意向的学生尽快采取创业行动。

---

① 参见 Chen，C C，Greene，PG，and Crick，A.，Does Entrepreneurial Self-efficacy Distinguish Entrepreneurs from Managers? *Journal of BusinessVenturing*，13（3），1998，pp.295-316。

② 参见赵都敏：《创业行为选择研究——效果理性视角》，经济科学出版社 2013 年版，第 170 页。

③ 怀特海：《教育的目的》，庄莲平、王立中译，文汇出版社 2012 年版，第 84 页。

第 四 章

范式论："广谱式"创新创业
教育的主体框架

　　"广谱式"创新创业教育的突出特点是"面向全体、分类施教、结合专业、强化实践"，它的深刻内涵是既考虑大多数，也不忽略极少数。这既是当前中国高校开展创新创业教育的价值取向，也是创新创业教育理论研究和实践探索的努力方向。但是，实践过程中大家对于这些基本原则的理解和认识并不一致，当前亟须从理论的高度解决一些基础性、根本性问题：创新创业教育为什么要"面向全体学生"，而不是少数学生？为什么要"结合专业教育"，而不是"另起炉灶"？为什么要"作为推进高等教育综合改革的突破口"，而不是简单地开设几门创新创业课程？对于这些问题的解答，需要深刻理解高校开展创新创业教育基本原则的科学内涵。本研究借鉴分层次、分阶段、分群体进行创新创业教育的做法，构建了"广谱式"创新创业教育范式，针对"全体学生"、"各个学科专业的学生"、"有明确创业愿望的学生"和"初创企业者"四个层次的学生分别开展"通识型"、"嵌入型"、"专业型"和"职业型"四个层面的教育，以此来统筹协调好"面向全体"与"分类施教"、在校教育与继续教育、素质教育与职业教育、"教中学"与"做中学"的关系。

第一节　"通识型"创新创业启蒙教育

一、教育对象与目标

"通识型"创新创业教育面向全体学生，主要定位为启蒙教育，主要目标是培养"创业精神"、植入"创业意识"，培养学生"自主工作"和"持续学习"的能力。在这里，之所以高度重视创业精神和创业意识培养，是因为"在人们缺乏创业精神准备，因此还不想自己创办企业的情况下，着重向他们讲怎样去创办企业是没有用的"[①]。通过这些启蒙教育，在学生的头脑之中植入强烈的创业愿望，种下对创业心向往之的种子，以期这粒种子在将来遇有合适的水分和土壤会发芽、开花、结果。有学者将这样的教育称为"塑造气质的教育"，认为这个层面的创业教育"是复合的创业型教育，是创事业的教育，是培养不仅仅以单次创业成功、个人创业成功为目标，而是更着眼于社会，有成为开拓者希望的创业家的教育"[②]。在日本，创业教育课程分为两类：一类是"面向具有实际创业志向学生的专门教育型课程"，另一类是"面向一般学生的教养型课程"[③]。这一分类方法对我们很有启发，但是我觉得对于第二类学生，还要进行细分。"一般学生"在接受了创业教育之后，可能分化为两类：一类是确认自己不适合或不愿意创业；另一类是萌生了创业理想和志向，但不是在大学期间或大学毕业时就来实现它，而是先选择就业，工作一段时间之后，再决定是否走

---

① 蒋明新：《对在 MBA 学员中开展创业精神教育的几点意见》，载张玉利、张维、陈立新主编：《企业管理理论与实践的新发展》，清华大学出版社 2004 年版，第 275 页。

② 葛宝山、陈沛光、高洋：《促进中国创业教育发展的关键因素研究》，《学习与探索》2011 年第 6 期。

③ 参见李志永：《日本高校创业教育》，浙江教育出版社 2010 年版，第 65 页。

向创业之路。面向"一般学生"的创业教育要充分考虑到这个层面的需要，它是将"一般学生"变得"不一般"的重要途径。当然，如前所述，这些"经由就业走向创业"的学生，经过5—10年的工作，又会分化为三类：一类是甘心做职员，彻底放弃自主创业；一类是进入管理层，成为"内创业者"；一类是成为"另起炉灶"的自主创业者。对于这种千变万化的未来之路，我们如何通过大学期间的教育做到有效应对呢？这就在客观上决定了面向全体学生的创新创业"启蒙教育"主要是"创业教养"的教育，重在塑造学生的"创业气质"。

二、教育形式与载体

"通识型"启蒙教育主要通过"课堂教学"和"参与体验"来实现。课堂教学要重点解决两个问题，一个是"教什么"，也就是教学内容的问题。有学者通过对比教室学习环境与企业的真实世界学习环境后发现，"学校非常强调过去，聚焦于理解、反馈和大量信息的分析。而在真实世界中，企业家聚焦于现在，没有时间进行批判性分析。他们花费大多数时间处理问题，通过自己的经验、通过做来学习，即做中学（Learn By Doing）"[1]。由此我们可以看到，课堂教学要突出强调创设高度贴近企业家真实世界的学习环境，教学内容要"厚今薄古"，高度关注现实，将解决实际问题作为教学的中心内容。另一个是"如何教"，也就是教学方法的问题。在教学方法上，突出强调探究式教学方式，采取案例式教学方法。但是，对于案例式教学的实际效果也不能一概而论，不能片面地认为采取了案例教学法就是好的。学者艾伦·吉布（Allan A. Gibb）提出了自己的看法，他认为占优势地位的案例教学方法如果强调理论分析而不是自觉性

---

[1] 沈超红、谭平：《创业教育"时滞效应"与创业教育效果评价分析》，《创新与创业教育》2010年第4期。

决策和创造性的实验，那么案例教学也是反创业模式的。[①] 由此可知，案例教学方法不过是教学手段而已，更为重要的是用它来达到什么样的目的。教学方法要重点突出学生的主体地位，通过引导学生进行自觉性决策和创造性实验来激励和培养学生的创业行为。

参与体验的方式有很多。一是通过举办各种类型的创业竞赛来吸引大学生积极参与创新创业。如共青团中央、全国学联等针对青年群体共同举办的"创青春"中国青年创新创业大赛，在全社会营造了理解、重视、支持青年创新创业的良好氛围；教育部、科技部针对留学生群体举办的"春晖杯"中国留学人员创新创业大赛，创造条件推动留学人员回国创办高新技术企业；中国"互联网+"大学生创新创业大赛切实激发了大学生的创造力，培养和造就了"大众创业、万众创新"的生力军。二是举办各种创业活动，创造更多的参与体验机会。如 2015 年举办的首届"全国大众创业万众创新活动周"，主题为"创业创新——汇聚发展新动能"，全面展现了我国进入双创新时代的风貌，弘扬了"敢为人先、追求创新、百折不挠"的创业精神，厚植了创新创业文化，增强了创新创业意识。三是通过创业园、大学科技园作为初创企业的孵化器，通过支持学生社团或创业俱乐部开办创业暑假学校、举办创业论坛等方式，来切实地推动"广谱式"创新创业教育的深入开展。

三、教师和学生的角色定位

"通识型"创新创业教育要面向全体学生，主要定位为启蒙教育，主要目标是培养"创业精神"、植入"创业意识"，培养学生"自主工作"和"持续学习"的能力。在这一阶段，教师的角色不再是传统的"施教者"

---

① 参见 Gibb, A. A., Do We Really Teach Small Business The Way We Should, *Journal of Small Business and Entrepreneurship*, 11 (2), January/March, 1994, pp.11-28。

而是"引导者",而学生的角色也不再是被动的"接受者",而是主动的、独立的"思考者"。

作为"引导者",教师首先要坚持广谱性、融入性的原则,要明确这一阶段是要让更多不了解创业、缺乏创业精神准备的学生逐步形成创业愿望、培养创业精神。所以这一阶段教师需要做的主要工作不能再是填鸭式地"输出",而是要重新审视"教什么"和"如何教"这两个问题。为了解决这两个问题,要以关注现实、解决实际问题、创设高度贴近企业家真实世界的学习环境为原则,以学生为中心,实现课堂教学和体验式教学相结合。教师要引导学生独立思考、大胆质疑,引导学生打破惯性思维,敢于向经典、权威挑战,探索解决问题的新方案、得出结论的新途径。引导学生参与体验式的比赛,如"挑战杯"中国大学生创业计划竞赛或是省级、校级大学生创业比赛等活动,直接或间接地体验创新创业。借助学校已有的科技园和孵化器进行体验式教学,或是通过这些途径引导学参与、组建创业俱乐部、开办创业暑期学校、举办创业论坛、参观学习已有孵化项目等。这些过程,既是教师引导学生激发内在认知的驱动力、激发学生思考精神、质疑精神、探索精神的过程,也是启蒙学生了解创业、培植创业意识、培养创业能力的过程。这一阶段教师需要注意的问题是,在启蒙、引导学生了解、体验创业的过程中,既要注重广谱性,还要注重层次性。有一些学生可能一入学或是很快就形成创业愿望,或是明显具备创业特质,这一部分学生可以重点引导他们提早规划自己的成长计划和职业生涯,有针对性地向着自主创业方向发展。这会给这些学生更多学习和准备的时间,提高创业成功的几率。

作为"思考者",学生要以立足未来、重视自身发展为原则,首先要明确的就是,学习创新创业知识,并不是一定要自主创业,而是在学习创新创业知识的过程中,培养创新创业能力,为自己的成长成才助力。但是无论现阶段是否有创业意愿,在接受启蒙教育阶段学生都要努力做到打破固有的思维方式,主动观察、主动思考、主动提问、主动尝试,不要过分依赖教师的教学，要努力培养自主学习、持续学习的能力，着力提高自身创造力、学习力、适应力、竞争力、耐挫力等让自己终身受益的能力和素质，在不断总结、反思和学习中提高，成为一个具备较高综合素质的"思考者"。这一阶段学生需要注意的问题是，正确理解创新创业教育与自身未来发展互相促进的关系，同时要明确创业也是未来就业的一种方式。如果在培养能力、提高自身素质的过程中，学生逐渐形成创业意愿或是创业意愿得到加强，那么学生应主动与老师沟通，寻求进一步的指导，尽早进入下一阶段的学习，同时明确自己新的角色定位，为实际启动创业早作准备。

第二节　"嵌入型"创新创业整合教育

一、教育对象与目标

教育对象是面向各个学科专业的学生，主要定位为"嵌入型"创新创业教育，主要目标是根据不同学科特点，引导学生根据专业特长进行创业。当前高校创新创业教育课程存在的共同缺点就是与各学科专业教育的疏离。有学者指出：目前实践和研究多集中在"创业教育"和"专业教育"的各自领域，缺乏系统性研究，缺乏二者之间融合并使之融入学校整体教学体系之中的有效机制，这就使创业教育理念的灌输和创业教育实践的可持续发展缺乏支撑动力。[①] 为了切实解决这一难题，需要全面建设"嵌入式"创业教育课程体系，通过将创业教育的理念和思想"嵌入"各个学科专业，开发多样化的学科创业课程，从而实现创业教育与专业教育

---

① 参见王丽：《创业教育与专业教育共生融合路径研究》，《无锡商业职业技术学院学报》2010 年第 5 期。

的"捆携式发展"，以此来达到面向全体学生开展创业教育的"全覆盖"和"个性化"目标。

当前很多研究创业教育的学者在论证创业教育与专业教育的关系时，普遍提出了"渗透式"、"融入式"的思路，将创业教育的内容全面"融入"专业教育，或者是在专业教育中"渗透"创业意识、创业精神。这两种做法在设计时看似会减少创业教育与专业教育结合的难度，但实际运行过程中却会遇到非常大的困难。因为学科专业的课程由不同学科的教师开设，已经形成了固定的课程范式，在原有框架的基础上融入和渗透创业教育的意识和精神，往往会体现为教学大纲中的指导思想，却不会在实际教学中付诸实施。有学者运用生物学中的共生理论来探讨创业教育与专业教育的关系，认为二者既不是寄生条件下的"点共生"模式，也不是偏利共生条件下的"间歇共生"模式，而是对称互利共生条件下的"一体化共生"模式。① 这也正是本书采用"嵌入式"，而没有采用"渗透式"、"融入式"的主要原因，因为"渗透"和"融入"都是以专业教育为主，将创业教育纳入其中，这容易使创业教育失去自身的主体地位，成为专业教育的"寄生物"。而"嵌入式"则不同，它是突出二者的相互促进和支持，优势互补和交叉渗透，最终目的在于形成新的教育体系。二者结合的过程是一个互利共赢的过程，一方面以创业教育的新理念为指导，深化专业教育的改革，促进专业教育的发展；另一方面，通过在专业教育中开展创业教育，创业教育的嵌入并不影响现在已有的知识传授，这样就在实际上扩展了创业教育的实施平台和发力空间，使创业教育的"合法性"不断增强，从而获得可持续发展和进步。通过有效的结合，最终产生一个包括一般性创业课程、专业技术领域的课程、体验性创业课程三类创业型课程群，实现对本学科专业学生的个性化创业教育。

---

① 参见王丽：《创业教育与专业教育共生融合路径研究》，《无锡商业职业技术学院学报》2010 年第 5 期。

二、教育形式与载体

创业教育与专业教育紧密结合是绝大多数从事创业教育教学、研究与实践的学者的普遍共识，但是当前存在着理论与实践的严重背离。在理论上，大家都认为创业教育应该与专业教育相结合，在实践中，却实行着与专业教育相分离的创业教育。究其原因，不是不想结合，而是缺少具体的途径，使得"嵌入"难以进行。这里提出"三分两结合"的嵌入思路。

一是分专业、分阶段、分群体嵌入，提升课程的针对性。首先是"分专业"实施个性化培养。不同专业面临着不同的创业形势，对应着不同的创业市场，创业教育"嵌入"专业教育，必须区别不同的专业特征，制定个性化的教育方案。如在创业形势方面，2000 年前后兴起了网络创业，但是随之而来的网络泡沫经济又使得网络创业迅速走向低谷。对于软件和计算机专业的学生进行创业教育，如果能以这一具体过程作为案例，进行深入剖析，就会收到事半功倍的效果。又如当今迅速兴起的生物制药行业，对于生物工程专业的学生是一个很大的诱惑和挑战，他们迫切想了解这一行业的发展状况和运行规律，如果施以针对性的教育，会收到很好的教育效果。所以创业教育"嵌入"专业教育，就是要"以专业为基点，夯实专业基础，发挥专业优势，尤其是专业前沿的优势，满足技术创业的需要"①。其次是"分阶段"实现接续性培养。学生在大学的学习分为不同阶段，整体上来看，有本科、硕士、博士三个学历阶段，而在本科阶段，又分为四个年级，每个年级都有不同的专业教育内容和目标。针对这一现状，有学者提出在不同教育阶段，创业教育课程应"梯级性"开设。具体设计是将本科四年分为两个阶段，为大学一、二年级学生提供入门和中级的创业教育课程，其课程开设方式既可以在大类课程中单独设置，也可以渗透于某门学科；为大学三、四年级学生提供高级创业课程，既可开设辅

---

① 李涛：《论高校创业教育与专业教育的融合》，《科技创业》2010 年第 3 期。

修或强化项目，也可专门设立创业学方向。硕士生阶段开设针对全日制研究生或 MBA 学生的创业学课程。博士生阶段开展创业学的专门化研究。①我认为"梯级性"课程设计模式整体上科学合理，可以保证创业教育的系统化和科学化。但是对于不同的阶段还应该有细致区别，特别是在硕士和博士阶段，经过本科系列培养和学习，在基本知识、基本技能方面已经有了一定基础，到了硕士、博士阶段，首先要实现教育分流，对于没有创业意愿的学生，可以免教，而对于有创业意愿的学生则主要采取实践体验教育方式。再次，是"分群体"实现差异化培养。在创业教育方面，我们既坚持面向全体学生，又坚持认为并不是所有的学生都适合创业。这一规律在徐小洲等学者对中国大学生创业意向的实证研究结果中得了验证，他们认为创业教育"更多的功能与作用在于把潜在的创业者转化成为实际的创业者，有些学生适合创业，有些学生则不适合"②。基于这一认识，在创业教育"嵌入"专业课程的过程中，要在开展"广谱式"教育同时，针对有创业潜质和创业意愿的群体，开展有针对性的教育。创业教育应该是一个主动行为，对于那些暂时不想创业的学生，只要完成创业意识、创业精神、创业文化的启蒙教育和熏陶就足够了，对他们系统讲授如何开办和管理企业，不会引起他们太大的兴趣。对于那些很想在大学期间或毕业后就创业的学生，只进行意识、精神、文化层面的启蒙也是远远不够的，针对这些学生，要在学科课程上拓展拓深，从识别机会、创业计划、组建团队、企业融资一直到初创企业管理和持续发展战略，都要有系统的传授。同时，加大项目课程和实践课程的力度，让这些学生有实际开办和管理企业的体验。

二是"两结合"重在推进"嵌入式"创业教育课程与专业的深度结合。首先是创业教育"嵌入"单一学科，促进创业能力培养与专业能力提

---

① 参见梅伟惠、徐小洲：《中国高校创业教育的发展难题与策略》，《教育研究》2009 年第 4 期。

② 参见徐小洲、叶映华：《中国高校创业教育》，浙江教育出版社 2010 年版，第 85 页。

高相结合。这一做法重在"将科技的威力与创业精神相结合"，因为成就非凡的工程师不仅具有学术的造诣，而且拥有创业型的技能。① 通过这种结合既培养"具科技专业知识的企业家、知识创业者"，也培养"具有企业家素质的科学家、工程师和大学的'平民学者'"。② 这种实践模式抓住了大学生创业的关键，即高科技创业，这是克服当前中国大学生创业"同质化"倾向的重要途径。其次是创业教育"嵌入"多学科，促进创业体验教育与多学科交叉相结合。"在很多情况下，阻碍研究成果商业化的根源并非技术本身的问题，而是导致商业化过程变得复杂的法律问题或者市场问题。"③ 为了解决这一关键问题，具体途径就是"构建团队开发和利用商业创意，使经济、商业的学生和其他学院不同背景的学生混合在一起学习"④。以创业为共同目标，将不同专业的学生聚集到一起，为多学科交流搭建平台，可以切实打破不同学科之间的分离状态，为从交叉领域诞生创业机会奠定坚实基础。

　　创业教育与专业教育紧密结合，开发建设"嵌入式"创业教育课程有着明显优势和重要意义。其中最大的优势在于大学、教师、学生三方获益，特别是通过鼓励和吸引不同学院的教师参与到创业教育过程中来，有利于改变创业教育在专业教师心中的印象，有利于把创业教育纳入到整体育人体系中，纳入到专业人才培养方案之中，以此提高创业教育的学科地位。除此之外，在组织模式、教育方式和科技成果转化方面也有着明显优势和意义。一是从组织模式上来看，实现了重心下移，由学校就业或创业教育中心直接组织，变为在就业或创业教育中心的统一协调指导下，吸引

① 参见 Hissey T. W., Education and careers 2000, *Proceedings of the IEEE*, 2000, p.88。

② 刘丽君：《知识创业教育导论——理工科研究生创新创业型人才的有效培养模式研究》，北京理工大学出版社 2010 年版，第 17 页。

③ 梅伟惠：《美国高校创业教育》，浙江教育出版社 2010 年版，第 221 页。

④ European Commission, Entrepreneurship in Higher Education, especially within non-business studies, http://ec.europa.eu/enterprise/entrepreneurship/support_measures/training_education/entr_highed.pdf, 2008, p.7.

各个学院和学科专业来共同组织。这样就突出了学院和学科专业的主体地位,既调动了学院教师和学生的积极性,又便于充分考虑和照顾不同学科专业的实际特点,实现了"全覆盖、个性化"的教育培养目标。二是从教育方式上来看,促进了学思结合、知行统一。专业教育可以教学生系统的知识,具有不可替代的作用和地位。学者刘丽君对理工科专业教育与创业教育进行了对比,认为"按照学科分类进行的传统理工科专业教育,对学生进行严格、有深度的单一学科的训练。它基于科学技术研究与发展内在逻辑,是单一学科知识纵贯发展方向的体系教育,其目标是培养'具有研究与工程技术应用能力的就业型人才'或'学术研究型人才',也称为'两栖人才'和'知识求知者'"。而"知识创业教育基于知识创新与创业过程现实逻辑,是自然科学、工程技术领域专业知识与人文、社会科学领域的多学科知识交叉综合的体系教育,注重学术实用性和实践性"。培养的是"具有自主知识创新能力的创新、创业型人才",也是"研究—工程技术应用—创业的三栖人才"。① 从"两栖"到"三栖"的转变,体现出通过开展创业教育,培养学生的创业意识和创新思维,可以充分活化学生的专业知识,激活与社会结合、实际应用的智慧,弥补单纯专业教育的不足。三是从科技成果转化方面来看,推动了创新成果的市场化和商业化。各个学科专业的新发明、新专利、新创意、新热点都有可能成为创业的增长点,关键是如何发现其中蕴涵的创业潜力,并将思路转化为商机,迈出知识资本化、技术产业化、创新商业化、产品市场化的关键步伐。结合学科专业开展创业教育,可以很好地解决这一问题,使学生开阔眼界,增加阅历,使学科专业的研究与社会需求紧密结合,缩短创新周期,抢占创业先机。

---

① 参见刘丽君:《知识创业教育导论——理工科研究生创新创业型人才的有效培养模式研究》,北京理工大学出版社 2010 年版,第 17 页。

三、教师和学生的角色定位

"嵌入型"创新创业教育要面向各学科专业学生开展，主要目标是根据不同学科特点，引导学生结合专业特长进行创业。这一教育阶段通过将创业教育的理念和思想"嵌入"各学科专业，开发多样化的学科创业课程，从而实现创业教育与专业教育的"捆携式发展"，以此达到面向全体学生开展创业教育的"全覆盖"和"个性化"目标。在这一阶段教师的角色是在开展专业教育中嵌入创新创业知识的"建构者"，而学生就是"参与建构者"。

作为"建构者"，教师首先以创新教学、实现专业教育和创业教育优势互补为原则，要打破原有的教学范式和固有框架，重新建构教学内容和教学过程。在这一阶段，教师首先要做的是找到创新创业教育对专业教育能够产生的促进作用，找到二者交叉渗透的结合点，最后形成新的教育教学体系。新的教育教学体系要以创业教育的新理念为指导，深化专业教育改革，同时要在开展专业教育的过程中进行创新创业教育，扩展创新创业教育的实施平台和发力空间，获得二者结合的可持续发展和进步。在设计教学内容时，教师可以将本学科的新知识、新技术、新工艺及时纳入到教学当中，在教学内容中体现创新创业教育的职业性和创新性要求。其次在教学要求、课程性质和教学评价等方面，重新制定教学标准，让二者结合后的新课程体系更具系统性和科学性。最后产生一个包括一般性创业课程、专业技术领域的课程、体验性创业课程三类创新创业型课程群，实现对本学科专业学生的个性化教育。这一阶段教师需要注意的问题是在嵌入创业教育的过程中，不能只是在教学大纲中的指导思想融入和渗透创业教育的意识和精神，而不在实际教学中付诸实施，这样往往会让创业教育失去主体地位，成为专业教育的"附属品"或"寄生虫"。

作为"参与建构者"，学生首先要坚持以主动"输出"、发挥主体地位为原则，不再是被动地"输入"，在教学和实践中作为被动的接受者。

此阶段学生要主动积极地处理好在专业教育与创业教育结合的过程中引发的认知上的不平衡，当出现不平衡时，要主动解决问题。学生在获取知识的过程中，要依靠已有的经验理解这些重新建构的知识，在提出问题、互动交流、主动解决问题的过程中，对原有的知识进行再加工和再创造，从而在新的教学和实践中能够灵活地指导自己的学习和活动。在此过程中，学生要主动参与到对新建构的知识的学习和理解中，以"参与建构者"的姿态充分发挥促进创新创业教育"嵌入"专业教育的过程，从而主动"嵌入"创新创业意识，发掘自身专业特长，并与教师形成教学相长的有效沟通。此阶段要注意的问题是，当出现原有认知的不平衡而自身又无法解决或是出现认识偏差时，要及时与教师进行沟通交流。只有正确地在教师构建的新教学体系中找到获取知识的正确方法，充分发挥主体参与者角色，并通过教师的及时指正，及时修正自己的认知，才能在新的教学中真正受益。

第三节 "专业型"创新创业管理教育

一、教育对象与目标

教育对象是面向有明确创业愿望，在大学期间就想创业或是下定决心毕业时就创业的学生，主要定位为"专业型"创新创业管理教育，主要目标是提升学生创业实战技能，培养实际创办企业的能力，主要通过开办"创业先锋班"进行。有学者将这个层面的教育称为"单纯的创业性教育，是创建企业的教育，是培养创业者的教育"①。这个层面的教育要"培养受

---

① 葛宝山、陈沛光、高洋：《促进中国创业教育发展的关键因素研究》，《学习与探索》2011年第6期。

教育者形成创业所必需的领导力与决策力、全球化的视野、敏锐的市场洞察力、务实踏实的工作作风、锲而不舍的意志品质、组织协调能力以及与人沟通的技巧，还包括商务谈判、市场评估与预测、启动资金募集等多方面教育，以使受教育者具备金融、财务、人事、市场、法规等方面的基本知识”①。通过专业性教育，使这些学生能够在大学期间系统地接受创办和管理中小企业的知识和技能，提高驾驭能力和规避风险能力，减少无谓的失败，从而提升创业成功率。

二、教育形式与载体

由于“专业型”的创业管理教育是针对少数学生进行的，所以多采取开设“创业先锋班”（Osaka Business Pioneer，OBP）的方式来开展有针对性的教育。日本的大阪商业大学在“创业先锋班”方面有着成功的探索与实践。“OBP 课程是培养下一代具有开拓精神的企业家的特别课程。课程对学生有严格的要求，在入学时就要求学生有明确的取向，在通过考试和基础测试、面试等选拔环节之后，选定每期约 25 人组成创业先锋班。学员以自己的所学专业为基础，通过一系列独特的课程掌握会计能力、国际交流能力、信息处理能力等基础能力以及问题分析和解决能力，以培养创业开拓者为目标。”② 为了达到这一培养目标，学校在创设良好环境、创新 PDCA (Plan，计划；Do，实施；Check，检查；Action 处理) 学习模式、开发基于问题的学习（Problem-BasedLearning，PBL）体系等三方面着手，确保培养质量。学校提供 4 年的笔记本电脑供学生无偿使用，开设会计、英语、信息等相关资格课程供学生免费参与，设立专门的创业专业办公室，经常举办学生与企业家、专业人士之间交流活动，为学生创设良好的

---

① 葛宝山、陈沛光、高洋：《促进中国创业教育发展的关键因素研究》，《学习与探索》2011 年第 6 期。

② 李志永：《日本高校创业教育》，浙江教育出版社 2010 年版，第 127 页。

环境;"创业先锋班"(OBP)课程坚持理论与实践相结合,通过讲授、案例分析、企业采访、实地调研和交流等形式,全面提高学生的能力。该课程还采用 PDCA 周期学习模式,通过让学生利用 4 年时间经历思考、尝试、验证、改善等众多环节逐步学习,实现培养目标;学校在日本率先提出基于问题的学习体系的技术创业育成计划。导入比课堂演讲更为实际的基于问题的学习(PBL)体系,通过"体验—思考—抽象—体验"的学习周期提高学生的创业能力,通过导入灵活的辅修体系来学习必要的知识。

中央财经大学的"创业先锋班"既受到了大阪商业大学的启发与影响,同时也有很多创新与改进之处。具体表现在以下三个方面:一是在选拔"创业先锋班"学员方面措施更为具体和周详。"选拔的维度是创新和创业的意愿、协调性、意志品格;选拔的方式是经过报名资料初选、笔试与面试三个环节。笔试内容,主要是从心理学等角度,考察学生的创业意愿和创业潜质(如求异性);面试主要采取小组辩论形式,考察学生的思辨力、反应力(如进攻性、坚韧性、决断性)、团队合作精神(如独立性、控制欲、责任心)等。"① 二是在课程设置方面进行了相应的改进。面对"创业先锋班"学生开设的必修课程,制定了创业演习和课程讲授相结合、围绕创办新企业或新事业的过程展开的课程体系。"通常,这一过程包括几个阶段:创新意识和创新思维、识别机会、机会评估和创办新企业或新事业,相应的课程体系分为四个模块,每个模块有两三门相关课程。根据授课形式,所有课程又分为演习性课程和讲授性课程。"② 该校创业教育团队还结合中国国情,提出了基于中国文化基因的创新精神素养模型,在知识结构形成的基础上培养创新素养。三是改革教学方式。课程内容采用模块化结构,主要由基本理论、案例分析和模拟练习等模块组成;课程教学中设置互动和实际操作环节;创业教育与周围经济发展相联系,通过

---

① 许进:《高校创业教育模式:基于案例的研究》,《教育研究》2008 年第 4 期。
② 许进:《高校创业教育模式:基于案例的研究》,《教育研究》2008 年第 4 期。

鲜活的案例，提高学生对市场的敏感度，力戒眼高手低的通病；改变考核方式，没有死记硬背的考试，侧重平时参与的表现，奖励有创意的言行；搭建创业实践平台，实行"小班教育＋双导师制"，并争取学校各方力量协助，进行校园创业，使学生近距离接触创业。[①]

三、教师和学生的角色定位

"专业型"创新创业管理教育面向有明确创业愿望、在大学期间就想创业或是下定决心毕业时就创业的学生，主要目标是提升学生创业实战技能，培养实际创办企业的能力。此阶段教师的角色是与学生零距离接触，帮助其学习创业知识和技能、让学生近距离接触创业的"组织者"，而学生就是利用各种机会将创业知识转化为创业能力的"实践者"。

作为"组织者"，以组织并参与教学为原则，教师既需要改革原有的、传统的教学方式，还要参与到教学当中、与学生更近距离接触。此阶段教师要做的是结合理论教学、案例式教学、模拟练习、实践教学等方式，重新组织、建构教学全过程，在"创业先锋班"里与学生更深入地接触交流，对他们的创业意愿和创业能力进行全方面考察和针对性培养。除理论教学外，"创业先锋班"的学生应该有更多课外实践时间。一方面教师要通过联合校团委、就业指导服务中心、资助中心、各个学院等相关部门为学生在校内搭建实践平台体系，为学生创造更多低成本、低压力的创业实践环境，进一步培养学生的创业意识，零距离接触创业；另一方面教师还可以组织学生参与到校内外更多的实践项目中，帮助其将所学知识转化为创新创业能力。此阶段教师要注意的问题是，在选拔"创业先锋班"学员时，应多维度考察，不仅仅看学生的创新创业意愿，还要考察学生的思辨力、反应力和团队合作力。

---

① 参见许进：《高校创业教育模式：基于案例的研究》，《教育研究》2008 年第 4 期。

作为"实践者",学生要以把握机会、实践所学为原则,更加明确自己的创业愿望,明确初步的创业构想,利用"创业先锋班"的优势平台,把握更多实践机会,努力将所学创业知识转化为创新创业能力。此阶段学生首先要做的是无论是在课堂模拟还是课外实践,都全身心地投入其中,努力把握机会,将自己所学不断投入实用,逐步转化为自身的创新创业能力。将自己真正作为一个创业者来进行思考、发挥创意、组织运营,要认真了解创业的全过程,要在不同的实践中尝试多种角色,获得更多经验。在团队合作中,学生既要学会与他人沟通协作、共同创意、共同经营,同时还要学会发挥自己的优长,找到自己在团队中不可替代的作用,进一步挖掘自身优势、发掘自身潜力,为未来真正创业、组建团队积累经验。在此过程学生要注意的问题首先是切忌眼高手低、疏于实践,否则创业就永远只能是愿望,是纸上谈兵的空想。其次是要以创业者的角度参与教学和实践过程。只是以接受者或是完成任务的心态参与教学和实践过程,这样的学习只是参与而非实践,没有真实践就难以学到真知识,发现真问题,获得真进步。

第四节 "职业型"创新创业继续教育

一、教育对象与目标

教育对象是面向初创企业者,主要定位是"职业型"创新创业继续教育,主要目标为以职业化的教育、咨询、培训、服务和力所能及的创业援助,帮助创业者渡过企业初创期。以上所论三个层次的创业教育,都是针对在校大学生群体开展的。实际上,当前中国最为缺少的是针对另外一个群体的"继续教育和援助",这个群体就是毕业时选择创业的群体。中国有句俗语"扶上马,送一程",是对这个群体进行创业援助的最为形象的描述。那些在毕业时选择创业的毕业生，会面临方方面面的困难，这是他们最需要帮助的时候，在这个时候，他们最坚实的靠山就是母校。所以如果说，经过大学的培养，毕业生已经现实地选择创业作为自身职业生涯的开端，这可比作是"扶上马"的话，那么，这些毕业生是否会骑马，是否能在马背上坐得住、坐得稳，还面临着考验。在这个时候，学校要通过力所能及的各种途径和方式，对新创企业的毕业生开展援助，为其快速走向正轨提供帮助，以期达到"送一程"的目的。

二、教育形式与载体

在对毕业时选择创业的群体支持方面，德国有着很好的理论与实践，它主要通过三方面实际措施来支援初创企业的大学生创业者，值得我们学习和借鉴。一是依托科技园和孵化器促进大学生顺利创办创新型企业。德国科技园发展速度很快，对德国科技、教育事业的发展和经济、社会的发展作出很大贡献，是德国高新技术的研究与开发中心。德国高校十分重视与科技园、孵化器的交流与合作，利用科技园、孵化器完善的服务体系以及丰富的市场资源，为学生提供更好的科研环境和更多的创业机会。德国鼓励学生毕业之后再创业，而不是在校期间就创业，经过毕业后两到三年的孵化期，再实现成功创业。例如，洪堡大学从 1997 年起就把研究所和部分教学单位陆续搬进科技园区，许多洪堡大学的毕业生到园区孵化器进行技术研发，只要科研项目成熟，即可进入园区创办企业。二是提供大学生生活补贴和创业补助金，减轻生存压力。德国为职业学校、高等学校毕业生待遇规定了最低标准，并根据其具体情况提供相应的保险金。另外，创业者还可根据创业后的经营情况分阶段地从政府部门获得创业补助金，如果创业者自办的企业还能雇佣其他失业者，则会得到更多补贴，这些措施为大学生创业提供了有利条件和保障。部分高校还在此基础上提供了更多的金融支持。例如柏林伯易特应用技术大学在对大学生创业进行金融支持时，对于一个创业团队而言，最多 3 个学生得到每月每人 2000 欧元的奖学金，最优秀的可以获得 2500 欧元，同时还资助每人 10000 欧元的创业保障设施和 17000 欧元的团队资助。这些项目的资助时间在 30 个月或以上，其中，国家的资助期是 12 个月，此后学校对学生创业资助再延长 18 个月，这个阶段由学校出资资助。德国大学还为创业的大学生提供创业初期所需的多种便利条件。例如，柏林工业大学为有意愿创业的毕业生在初创两年内不仅为其提供办公设施、实验室等硬件环境，还邀请经济学领域的专家提供企业管理、创业手续办理等方面的咨询服务。三是德国高度重视大学生创业教育，不但在高校中建立了传授创业知识、激发创业精神的创业教育教学体系，而且成立了各级创业培训中心，免费为有意创业的大学生提供实战性较强的培训。1998 年，德国大学校长会议和全德雇主协会联合发起旨在创建一个大学生独立创业的环境，让高校成为"创业者的熔炉"的"独立精神"倡议。随后，德国有 12 所大学设立了专门负责研究和讲授大学生创业问题的创业学首席教授职位。与此同时，大部分高校也纷纷成立了为大学生创业提供教育与培训的大学生创业服务中心。大学生创业服务中心利用高校的教育教学环境，通过创业课程、创业咨询、创业技能培训和创业意识培养等多方面内容，积极引导和帮助大学生成功创业。例如，德国工业大学大学生创业服务中心将工作重点放在激发大学生的创业意识，然后给他们提供全程咨询，支持他们创业上。在该中心的网页上有校友会的网页，并且会特意把创业校友的相关信息放在网站上。此外，中心加强与目标团体的联系，如学生、科研管理人员、毕业人员、教授等，编制工作手册，从导向、准备、创业整个过程对大学生进行创业指导。

实际上，对于创业初期的毕业生提供教育、咨询和服务，已经将高校的创业教育领域和范围适当延展到社会，在这个层面，很多问题就不只是高校一家能够独立解决的，需要政策体系、科研成果转化体系、社会服务体系的合力，才能为初创企业的大学生提供有效援助。当前，由于我们对这个领域缺乏关注，更缺乏深入研究，根本不知道毕业生初创企业需要什么？所以也就不知道我们能够给什么？于是也就谈不上适切性的助力。建设和完善针对这一群体的创新创业教育机制是一个复杂的系统工程，虽然需要方方面面的合力，但是高校必须成为协调多方力量的主体，切实负起应负的使命和责任，作为今后中国高校开展创新创业教育的重要努力方向。

三、教师和学生的角色定位

"职业型"创新创业继续教育面向初创企业者，主要目标为以职业化的教育、咨询、培训、服务和力所能及的创业援助帮助创业者渡过企业初创期。前三个阶段教师的角色定位都是针对在校大学生群体，这个阶段针对的群体是毕业时或毕业后一段时间内选择创业的群体，与前三个阶段相比会存在较大差异。在此阶段，教师的角色定位是为这些初创企业者搭建平台、提供咨询和培训服务的"援助者"，而这些初创企业者则是直面创业困难、一路披荆斩棘的"开拓者"。

作为"援助者"，教师要坚持明确需求、针对性强的原则，为初创企业者提供教育、咨询和服务。教师首先要在调查了解毕业生需求的基础上，开展与创业过程息息相关的培训和咨询，内容涉及创业流程、工商知识、管理知识、财会知识等。同时，还要向毕业生传递中央和地方关于创业的相关政策，帮助其解读并根据初创企业者实际情况，切实利用相关政策为实际创业服务，解决毕业生面临的如创业发展方向、众筹资金、团队管理等方面的难题。最为重要的是，教师要为初创企业者搭建更多创业平台。一方面，教师可以指导初创企业者如何利用地方或学校已有的科技园和孵化器顺利创办企业；另一方面，教师可以通过学校协调各方力量，为初创企业者与企业家之间搭建更多交流互动的平台，帮助学生获得更多市场信息、更多有效建议和经验，并帮助有较完备可行的创业计划或是已开展初期创业的毕业生寻找到合适的天使投资人。由于对毕业生进行创业援助对教师提出了更高要求，所以此阶段教师要注意的问题是明确自身的胜任力情况，明确作为"援助者"可提供的核心援助，加速自身转变为创业导师的过程。同时，准确了解初创企业者的需求，做到自己给的都是他们想要的，帮忙而不添乱，为他们提供最具针对性和实效性的帮扶。

作为"开拓者"，初创企业者要以立足未来发展、坚定创业信念为原则，树立艰苦创业精神、夯实创业知识和技能，直面现实困难、主动求助、不轻言放弃。此阶段首先是明确自己创业发展的方向，要明晰自身目前的现状，区分自己可以突破的难点和需要寻求帮助的地方，再有针对性地去求助。初创企业者身临真实的创业环境，很容易暴露自身创业知识、技能和经验的不足，这些问题可能导致创业项目运行不畅。针对这些问题，初创企业者可以通过学校提供的创业培训课程有针对性地进行学习，还可以通过向有丰富创业知识和经验的创业导师咨询，来帮助自己找到解决目前困境的办法。与此同时，初创企业者不要忽略校友和企业家资源，可以通过创业导师或学校有关部门与这些专业人士取得联系，获取建议、学习经验。如果遇到融资困难，应该积极了解国家和地方的相关政策，利用国家的创业帮扶政策进行创业筹资，同时还可以通过主动寻找天使投资人来解决资金问题。此阶段要注意的问题，首先是在面对创业苦难时，不亲身努力去解决问题，而过分依赖老师、学校和社会，或是过早放弃。其次是忽略了自身创业项目的科技含量和市场需求问题，从而导致创业失败。

第五节 "广谱式"创新创业教育的基本原则

一、"面向全体"与"分类施教"紧密结合

近年来，高校创新创业教育不断加强，取得了积极进展，但也存在受众面较窄、针对性不强等不容忽视的突出问题。当前决定高校创新创业教育体系基本结构与未来走向的关键在于更新观念，以"面向全体、分类施教"的全新观念为指导，既考虑大多数，也不忽略极少数。针对"全体学生"、"各个学科专业的学生"、"有明确创业愿望的学生"和"初创企业者"四个层次的学生分别开展"通识型"、"嵌入型"、"专业型"和"职业型"四个层面的教育。

一是面向"全体学生"开展"通识型"创新创业启蒙教育。教育内容以激发创业意识为基础，以锻炼创业能力为关键，以培养创业精神为核心。教育目标是使大学生成为高素质创新创业型人才。教育载体是将"课堂教学"与"实践教育"相结合，搭建起供大学生边干边学、做学结合、以学促做的"实践导向"教育培养体系。"课堂教学"多采取案例教学法，突出学生的主体地位，通过引导学生进行自觉性决策和创造性实验来激励和培养学生的创业行为；"实践教育"多通过创业计划竞赛、大学创业实践园、实际创业体验、网络虚拟创业等参与体验平台建设，构建"实践导向"教育培养体系。

二是面向"各个学科专业的学生"开展"嵌入型"创新创业融合教育。当前高校通行的创业教育课程存在的共同缺点就是与各学科专业教育的疏离，为了切实解决这一难题，必须将创新创业教育有效"嵌入"各个学科。主要目标是根据不同学科特点，引导学生根据专业特长进行创业。主要通过"三分两结合"来实现嵌入。"三分"即"分专业实施个性化培

养"、"分阶段实现接续性培养"、"分群体实现差异化培养",提升课程的针对性。"两结合"即"嵌入"单一学科,促进创业能力培养与专业能力提高相结合;"嵌入"多学科,促进创业体验教育与多学科交叉相结合。"嵌入"是手段,"有机融合"是目的。通过将创新创业教育的理念和思想"嵌入"各个学科专业,开发多样化的学科创业课程,从而实现创业教育与专业教育的"捆携式发展"。

三是面向"有明确创业愿望的学生"开展"专业型"创新创业管理教育。美国高校"专业型"创业教育模式分为两大类:一类是"聚焦模式"(Focused),教育对象主要是针对 MBA(工商管理硕士);另一类是"磁石模式"(Magnet),教育对象针对全校学生。专业型"创新创业管理教育系属"磁石模式",教育内容是开展"创业企业管理"的知识与技能教育。教育目标是通过系统的创新创业教育,使学生掌握创办和管理中小企业的知识和技能,提高学生创业的实战技能。在教育方式上多通过"创业先锋班"进行,入选成员经过严格筛选,学校为其创设良好的学习条件,配备专业的师资队伍,开设系统的专业课程;在教学方法上,坚持理论与实践相结合,包括讲授、案例分析、企业采访、实地调研和交流等。

四是面向"初创企业者"开展"职业型"创新创业继续教育。前三种类型的创新创业教育针对在校大学生开展,"职业型"创新创业教育针对创业的大学毕业生。教育内容是对毕业生创业提供"继续教育和援助"。教育目标是通过对初期创业者的支持和援助,"扶上马送一程",帮助新创企业顺利渡过企业初创期,走向正轨。一要建立完善的大学生创业政策支持体系,彻底破除"潜规则"和"玻璃门",有效解决"业务靠联系,资金靠接济"的现实问题,营造良好的政策环境。二要依托高校建设"众创空间",大力支持孵化平台建设,推动科研成果与市场需求有效对接,鼓励和支持科技创新型创业活动,克服同质化,提高成功率。三要建立健全大学生创业服务体系,探索实行"创业学徒制",邀请成功创业者担任"创业导师",建立更加有效的创业项目甄别机制,提高创业服务的精准性。

四个层面的教育对象、教育形式、教育目标如表4—1所示。

表4—1　"广谱式"创新创业教育体系主体架构

类型 \ 内容			对象	形式	目标
广谱式创新创业教育体系主体架构	学校教育	通识型	面向全体学生	课堂教学 参与体验	涵养"创业精神",植入"创业意识",培养"自主工作"和"持续学习"能力
		嵌入型	面向各个学科专业的学生	"嵌入"单一学科 "嵌入"多学科	具有科技专业知识的企业家、知识创业者;具有企业家素质的科学家、工程师
		专业型	面向有明确创业愿望的学生	创业先锋班 创业实验班	提升创业实战技能,培养实际创办企业的能力
	继续教育	职业型	面向准创业者 面向初创企业者	科技园和孵化器 创业园和众创空间 生活补贴和创业补助 创业培训中心	帮助准创业者开启创业实践 帮助创业者渡过企业初创期

二、在校教育与继续教育密切衔接

当前中国高校创新创业教育面临"三大矛盾":一是就业压力日益严峻与创业意识薄弱;二是创业机会大量涌现与创业能力低下;三是创业支持政策频出与创业率、创业成功率偏低。多数大学生并没有将创业作为自己职业生涯的首选,只有"创业冲动"没有"创业行动",把握机会的能力严重不足。大学生创新创业是一个生态系统,创业率是结果,前端的创业教育是准备,其后的创业服务是过程。这就客观要求高校创新创业教育必须包括两个阶段:第一个阶段是大学生在校期间的教育;第二个阶段是大学生毕业之后的教育。当前的创新创业教育体系更多关注前一个阶段,对后一个阶段则没有充分的重视和关照。而由于对后一个教育阶段的忽视，在一定程度上也决定和影响了前一阶段教育的适切性问题。

高校创新创业教育的第一阶段，也就是在校大学生的创新创业教育，包括面向全体学生的"通识型"教育、面向不同学科专业学生的"嵌入型"教育和面向有明确创业意向学生的"专业型"教育，这三种类型的教育都是在大学期间开展的，所以统称为在校教育。当然，在校大学生的创新创业教育也是分层次进行的，对于全体学生来说，启蒙教育已经足够了，而对于在大学期间就想创业或是下定决心毕业时就创业的学生来说，还要个性化地进行"创业企业管理"的知识与技能启蒙，使这些学生能够在大学期间系统地接受创办和管理中小企业的知识和技能，提高驾驭能力和规避风险能力，减少无谓的失败，从而提升创业成功率。在校期间开展的创新创业教育不以引导学生在校创业或者毕业就创业为目的。对于这一目标定位，有人会提出疑问，对于"通识型"和"嵌入型"的教育适用，对于"专业型"的创业教育也适用吗？实际上，对于有明确创业意向的学生我们通过组建创业精英班或是创业实验班的方式开展专业型创业教育，这有些类似于MBA教育，而在MBA教育中，也不是要求接受教育的人都去创业，况且毕业就创业有着很大的难度。实际上，在大公司入校招聘时，很少有毕业生能够始终坚持把创业作为自己的唯一职业选择，不但是父母和同伴，即使是就业创业指导教师，在就业压力的影响下，也是原则上鼓励学生"先就业后择业，有了基础再创业"。加之创业要求学生直接面对复杂的社会环境，对学生的综合素质与能力提出了更高的要求，而且风险高、难度大、不确定性多，等等。这些因素综合在一起，客观上决定毕业就创业的比率不可能太高。大多数心怀创业理想和人生抱负的毕业生要走一条先就业再创业的道路，这种就业之后的创业，又包括在工作岗位上的内创业和独立创办企业的实体创业两种类型。这种对于创业的多样化理解和现实化设计，更加符合大学生创业的实际情况。

高校创新创业教育的第二阶段，主要是面向初创企业者和准创业者的继续教育。一种类型是毕业时（甚至是在大学期间）就创办了自己的企业。由于这些学生已经有了实际的创业行动，对于他们的教育主要以一对一的"师徒式"咨询服务为主，为他们提供实用的小企业运营技能，依托学校的创业园或科技园，渡过企业初创期，提高创业企业的成活率。第二种类型是毕业时还没有采取创业行动，需要在学校的创业园或科技园孵化自己的企业，毕业与创业之间有一段间隔期，这段时期是大学生由就业走向创业的心理缓冲期、生涯选择期、市场观察期和经验积累期。对于这些有明确创业计划的学生，学校也要给予一对一的咨询服务，帮助其实现企业孵化任务。第二阶段的教育主要针对校外的毕业生（校友）进行，属于继续教育范畴。抓紧建设和完善"两步走"创新创业教育机制是一个复杂的系统工程，也是今后高校开展创新创业教育的重要努力方向。

三、素质教育与职业教育统筹兼顾

当前中国高校创新创业教育实践过程中存在着"两个极端"：一个极端是将创新创业教育单纯面向有创新创业意愿的少数学生，教学生如何创办企业，把创新创业教育"窄化"为"单纯的创业性教育"，具有极强的"功利性"；另一个极端是将创新创业教育与专业教育隔离成为"两张皮"，单纯开展创业知识传授，把创新创业教育"泛化"为"塑造气质的教育"，缺乏现实的"针对性"。不论是"窄化"还是"泛化"，都与国家确立的"面向全体、分类施教"的基本原则相背离。当前迫切需要大力推动高校创新创业教育走出"两极思维"的误区，切实增强创新创业教育的整合性和包容性。

首先，要创造"素质教育导向"与"职业教育导向"的创新创业教育"双轨并行"的条件，切实实现二者的"相互助力"。"素质教育导向"

的创新创业教育的突出优势是理念先进，与高等教育理念具有天然的一致性，不足之处是容易使创业教育演进成为与素质教育高度重合的教育类型，最后失去不可替代性，而为素质教育取代；"职业教育导向"的创新创业教育的突出优势是目标明确，在培养学生实际创业能力方面基础雄厚，不足之处是教育理念与高等教育理念存在不可调和的矛盾，这种类型的创业教育在进入高校时会遭到高校教师的排斥。创新创业教育就是要以"素质教育导向"的创新创业教育的先进理念为指导，以"职业教育导向"的创新创业教育的专业实力为依托，确保二者在这个教育范式框架内"相互助力"：既要充分发挥传统商学院创业教育在提升学生创业实战技能等方面积累的优长，也积极推动创业教育项目向商学院之外的工程、艺术、科技等专业广泛拓展，全面融入学科专业教育之中；既面向全体学生开展通识教育，在每一个大学生的内心"栽一颗创业种子"①，"设定创业遗传代码"，以造就"最具革命性的创业一代"②，为整体改善创业文化环境和心理文化结构铺设路基，为建设创业型社会奠定坚实基础，又面向少数有创业意向的学生开设创业实验班，为这些学生在大学期间或是毕业之后创业提供切实的教育咨询援助。整合构建"素质教育导向"与"职业教育导向"的创新创业教育"双轨并行"的运行机制。

其次，积极促进"素质教育导向"与"职业教育导向"创新创业教育的"衔接联动"。为了完成"素质教育导向"的创新创业教育的任务，设计面向全体学生开展的"通识型"创新创业启蒙教育，以此来提高学生的创新意识、创业精神与实践能力；设计面向不同学科专业的"嵌入型"创新创业教育，结合不同的学科特点，引导学生结合专业特长进行创业。

---

① 参见温肇东、陈碧芬：《栽一颗创业种子——创业学习平台的布建与复制》，商智文化事业股份有限公司 2003 年版。

② 参见杰弗里·迪蒙斯、小斯蒂芬·斯皮内利：《创业学》第 6 版，周伟民、吕长春译，人民邮电出版社 2005 年版，第 3 页。

为了完成"职业教育导向"的创新创业教育任务,针对有明确创业愿望的学生开办"创业精英班",进行"专业型"的创业管理教育,提升学生创业实战技能;针对初创企业者进行"继续教育",以职业化的教育培训体系帮助创业者渡过企业初创期。"素质教育导向"的创新创业教育主要定位为综合素质培养,"职业教育导向"的创新创业教育主要定位为实际创业能力提升。前者是后者的基础,后者是前者的提升,二者在"加快培养规模宏大、富有创新精神、勇于投身实践的创新创业人才队伍"[1]的共同目标下实现"衔接联动"。

四、"教中学"与"做中学"科学适配

关于"做中学"和"教中学",有学者从教育流派的视角对二者进行了区分,认为"'教中学'与'做中学'是两种截然不同的教育流派,相应地也有着不同的人才培养模式"。"'做中学'较为符合实际,符合人的认识规律,是人才成长的必经过程,是自我学习的必经途径,是动手能力提高的必经程序。"[2]也有学者对"做中学"提出了自己的看法,认为"应该坚持辩证唯物主义,一方面重视经验,另一方面也得重视理性,比如'做中学',就是'做'和'学',没有谈思考"[3]。综合学者对"做中学"和"教中学"的不同观点,结合创新创业教育实践性尤其突出的基本特点,按照辩证唯物主义教育观,创新创业教育努力平衡两种"学派"的矛

---

[1] 国务院:《关于深化高等学校创新创业教育改革的实施意见》,国办发 [2015] 36 号,2015 年 5 月 4 日。

[2] 曹胜利:《大学创新创业实践教学的新范式——关于"做中学"教育理念最新案例的说明》,载何伏林、吴新芳主编:《"两创"教育看高职——浙江省七所院校创新创业教育的探索与实践》,现代教育出版社 2012 年版,第 2 页。

[3] 陈元晖:《谈谈教育学成为一门科学的五个前提问题》,载于伟、李桢、缴润凯主编:《教育学家之路——纪念陈元晖先生诞辰一百周年集》,东北师范大学出版社 2013 年版,第 278 页。

盾,力争做到既突出强调"做中学",同时也不忽略"教中学"的地位、作用和价值,通过"科学分层"和"主辅结合"的方式,实现二者的有机结合。在"通识型"和"嵌入型"教育层面,应该是"教中学"为主、"做中学"为辅;在"专业型"和"职业型"教育层面,应该是"做中学"为主、"教中学"为辅。

"通识型"和"嵌入型"教育层面以"教中学"为主、"做中学"为辅。由于这两个层面的对象是全体学生和各个学科专业的学生,普遍存在教师少、学生多、班级规模大的现实困难,应该主要采用讲授式的集体教学,而辅以创业计划竞赛、企业参观考察、创业者访谈等"做中学"教育项目。在此阶段,创业教育除了为大学生创业提供必要知识、帮助其形成和完善创业所需的合理知识结构之外,更为重要的是应该帮助他们掌握有效的学习方法,养成科学的学习习惯,树立主动求知终身学习的观念,形成善于运用知识、扩大视野的意识与本领。首先是专业知识,这是大学生创业素质的根本条件;其次是创办和管理企业的知识,这是大学生创业素质的必然要求;再次是综合知识,这是大学生创业素质的有力支撑。我们要对学习和运用创业知识提出更高的要求,也就是学习知识并不是目的,真正的目的在于通过三方面创业知识培养,使大学生具有能够独立开辟人生道路、自主创造人生价值的知识基础和勤于实践、敢于竞争、不怕失败、坚忍不拔的创业精神。

"专业型"和"职业型"教育层面以"做中学"为主、"教中学"为辅。这两个层面的教育对象有的具有明确的创业愿望,有的已经创办了自己的企业,对于他们的教育以解决实际问题为主,主要采取"做中学"的方式。在这方面,"缄默知识"(隐性知识)理论给我们提供了重要启示。"缄默知识"(Tacit Knowledge)是与"显性知识"(Explicit Knowledge)相对而言的。显性知识是指那些通常意义上可以用概念、命题、公式、图形等加以陈述的知识;缄默知识则指人类知识总体中那些无法言传或不清楚的知识,具有以下特征:不能通过语言进行逻辑的说明,不能以规则的形式加以传递，不能加以批判性的反思。① 波兰尼经常说，"我们所认识的多于我们所能告诉的"（We Know More Than We Can Tell），并将这句话作为自己的认识论命题。"缄默知识"主要通过"学徒制"来传递，能够找到"高明的师傅"成为教育的关键。在中国，这个"高明的师傅"主要通过聘任兼职教师来完成，兼职教师应该尽可能多样化，职业经历也最好丰富一些，最好同时拥有成功和失败的经验。

---

① 参见石中英：《波兰尼的知识理论及其教育意义》，《华东师范大学学报（教育科学版）》2001 年第 2 期。

第 五 章

方法论："广谱式"创新创业
教育的教学方法创新

　　"广谱式"创新创业教育是相对于商学院或管理学院创业管理学科开展的"专业性"创新创业教育模式而言的，它的基本要求是"面向全体学生"、"结合专业教育"、"融入人才培养全过程"，着眼于创新创业教育的广泛性和普及性，使之惠及每一个学生，重在培养学生的创业观念、创业者精神以及创业思维和创业能力，而不仅仅是传授创业知识和技巧。"广谱式"创新创业教育是我国高校创新创业教育发展的主要趋势，在具体实施这一教育模式的过程中，由于教育对象广泛、专业类别多样、培养目标分层等状况的现实存在，经常会听到实际工作者报怨："学生太多了，只能讲讲算了，根本没有条件使用其他教学法"，这就在客观上造成当前我国高校创新创业教育尚存在"教学方式方法单一，针对性实效性不强"[①]等现实问题。多数高校形成了教学模式"以教为主"——易僵化，教学内容"以知识为核心"——重理论，教学方式"以第一课堂为主阵地"——缺实践的现实困境。"缺乏行之有效的创业体验学习已经成为阻碍创业教育可持续发展的一个重要原因。"[②] 本研究充分考虑到创新创业教育的理论

---

① 参见国务院：《关于深化高等学校创新创业教育改革的实施意见》，国办发 [2015] 36号，2015 年 5 月 4 日。
② 参见梅伟惠：《论创业体验学习及其应用》，《教育研究》2015 年第 2 期。

性、实践性和操作性，探索将案例教学法、体验教学法、项目教学法具体应用于"广谱式"创新创业教育的必要性与可能性，明确"广谱式"创新创业教育应用这些教学方法的组织形式、项目选材、考核评价、保障措施等具体问题，确保这些方法在"广谱式"创新创业教育中的成功应用。

第一节　教学方法创新的重要意义

一、克服传统教学方式的弊端

有学者概括性地描述了传统教育教学的五个特点："(1) 通过传授、记忆、回忆与再现的方式，由教师向学生传授知识；(2) 更注重'教'而不是'学'；(3) 正确的答案被看作是重要的并给予奖赏，而近似的答案、猜测和多种解释不被重视甚至被排斥；(4) 在教学过程中，教师的权威至高无上；(5) 考试及其分数对学校、学生和教师都是至关重要的。"[①] 对于学生来说，传统教学方式使得学生不用在学习上花费大量时间，费太多的脑筋，只要调动记忆的功能就可以完成学习任务，久而久之，也就习惯了这种教学方式。但是这种教学方式的最大弊端在于扼杀了学生的生命力，"从表面上看，学生是一个完整的人坐在课堂上，实际上学生并没有作为一个整体参与教学活动，调动的仅仅是理性方面的认识，而需要、动机、兴趣、情感、人格等非理性因素在课堂并没有得到应有的关注。"[②] 这样的课堂教学既缺乏生气与乐趣，也缺乏对智慧的挑战和对好奇心的刺激，不但使得学生厌学，也使得教师厌教。要想改变这一现状，就必须引入新的教学方法以改革课堂教学。

---

① 唐德海、常小勇：《从就业教育走向创业教育的历程》，《教育研究》2001 年第 2 期。
② 徐丽华、吴文胜、傅亚强：《教师与学生创新行为的发展》，教育科学出版社 2011 年版，第 133 页。

　　案例教学法、体验教学法、项目教学法可以有效克服传统教学方式的弊端，在创新创业教育过程中表现出来的优越性更是非常突出。概括来说，主要有三个方面：一是自主性。学生成为主角，通过教师的导演与指导，学生充分展示自己的才能。二是拟真性。给学生提供逼真的客观环境，使学生置身于特定的典型环境之中，并自觉地进入角色。三是交互性。学生之间、师生之间可以互相交流、相互启发，培养学生解决问题的能力。这些显而易见的优越性的充分发挥，在现实教学实践中受到了传统教学观念与方式的制约。基于此，有学者在教学实践中发现，学生从心理上支持案例教学法，但在表现上又令人大失所望。其主要原因在于：不愿参与，不能参与，不敢参与，不屑参与。① 其中"不愿参与"与"不屑参与"是态度和认识问题，是因为学生不想花费大量的时间和精力；而"不能参与"和"不敢参与"则是能力问题，长期的被动学习、压制性家庭教育和应试教育使一些学生没有公开阐述自己观点的勇气，总是担心出丑，担心犯错误。加上语言表达能力、独立思考能力、随机应变能力、思维活跃程度和进入角色的主动程度都有待提高，致使很多学生无法参与到案例教学过程中来。由此可见，以案例教学法来代替传统教学法，这样的改革不仅仅是单纯的技术性革新，也不是传统教育、教学的现代包装，而是一种较为全面的、彻底的教学改革。体验式教学法借助"体验"训练，引导学生在学习过程中进行反思，过渡上升到对于理论知识的理解，并启发学生将理论与实践有机结合起来。应用体验式教学法，有效打破传统教育体系里单一式教学、强制性灌输、理论性主导、静态式接收的学习模式，使学生能够在自觉、开放、轻松的学习环境中参与教学活动，进行知识积累和技能提升。在项目教学法中，教师和学生共同参与项目的完成过程，教师更多担任的是项目的提供者和指导者，而项目实施中需要运用哪些知

---

① 参见谭志合：《案例教学法在〈创业学〉教学运用中的悖论》，《漯河职业技术学院学报》2007年第2期。

识、问题的提出和解决均由学生自己来完成,因而能调动学生的积极性,充分发挥其主观能动性,培养其自主学习的能力。这也是创业过程中非常重要的一项能力。

二、切实提高大学生创业能力

在全球创业观察(GEM)的概念模型中,"创业活动是创业机会与创业能力合成的结果。"[1] 当前中国大学生创业面临的主要问题是创业机会多而创业能力弱。因此,通过案例教学法在创新创业教育中的广泛应用,全面培养和切实提高大学生的创业能力成为最为迫切的任务。

创业能力与实践联系紧密,它更多关注"怎么做"而不是"是什么"。这种能力不能够靠"讲授型"的教学来传授,而必须靠"探究型"的教育来获得。有学者认为,"从以讲授为主的教学到以探究为主的教育,是一场革命"。这场革命有三个特征:教育的起点和主体从教师走向了学生;学习过程由学生的被动接受走向学生的主动探究;教育(Education)替代教学(Teaching)。[2] 探究能够带给学生的除了知识与技能的习得外,还有"精神启示"、"习惯"、"智力品格"和"心智状态"。而"学生的创造力首先是心智状态、思维方式问题,其次才是知识、技能问题"[3]。这对于实践性特征突出的创新创业教育尤其重要。培养学生的创业能力不能过分地依赖知识的传授,而是要着力培养学生对自然现象和社会现象的关注度和敏感度、培养学生辨析和解决问题的习惯与能力、培养学生批判性思

---

[1] 参见高建、程源、李习保、姜彦福:《全球创业观察中国报告(2007)——创业转型与就业效应》,清华大学出版社 2008 年版,第 11 页。

[2] 参见张卓玉:《第二次教育革命是否可能——人本主义的回答》,商务印书馆 2009 年版,第 58—59 页。

[3] 张卓玉:《第二次教育革命是否可能——人本主义的回答》,商务印书馆 2009 年版,第 63 页。

维的习惯与能力、培养学生拥有和珍视自己的心智生活。[①] 正如怀特海所言："虽然智力教育的一个主要目的是传授知识，但是智力教育还有另一个要素，模糊却伟大，而且更重要——古人称之为'智慧'。没有一些基础的知识，你不可能变得聪明：你轻而易举地获取了知识，但未必习得智慧。"[②] 要想让学生拥有智慧，就必须真正确立学生在创业教育中的主体地位，重建学生的学习方式，使学生通过探究与体验来进行有效学习，使知识内化为学生成长的养分，外化为"以整体性的人去看待整体的世界"的智慧。在创新创业教育过程中引入体验式教学法，使创新创业教育形成立体、开放、多元、互动的教学体系，让学生在自我教育、自我培养的过程中提高认同、找到归属，才真正有利于培养和提升学生的创业意识认同感和创新精神归属感。项目教学法涉及多方面的知识内容，采用的是团队合作的方式，在项目具体实施过程中，团队成员可以根据需要来选择自己的任务。如果为提高项目完成的效率，则选择自己擅长的部分；如果想学习更多的知识来弥补自己的不足，则可以选择自己尚不太能胜任的任务。同时，在项目的完成过程中，团队之间的竞争会激发学生的集体意识，团队成员也会为了共同的目标而一起奋斗，增强与他人合作的能力。

三、有效应对"广谱式"创新创业教育的现实困境

由于当前中国高校"广谱式"创新创业教育课程普遍作为选修课程或者公共课程来开设，因而普遍存在课时少、上课人数多、专业背景复杂等问题，加上相关资源的限制，为所有学生提供实践机会非常困难。在这种情况下，要想保证创新创业教育的实际效果，只有借助于新的教学方法。

---

① 参见张卓玉：《第二次教育革命是否可能——人本主义的回答》，商务印书馆2009年版，第59—60页。

② 参见怀特海：《教育的目的》，庄莲平、王立中译，文汇出版社2002年版，第40页。

　　案例教学法本质上是以问题为导向，以客观事件为材料，训练和提高学习者在复杂情况下认识、分析和解决问题的理性思维与实际技能。它的精髓在于设置一种氛围和情境，引导学生在面临困惑、模棱两可及不充分信息的条件下，开动脑筋，勤于思考，作出决策，争取成功。案例教学法把求知和行动有机地结合起来，切合了创新创业教育的实践性特征，解决了通过课堂教学实现"做学结合"、"以学促做"的教育目标。通过体验式教学法，实现课堂教学、实践演练、参与体验"三位一体"，理论性、实践性、操作性"三维并进"，使更多的学生在体验过程中直击创业活动的现实问题，对于培养规避风险的能力具有重要意义。项目教学法通过项目的形式进行教学，项目的实施是学生通过运用自己的理论知识解决实际问题的过程，必然需要整合多方面的知识资源。同时，将学习知识和运用知识有机地结合起来，不仅能满足学生在创业教育中的实践需求，有效解决理论学习与实践相脱离的问题，而且能实现学以致用的教学目标。

第二节　教学方法创新的方向导引

　　创新创业教育具有十分突出的实践性特征。"创业实践活动既是作为一种教育影响，也是作为一种课程模式，使创业教育与其他教育类型有了质的区别"，"是最能体现创业教育特点和性质的课程类型"，[1] 不是单纯的理论和知识传授就能够完成的。创新创业教育领域存在着大量的"缄默知识"，与"显性知识"相比，"缄默知识"不能通过语言进行逻辑的说明、不能以规则的形式加以传递、不能加以批判性的反思。[2] 如果用"显性知识"的教育模式来传递"缄默知识"，就难以确保教育的有效性，迫切需

---

① 彭钢：《创业教育学》，江苏教育出版社 1995 年版，第 180 页。
② 参见石中英：《波兰尼的知识理论及其教育意义》，《华东师范大学学报（教育科学版）》2001 年第 2 期。

要将课程教育与实践教育紧密结合，搭建起供大学生边干边学、做学结合、以学促做的"实践导向"教学方法体系。

一、开展"实践导向"的课堂教学

课堂教学要重点解决两个问题。一个是"教什么"，也就是教学内容的问题。有学者通过对比教室学习环境与企业的真实世界学习环境后发现，"学校非常强调过去，聚焦于理解、反馈和大量信息的分析。而在真实世界中，企业家聚焦于现在，没有时间进行批判性分析。他们花费大多数时间处理问题，通过自己的经验、通过做来学习，即做中学（Learn By Doing）"[①]。由此我们可以看到，"实践导向"的课堂教学要突出强调创设高度贴近企业家真实世界的学习环境，教学内容要"厚今薄古"，高度关注现实，将解决实际问题作为教学的中心内容。另一个是"如何教"，也就是教学方法的问题。在教学方法上，突出强调探究式教学方式，采取案例、体验和项目教学方法，重点强调"自觉性决策"和"创造性实验"[②]。"实践导向"的教学方法要重点突出学生的主体地位，通过引导学生进行自觉性决策和创造性实验来激励和培养学生的创业行为。

二、构建"实践导向"的参与体验平台

当前中国大学生创新创业教育的主要参与体验平台首推"挑战杯"中国大学生创业计划竞赛。通过这项比赛，每年有上万名大学生直接或间接地参与到创业体验中来，竞赛的教育功能得到了各方面的充分认可。但

---

① 沈超红、谭平：《创业教育"时滞效应"与创业教育效果评价分析》，《创新与创业育》2010 年第 4 期。

② 参见 Gibb，A. A.，Do We Really Teach Small Business The Way We Should，*Journal of Small Business and Entrepreneurship*，（1994）January/March，pp.11-28。

是对于这项创新创业教育实践活动，也有学者提出了学生参与不足，成为学生精英的赛事，多数学生仅是看客而已，过于重视形式（比赛环节），轻视内容（赛前培训、赛后转化），比赛轰轰烈烈，实际成果收效甚微等问题。实际上，这些问题有些是赛事本身的组织问题，有些则是赛事本身无法解决的问题，因为要想解决这些问题需要整个政府、社会和高校服务、培训、教育体系的密切配合。而对于赛事本来说，最为重要的是确立"实践导向"，将比赛向两端拓展。一方面向赛前培训拓展，比赛不是目的，目的是以赛促教、以赛促学，所以，要扎实做好赛前培训，培训的对象不要局限于参赛学生，而是要面向全体学生，通过这一过程普及创业文化。培训不只是讲如何做创业计划书，重在发动学生行动起来，深入开展市场调研，掌握第一手资料，为识别机会、把握商机、了解社会奠定坚实基础；另一方面向赛后转化拓展，比赛结束之后，还需要做艰苦细致的项目对接与运营工作，政府的支持、企业的投入、资本的汇聚等等，所有这些涉及一个成功的创业计划由好的想法转化为商机的重要因素，都要有一个专门的部门来规划、统筹与协调。当然，这些任务不可能由赛事组织者来完成，而是要成立专门的机构来强力推动，只有这样，才能使更多的创业计划落地生根，产生实际效益。

当然，高校建设"实践导向"参与体验平台的方式还有很多，既可以通过孵化器和科学园作为教师和学生的研究与教学试验室，增加大学生衍生企业的数量，并提高企业的生存率；也可以通过支持学生社团或创业俱乐部、开办创业暑假学校、举办创业论坛、组织学生到企业进行创业实习、开展"一对一"的创业指导等方式，来切实地推动创业实践的深入开展。

三、提供"实践导向"的保障措施

一是创建配套的教学制度和教学环境。现有的教学制度比较传统，灵活性不足，开放性较差，最突出的一个缺点就是理论知识学习与实践应用脱节，在这种教学管理制度下实施项目教学法比较困难，难以发挥案例、体验和项目教学法的优势特点，最终影响"广谱式"创新创业教育的实际效果。同时，案例、体验和项目教学法的实施，不同于传统讲授式的课堂教学，需要一个开放的教学环境，学生可能根据具体项目的实际需要，到教室以外的其他场所进行教学活动，比如实验室或某一实体公司，也有可能需要一些额外的软硬件设施，比如可能需要购买锻炼学生创新创业能力的模拟软件等。当然，在"广谱式"创新创业教育中应用案例、体验和项目教学法并不是要摒弃传统的课堂讲授法，而是要将两者结合，在课堂讲授法保证学生了解相关理论知识的基础上，通过具体项目的实施，使学生学以致用，边用边学，从而激发学生创造性思维的产生和综合分析能力的提高。

二是加强师资队伍建设。在"广谱式"创新创业教育中应用案例、体验和项目教学法时，教师的角色不再只是讲授者，更多的是监督者和指导者，角色的转换对教师教学的要求并没有降低，反而有很大提高。教师不再像传统授课那样仅仅进行备课、讲授、考试等教学活动，而是需要运用多方面的知识，来满足更加综合的教学目标。比如，教师在设计项目时，不仅要考虑自己所教授的知识，还要考虑其他相关学科的知识。同时，教师不能只像往常一样教授理论知识，还要有较强的实践能力，才能胜任此类课程的教学。因此，在"广谱式"创新创业教育中应用案例、体验和项目教学法对教师提出了更高的要求，而我国目前这方面的师资相对薄弱，存在数量不足、质量不高和结构不合理等问题①，在培养学生了解创业的基础知识、基本过程和基本技能方面，尚能勉强满足需求，在对创业兴趣浓厚的学生进行个性化培养时，就会感到心有余而力不足，因此亟须培养相关师资人才。

三是加大政策和资金的支持力度。在"广谱式"创新创业教育中应

---

① 参见王占仁：《"广谱式"创新创业教育导论》，人民出版社 2012 年版，第 264 页。

用案例、体验和项目教学法的一个前提就是有力的政策支持。政府是掌握和控制公共资源的主体，政府部门要准确定位，利用信息优势和行政职能，发挥其在推进大学生创业过程中的引导作用。① 目前，国家高度重视创新创业工作，"国家大学生创新创业训练计划"便是针对在校大学生的训练项目，通过创新训练、创业训练和创业实践三类项目，促进高等学校转变教育思想观念，强化创新创业能力训练，增强学生的创新能力和在创新基础上的创业能力；全国各地也出台相关优惠政策，通过"搭建平台、集聚资源"等措施，为大学生提供创业或创业训练的项目。所有这些都是对"广谱式"创新创业教育的具体而实在的支持，为高校创新创业教育的开展与推广起到了很好的指导与促进作用。

在"广谱式"创新创业教育中应用案例、体验和项目教学法还需要充足的资金保障。案例、体验和项目教学法不同于传统教学法，不但教师的课业任务加重，还需要开展第二课堂活动，比如组织学生到实体公司实施具体教学项目或购买一些软硬件设施来支持项目教学等，所有这些都会加大创新创业教育的开支。国务院印发文件《关于深化高等学校创新创业教育改革的实施意见》，明确提出"完善创新创业资金支持和政策保障体系"的指导思想，指出"各地区、各有关部门要整合发展财政和社会资金，支持高校学生创新创业活动"。总结国外创新创业教育的资金来源模式，主要包括两大类：一类是以英国为代表的政府主导型资金来源模式；另一类是以美国等为代表的市场主导型资金来源模式。我国可以同时结合政府主导与市场主导模式构建一个综合多元的创新创业资金来源体系，在由政府设立大学生创新创业基金的同时，积极倡导社会及企业建立相关的援助创新创业的基金和组织，以提供充足的资金保障。②

---

① 参见徐小洲、李志永：《我国高校创业教育的制度与政策选择》，《教育发展研究》2010年第 11 期。

② 参见许朗、贡意业：《大学生创新创业教育模式探索——项目参与式创业教育》，《学术论坛》2011 年第 9 期。

第三节 具体教学方法的应用与创新

一、案例教学法在"广谱式"创新创业教育中的应用与创新

由于中国高校开展创新创业教育的时间较短，在科学运用案例教学法（Case Method）来提高"广谱式"创新创业教育质量和水平方面，目前尚处于起步阶段。借鉴国外案例的比较多，结合国情和地方实际情况自编案例并进行完整意义上案例教学的高校比较少。亟须通过深入研究来探索案例教学法在"广谱式"创新创业教育中具体应用的途径和方法，以此切实提高"广谱式"创新创业教育的质量并推动其不断走向深入。

（一）案例选材问题

案例选择的恰当与否直接决定着案例教学的成败。"广谱式"创新创业教育面向全体学生，这些学生来自全校各个专业，知识背景和专业兴趣有着很大差异。面对这种情况，如果照搬商学院或管理学院进行专业教学时使用的案例，则会使多数学生产生距离感，既无法吸引学生的注意力，更不能提高他们的学习兴趣，自然就不能主动参与课堂教学。所以在案例选材时要注意以下三点。

首先，选材的基本定位在于培养创业精神，而不是教学生开公司当老板。"广谱式"创新创业教育的基本定位是启蒙教育，通过开展这项教育要达到两个基本目的：一方面要让全体学生了解创业的基础知识、基本过程和基本技能，从而在广大学生的内心深处播下创业的种子。虽然多数学生可能不会创业，但会成为创业拥护者，为创业文化建设奠定基础。另一方面，在教学过程中，发现那些对创业有着浓厚兴趣并想在大学期间或毕业时开展创业实践的学生，组织形成类似"创业实验（先锋）班"之类

的组织，进行接续性的跟进教育，开展个性化培养，引导学生走上实际创业之路。基于启蒙教育的基本定位和两方面的基本目的，在"广谱式"创新创业教育中，要重点选择那些能够培养学生创业精神的"打气鼓劲"型的案例，通过案例教学使广大学生认识到创业并不是高不可及，形成人人可以创业的基本态度和价值观。当然，在对大学生创业进行"打气鼓劲"时要注意把握适当的"度"，不过分渲染大学生创业成功，给学生以创业容易成功的不正确暗示，使得不具备创业条件的大学生错误地走上创业之路。

其次，选材的基本方向在于结合不同专业特点，而不是"一例通教"。来自不同专业的学生都对与本专业密切相关的行业特别感兴趣，在这种情况下，选择案例的时候就要照顾到学生的基本专业特点。比如当前IT创业比较流行，于是就有教师针对计算机专业的学生选择QQ创始人马化腾的案例进行教学，收到了很好的教学效果。[①] 实际上大学里的很多专业都是适合创业的，如工程、艺术、体育、旅游管理等，但是由于学生不了解本专业的社会应用前景，一般对创业持悲观态度。在这种情况下，如果教师能够结合各个专业的特点引入案例，既会极大地激发广大学生的创业热情，更会调动他们努力学习专业知识的积极性。

再次，选材的基本原则是"就地就近"，而不是一味地追求"洋经典"。实际教学过程中我们发现，学生对于那些发生在自己身边的实例更感兴趣，讨论起来参与程度更高。而对于从西方引进的案例，除了几个耳熟能详的大公司和大人物之外，对于知名度不高的中小企业案例则很少有兴趣。这一实际情况启示我们，在进行案例教学的过程中也不要言必称希腊罗马，却忘掉了本区本校。一方面，案例可以就地取材，中国经济具有很强的地域特色，长期发展过程中形成了晋商、徽商、潮商等著名商帮，

[①] 参见李富荣：《案例教学法在高校创业课程中的实际运用》，《新乡学院学报（社会科学版）》2010年第2期。

改革开放以来又涌现出"苏南模式"、"温州模式"等富有特色的经济发展模式，对于这些地区的高校，完全可以就地取材，对学生进行案例教育。另一方面，各个高校可以充分开发校友资源，将校友创业案例引入创业教育，用"身边人讲述身边事、身边事教育身边人"的办法开展教育，这样易于学生接受，并能较好地激发学生的创业热情，培养创业意识，克服对创业的畏惧心理。

(二) 教师角色问题

案例教学虽然改变了传统教学模式中的师生关系，但是任课教师的教学水平和实际表现仍然是教学成功与否的关键因素。创业教育中的案例教学主要以讨论的方式来进行，在讨论过程中教师应该扮演什么样的角色呢？是"裁判员"还是"运动员"？是"引导者"还是"助产士"？教师的正确角色定位对于案例教学的成功实施至关重要。有学者认为，教师在开展案例教学前，要调整自己的角色和心态，在教学过程中主要是"倾听、促进和引导者的角色"。[①] 这样的角色定位与传统讲授式教学中教师扮演的"知识权威"角色截然不同。但是，由于"广谱式"创新创业教育存在的大班级课堂、各专业交叉、学生准备情况参差不齐等特殊性，客观上要求教师有相应的角色定位。

首先，"倾听"而不"放任"。案例教学法强调的是不同观点的呈现，其突出特点是不提供明显且无争议的标准答案，但是不提供标准答案不等于不纠正错误观点。教师在认真倾听每一个学生发言，尊重每一个学生见解的同时，要注意错误的观点和认识，进行汇总之后，以适当的形式给予澄清，让学生了解不是"什么都行"。

其次，"促进"而不"限定"。大班级课堂一般都在一百人以上，一堂课45分钟，做到每个学生都发言几乎不可能，在这种情况下教师一般采

---

① 参见张民杰：《案例教学法——理论与实务》，九州出版社 2006 年版，第 91 页。

取分组讨论，每组选一名代表发言的方式，以此来促进学生的充分讨论。与此同时，不能把这种形式限定得过死，肯定有学生还有与各组发言不同的观点，要提供两三人自由发言的机会，供学生表达不同观点。

再次，"引导"而不"主导"。教师之所以要引导，是因为学生在讨论时经常会偏离主题，在这种情况下，教师要通过必要的引导使讨论向着课程目标前进。虽然案例教学讨论的方式是自由的，但是这种讨论是有方向的，即"有方向的自由"。引导要注意把握度，既不能过早发表自己的意见，使学生不敢发表自己的独立见解，也不能以反对、嘲笑、谴责或命令的口吻来主导讨论进程。教师要和学生处于平等的地位，共同致力于知识的探讨，给学生以自由发言的信心，始终保持宽松自由的氛围。

（三）适用性问题

案例教学法的优势是很明显的，但也不是没有不足。有学者指出，案例教学法的"缺点或限制包括：应用案例教学法耗费时间和精力，应用案例教学法不利于中等以下程度或低年级的学习者，应用案例教学法仍不如实地经历"[1]。特别是在"广谱式"创业教育过程中，由于条件和资源的客观限制，更是要充分考虑案例教学法的适用性。

首先，要明确案例教学的目的重在激励学生的创业行为，而不在于对案例进行理论分析。针对这一问题，有学者尖锐地指出：目前在创业教育中占优势地位的案例教学方法如果强调理论分析而不是自觉决策和创造性的实验，那么案例教学也是反创业模式的。[2] 为了有效避免占优势地位的教学方法蜕化为"反创业"的教学模式，关键在于准确把握开展案例教学的目的与精髓。

其次，案例教学法既不能与讲授法完全对立起来，更不能完全代替

---

[1]　参见张民杰：《案例教学法——理论与实务》，九州出版社 2006 年版，第 32 页。

[2]　参见 Gibb, A. A, Do We Really Teach Small Business the Way We Should, *Journal of Small Business and Entrepreneurship*, Vol.11, No.2, 1994, pp.11-28。

讲授教学，而是要与课堂系统讲授相结合。在学生通过课堂讲授系统学习了理论知识之后，在进行综合实践和实训的过程中辅以案例教学，这样就"有利于学生通过案例将所学知识串连起来，而且便于主题讨论的展开，有利于学生创造性思维的产生和综合分析能力的提高，从而做到'以例激趣——以例说理——以例导行'"①。通过两种教学方法的恰当配合，就可以充分利用"案例教学法"具有的实践属性和创新价值导向，丰富和完善讲授法的缺点和不足，实现理论和实践并重、传承与创新并举的全新教学方式。

再次，将案例教学、实践调研和多样化创业活动紧密结合。将案例教学向课堂之外适当延伸，将学生分成调研小组，利用课余时间亲自下到企业进行调研。配合这些调研，适当开展小型多样的创业教育活动，如小组讨论、讲习班、网络教学等，在教学过程中，可以邀请校外专业人士或企业家进行客座演讲，积极吸收社会力量参与案例教学，增强案例教学的实效性和针对性。

二、体验教学法在"广谱式"创新创业教育中的应用与创新

创新创业教育是一项理论性、实践性和操作性较强的教育课程，若缺乏教学模式的创新、缺乏创业能力的体验与实践、缺乏具有针对性和实效性的教学方法，创新创业教育便会停留在空洞的理论传授层面。体验式教学法对于破解这些现实问题，切实提高"广谱式"创新创业教育的质量和效果具有重要意义。20世纪80年代，美国学者大卫·库伯综合约杜威、库尔特·勒温和皮亚杰的经验学习模式，提出了体验式学习圈理论（experienial learning），即通过具体体验、观察反思、抽象概括和行动应

---

① 胡林：《案例教学法对高职开展创业教育的意义及其应用》，《职业教育研究》2010年第12期。

用，让学习者投入到一种新的活动安排中。[①] 借鉴体验式学习的相关理论，从提升创新创业教育实效性的角度来看，体验式教学法是一种能够让学生亲身体验创业实践过程，仔细观察、认真思考、获取知识，进而促进其掌握技能、指导实践的教学行为和方法，解决创新创业教育的现实困境。

（一）具体应用

在"广谱式"创新创业教育中应用体验式教学法的最终目的，是让学生通过体验过程了解创新创业教育的精神内涵，而不是单纯地知道创新创业教育理论知识。这与达尔克罗兹的教育理念有异曲同工之处，该理念强调的是"感知、认知、学习、理解"的协调关联教育方法，并由此构成了达尔克罗兹体验律动教育理念："在本课程结束后，不能使学生说'我知道'，而是'我体验到'。"[②] "广谱式"创新创业教育同样强调学生的感知和认知过程，以此作为接受创新创业教育的前提和基础。但最终目的局限于达尔克罗兹教育理论的"学习、理解"，在体验中"验证"创业理论知识并"应用"于创业活动之中，才是体验式教学法的真义所在。

感知体验之头脑风暴法。感知体验强调的是在创新创业教育授课过程中，使学生形成感知。头脑风暴法通过引导学生进行无限制的自由联想和讨论，从而产生新观念或激发创新想法，进而增强感知体验。该方法需要学生群体之间相互作用与影响，形成群体思维，借助联想反映、热情感染、竞争意识，产生思维激荡和碰撞，有助于创造性思维的产生，提升创新意识。**认知体验之管理游戏法**。认知体验根据客观存在对学生主观意识进行作用。管理游戏法则通过情景模拟方式，仿真各类创业模式，让学生在较短的时间内了解和掌握实训创业管理方法。对于创新创业教育而言，该方法是最直接、快速、有效了解自己经营效果的创新创业教育方法。**验**

---

① 参见 D. A. 库伯：《体验学习——让体验成为学习与发展的源泉》，王灿明等译，华东师范大学出版社 2008 年版，第 34 页。

② 叶继红：《感知·认知·学习·理解》，《中国音乐教育》2007 年第 1 期。

证体验之角色扮演法。通过角色扮演的方式，进行验证体验，是体验式教学法的基础"体验"方法。该方法通过情景模拟的方式，编制一套与实际相关、相似的创新创业环境和活动，要求扮演者用多种方法处理任何可能出现的问题，达到测评学生的实际操作能力、决策能力、领导能力、潜在能力、社会判断能力和心理素质。**应用体验之沙盘模拟法**。沙盘模拟训练法，主要设定了代表相互竞争企业的沙盘盘面，各盘面涵盖企业运营所需的全部关键环节，将真实运营所处的内外环境抽象为一系列的模拟训练场景，进行实际运营。学生在这一过程中，借助参与沙盘载体、模拟企业经营、对抗企业演练、教师现场评析、学生自我后期感悟等完成一系列的实验环节。融合理论与实践一体、集角色扮演与岗位体验于一身的设计思想，使学生在分析市场、制定战略、营销策划、组织生产、财务管理等一系列活动中，参悟创业管理规律。①

（二）主要问题

体验式教学方法以学生的主动参与、探索、操作和自主管理为特征，增强学生自主创业的意识。② 通过在创业实践教育的具体环节中对学生进行实际模拟操作指导，对学生的创业能力、创业素质等方面产生重要影响。在实践过程中也需要避免学生在积极体验的同时，出现"课上热闹、课下无效"，"乐趣很高、效果不好"的体验式迷途。

创新创业教育教学中的体验恣意化。在创新创业教育中运用体验式教学法，为了创造、模拟真正的创业环境和创新平台，教师和学生的角色发生了转变：教师从传统的"传道、授业、解惑"转变为教育中的引路人，扮演着导演、裁判、咨询者角色；学生从传统的被动学习者变为自主学习者，扮演着创业者、企业家角色。学生的自主权被无限放大，教师在

---

① 参见高碧聪：《ERP 沙盘模拟在工商管理专业教学中的应用》，《南宁职业技术学院学报》2010 年第 4 期。

② 参见谢文：《体验式教学法对国内创业教育的启示探析》，《改革与开放》2013 年第 4 期。

学生为主体的课堂中成为辅助方和旁观者，容易忽略对于课堂整体的主导和把握，出现恣意化的体验现象。具体表现在言语恣意化、管理操作恣意化和角色体验恣意化。为了避免体验恣意化现象发生，需要教师在学生体验学习的过程中，对于体验走向、关键点位进行及时、有效的引导和点拨。针对言语恣意化，需要教师在体验活动开始之前做好引导，使体验活动按照预设顺利开展，在体验活动进行中，随时对学生言语表现进行观测，当言语活动出现偏颇时及时引导或予以制止；针对管理操作恣意化，教师可以做"适当引导"，但不能为了快速实现教育目标而强制学生执行创业活动；针对角色体验恣意化，学生在进行创业体验时，容易出现角色把握不准确、难以融入的问题，需要教师事先选定学生熟悉的创业角色，体验过程中适时做好疏导，避免影响体验效果。

创新创业教育教学中的体验虚假化。在"广谱式"创新创业教育中运用体验式教学法，其核心是理论与实践的紧密结合。将先进的教学方法与课本知识相结合，配以看得到摸得到的实例，让学生对创新创业教育有着更直观的认识。这就需要教师在运用体验式教学法的过程中，注重给学生以真正意义上的体验，而不是将体验教学虚假化，变为"走过场"。具体表现在体验模式虚假化和体验感受虚假化。体验模式虚假化，是指教师误以为在创业教育的课堂上搞一点儿体验活动即完成了体验式教学，体验式教学法提倡教师通过丰富的教育形式完成教学过程，但并不是单纯将其引入课堂、"走走体验形式"就完成了体验式教学。体验感受虚假化，是指教师在创业活动中，牵引学生进入预设好的创业活动节点，将学生固化在预设好的体验过程中，牵引体验过程、定义体验感受，而不是学生个体在体验过程中自然形成的体验感受。为了从根本上杜绝体验虚假化现象的发生，需要教师深入地了解体验式教学的理论内涵。

（三）促进机制

传统教学一般采用统一标准和固定模式，对教师的教学内容、教学形式和教学效果进行评价；参考固定答案，通过各种考试对学生学习结果进行评价。[①] 与传统教育相比，体验教学注重的是学习过程而非学习结果，以往的分数量化评价方式只能衡量出学习者对学习结果的记忆程度，并不能反映学习者的真实体验过程。单一固化的评价衡量标准，已经不适用于多元化发展的现代创新创业教育。需要注重多元化评价，使学生在统一评价的基础上表现出一定的弹性，从而为他们的个性化发展提供空间。[②] 体验式教学法应采取多元评价模式，不仅要正确知晓学习者的学习情况，更要对教学过程进行价值判断并为教学决策提供有效反馈：一是对教师的评价中，既应侧重授课内容及授课效果转化，注重案例选择、教学情景设计和以学生主体的授课效果，又应侧重理论与实践转化，进行全方位培养；二是对学生的评价中，既应侧重教学效果的过程评价，即学生心理历程、交流沟通和理解应用，关注体验式教学过程总的参与程度和参与效果，又应采取包括课堂观察、测试与练习、学生作品评价、学生体验与反思等多元化评价标准，着重评价学生的思维能力和应用能力；三是评价机制的主体应兼顾师生双方，既涵盖师生双方互评，又涵盖教师之间和学生之间的评价，三者各有侧重，以此增强师生参与体验教学过程的程度和感受，进而形成体验式教学法在"广谱式"创新创业教育中有效应用的长效机制。

三、项目教学法在"广谱式"创新创业教育中的应用与创新

项目教学法是指学生在教师的指导下，在特定的学习集体（项目小组）中，根据学习兴趣和生活经验提出问题或活动的愿望（项目创意），对活动的可行性作出决策（是否立项），并围绕既定的目标（项目成果）

---

① 参见虞华君、杨晨：《〈人力资源管理〉课程体验式教学法应用探讨》，《中国集体经济》2008 年第 18 期。

② 参见李海峰：《浅谈工商管理专业创新型人才培养的基本途径和措施》，《中外企业文化（下旬刊）》2014 年第 10 期。

决定学习内容和学习方式，自行计划、实施和评价学习活动的教学活动。[①] 其突出特点是以项目为载体，实现各种知识与能力的整合与重构；以学生为中心，培养学生的自主学习能力；以小组学习为主要形式，实现探究与合作学习；以过程和产品为参量，衡量教学目标的达成。在"广谱式"创新创业教育中，以真实或模拟的项目为研究切入点，以开展项目为手段，能使大学生通过参与项目的方式激发其创业意识，培养其创业思维和创业能力，丰富学生的创业知识并提高其综合素质。在"广谱式"创新创业教育中运用项目教学法，应明确以下四个问题。

（一）明确目标

目前，关于创新创业教育的目标，存在两种功利化的观点：一是狭义地理解创业教育，把创业教育简单等同于"企业家速成教育"；二是仅将创业作为缓解学生就业压力的权宜之计。[②] 而创新创业教育作为企业生命周期的一个特殊阶段，有其深刻的意义。一个广为学者接受的观点是创新创业教育应以唤醒学生的创业精神与意识，提高学生创业技能以及培养企业家行为为主要目标。[③] 本书探讨的"广谱式"创新创业教育的基本定位是分群类教，在校内教育部分，既要面向全体学生开展启蒙教育，也要结合专业教育开展嵌入教育，还要针对有明确创业意向的学生开展创新创业管理教育；在继续教育部分，还要针对初创企业者开展教育培训和帮扶。通过开展"广谱式"创新创业教育要达到两个基本目的：一方面要让全体学生了解创业的基础知识、基本过程和基本技能，从而在广大学生的内心

[①] 参见鲁道夫·普法伊菲尔、傅小芳：《项目教学的理论与实践》，江苏教育出版社 2007 年版，第 5 页。

[②] 参见柴旭东：《基于隐性知识的大学创业教育研究》，华东师范大学博士学位论文（2010 年），第 154 页。

[③] 参见 Mark Weave，Entrepreneurship and Education：What is Known and Not Known about the Links Between Education and Entrepreneurial Activity，The Small Business Economy，2005。

深处播下创业的种子；另一方面，发现那些对创业有着浓厚兴趣并想在大学期间或毕业后开展创业实践的学生，开展个性化培养，引导学生走上实际创业之路。① 项目教学法在"广谱式"创新创业教育中的应用要努力促进此目标的达成，在四个层次的创新创业教育中均可利用项目教学法来提高教育的针对性和实效性。在面向全体学生开展的启蒙教育阶段，学生的创业意识非常薄弱，因此，可以有针对性地选取难度比较低、学生比较感兴趣的项目，通过引导学生进行自觉性决策和创造性实验来培养其"创业精神"，植入"创业意识"，培养学生"自主工作"和"持续学习"的能力；在与相关专业结合的"嵌入型"教育阶段，要根据不同学科的特点，结合专业特色，选择与学科相关性大的项目来引导学生根据专业特长进行创新创业；在"专业型"创新创业管理教育阶段，要以提升学生创业实战技能、培养实际创办企业的能力为目标，因此要选择知识融合度大（比如同时包含企业运营、组织与行为、市场营销等相关知识）的项目，还可以根据现实中的经典项目改编出需要锻炼这部分学生特殊能力的项目，使其掌握创办和管理中小企业的知识和技能，提高驾驭能力和规避风险能力，从而提升创业成功率；在继续教育阶段，初创企业者本身就拥有一个很好的项目创意，因此应侧重于将项目教学法运用到具体的咨询、培训和服务中，也可以提供以往教学中积累起来的与其项目相关的丰富经验，帮助他们度过企业初创期。

（二）组织形式

项目教学法采用的是团队合作形式，即一定数量的学生和教师共同参与到项目的实施过程中，教师在其中担任指导者的角色，学生充分发挥其自主性，并在教师的帮助下完成学习任务。美国学者彼得·圣吉指出："当团队真正在学习的时候，不仅团队整体会产生出色的成果，个别

---

① 参见王占仁：《案例教学法与"广谱式"创业教育》，《教育发展研究》2013 年第 9 期。

成员成长的速度也比其他的学习方式快。"① 正因如此，团队学习形式是很好的组织实践教学的方式。芬兰于韦斯屈莱应用科技大学的团队创业学园就是很好的例子，在这个学园里"没有课堂，有的是开放的办公区；没有教师，有的是教练；没有班级，有的是对话会议；没有案例学习，有的是真实的项目；没有讲授，有的是大量的学习"②。项目教学法满足了创业教育的实践诉求和"学以致用、边用边学"的教学目标，在"广谱式"创新创业教育中运用时，需要根据具体情况采用不同的组织形式。一方面，对于全体和各个专业的学生，在让其了解创业的基础知识、基本过程和基本技能时，可以采用普及式教育，即培养具有不同学科背景的广大学生的创业精神和创业意识。我国现存的选修课形式便是普及式创新创业教育的一种。在这种形式中，不同学科背景的学生之间组成的是临时性的团队，这种团队会随着课程实践的结束而解散。另一方面，对于那些对创业有着浓厚兴趣，并想在大学期间或毕业后开展创业实践的学生，采用聚焦式教育，即培养创业人才和创业教育相关师资或研究者。这种模式可以采用固定团队的形式，这种团队的周期长、综合性较强，通过项目的各种活动，形成专业的创业素质和创业理论体系。

（三）项目选材

项目选材是否恰当将直接影响项目教学法在"广谱式"创新创业教育中应用的成败。项目选择要以"广谱式"创新创业教育的目标为出发点，以教学内容为依据，既要包含教学知识点，又要能调动学生的积极性，让学生在运用所学知识的同时，充分发挥自己的创造力。具体可概括为以下几点：一是所选项目要有针对性。在具体项目选择时，要根据"广

---

① 彼得·圣吉：《第五项修炼——学习型组织的艺术与实务》，上海三联书店 2006 年版，第 11 页。

② 柴旭东：《基于隐性知识的大学创业教育研究》，华东师范大学博士学位论文（2010年），第 209 页。

谱式"创新创业教育的具体目标、受教育学生的学科背景、学生的兴趣点以及已掌握的创业技能水平进行筛选。二是项目的可行性。所选项目无论在实践还是资金等其他方面必须是切实可行的。三是项目的综合性。所选项目要涵盖多学科知识，在弥补学生知识空缺的同时，提高学生整合各种知识的能力。四是选择项目要有技巧性。要根据创新创业教育过程不同阶段中学生对创业知识的掌握程度，不断加深项目的难度，在符合学生接受知识规律的情况下，不断提高学生的学习能力和创业能力。

（四）教学效果考核与评价

在项目教学完成后，如何对学生的表现进行考核和评价是一个值得深思的问题。我们可以采用团队成员自评、成员互评、教师评价的方式，同时还可以根据具体项目类型设置网络投票环节，但这些过程都需要有一定的监督措施。评价标准可以由团队练习表现、文献学习和研读、实践环节表现三部分组成。[①] 团队成员根据自己团队完成创业教育目标的情况，同时结合自己在团队中的表现，是否掌握了创业相关知识和技能来对自己作出评价；为了防止恶意评分的出现，互评可以采用去掉最高分、去掉最低分的方式计算评价结果；教师根据学生个人及所在团队的表现，给出评分；网络投票环节要严格把关，可以设置投票限制条件，比如只有本校学生才能投票。为了评分更加合理，我们可以选择部分创新创业领域专家，采用层次分析法计算出每一项的权重，对以上四项评价结果进行加权求和作为综合考核结果。

---

① 参见柴旭东：《基于隐性知识的大学创业教育研究》，华东师范大学博士学位论文（2010 年），第 211 页。

第 六 章

评价论："广谱式"创新创业
教育的科学评价[①]

　　评价是改进、提高的基础，"广谱式"创新创业教育的质量和水平要得到持续的改进和提高，必须以科学评价为基础。由于"广谱式"创新创业教育效果评价存在着突出的"时滞效应"，所以必须清楚"广谱式"创新创业教育的作用机制和有效的边界条件，不能仅凭思辨来选择评价指标。加强评价体系建设的当务之急在于创建与"广谱式"创新创业教育特征相匹配的教育效果评估方案，充分考虑主观和客观指标、短期和长期指标等特殊因素，形成模块化评价指标体系。本章具体探讨了数量评价、个体发展水平评价和纵向综合评价三个问题。在数量评价方面，探讨了"创业率"评价的问题与改进措施，认为不能单纯以应届毕业生的创业率这一数量指标来评价创新创业教育效果；在"个体发展水平"评价方面，认为需要建立评价指标，对创业意向和创业能力进行评价；在纵向综合评价方面，深入研究了当前比较前沿的基于"计划行为理论"的纵向综合评价方法，对其评价指标选择和体系构建进行了深入研究。在此基础上建立起与"广谱式"创新创业教育相匹配的价值导向、质量标准和评价方式，进而形成全新的评价观。

---

① 本章参考借鉴了本人出版的专著《"广谱式"创新创业教育导论》（人民出版社 2012 年版）的相关研究成果，并得到了刘志、刘海滨、李亚员的帮助。

第一节　"创业率"评价的现状、问题与趋势

一、"创业率"评价的现状

2009年6月，麦可思中国大学生就业研究课题组发布了《2008年中国大学生就业报告》。报告显示，2008届大学毕业生自主创业比例仅为1%，低于2007年的1.2%。这种不升反降的创业率引起了社会各界的密切关注，促使大家从各个方面来探讨其原因。有的说是学生不积极，有的说是受传统价值观影响，社会不看重创业，官本位思想浓厚，等等。还有一种说法将这一现象直接归因于创业教育本身没做好，产生了对高校创业教育有效性的深度质疑。

社会上之所以用大学生毕业时的创业率来评价创新创业教育效果，是因为近些年来国家高度重视高校的创新创业教育，为创新创业教育持续投入了大量的人力、物力和财力，其目的就是要达到以创业促进就业的目标。这些举措认可的基本理论假设是经过系统的创新创业教育，大学生毕业时创业的比率应该有显著提高。但是，实际的情况却不像设想得那样理想。麦可思的报告显示：2008年大学毕业生自主创业比例，211院校为0.54%、非211本科院校为0.73%、高职高专院校为1.36%。我们不能凭想象认为211院校的创业教育比非211本科院校和高职高专院校的好，但是中国的211院校在整体实力上强于后两类高校，社会对211院校的创业教育寄予更高的期望也是非常正常的。因此有学者认为，"即使是创业教育实施得比较好的学校，毕业生创业率仍然很低"[1]。

---

[1]　沈超红、谭平：《创业教育"时滞效应"与创业教育效果评价分析》，《创新与创业教育》2010年第4期。

二、"创业率"评价的问题

"创业率"的概念一经提出，就受到了社会各界的关注，其中不乏尖锐批评和深度质疑。有学者认为，"从测量角度看，创业率指标因为简单、可比而显示出实用性。这可能在市场经济发达的欧美国家较为适用，但是否适应中国背景下高校大学生创业教育效果的衡量，就很值得商榷了"①。之所以出现这种情况，主要原因在于社会高度关注的"高校毕业生创业状况"是衡量高校人才培养质量的重要指标，因此它必须客观地反映毕业生创业的全面情况。而创业率仅仅是指已创业人数在全体毕业生人数中所占的比例，这只是一个数量指标，只是创业状况的一个方面，缺乏更为重要的质量维度，不能够全面反映高校创新创业教育的整体质量。

"创业率"指标确实存在着明显的缺陷，但这是否说明用这一指标来评价创业教育的效果是错误的呢？我不这样认为。因为使用这一指标，一是可以看出中国高校毕业生毕业时选择创业的一般状况，可以作为反映高校创新创业教育实际效果的一个维度（不是全部）；二是从这个指标可以看出除了创新创业教育之外，创业环境对于大学生创业的实际影响；三是从这个指标可以看出与美国等国家相比，中国高校创新创业教育"时滞效应"的严重性和改进程度。所以，"创业率"这个指标并不错误，关键是不能用它作为评价高校创新创业教育状况的唯一指标。所以，我们对有学者提出的"教育主管部门每年应在主要媒体同时公布高校'创业率前十名'、'创业率后十名'和'就业率前十名'、'就业率后十名'"感到甚为不妥，而对同样是这位学者提出的"教育主管部门应将毕业生'创新创业状况'同'就业状况'一并列为高校办学水平和人才培养质量的重要评价指标"②却

① 李明章、代吉林：《我国大学创业教育效果评价——基于创业意向及创业胜任力的实证研究》，《国家教育行政学院学报》2011年第5期。
② 李时椿、刘冠、刘震宇、聂丽丽：《江苏高校创业教育调查与创新创业人才培养模式研究》，《中国青年科技》2008年第1期。

感到甚为可行。因为"创新创业状况"是一个综合指标，它包含"创业率"但不唯"创业率"马首是瞻，这就有效避免了单一量化评价指标带来的诸多不利影响，会对包括高校创新创业教育在内的各项工作产生健康而积极的促进作用。

三、"创业率"评价的趋势

为了从根本上解决"创业率"评价存在的问题，增强"创业率"的解释力，学者在多方面进行了深入探讨。

有学者提出了"时滞效应"理论，"所谓创业教育的时滞效应，是指从接受创业教育，到实际创业之间，有一个相当长的时间延滞"[1]。我认为，"时滞效应"只能说明一部分事实。首先，我们都知道，美国大学生的创业率明显高于中国，这就促使我们思考这样的问题：难道美国高校创业教育就没有"时滞效应"吗？这一问题的正确答案是："有，但没有中国严重。"这就促使我们追问：中国高校创新创业教育的"时滞效应"为什么这么严重呢？这又使我们深刻认识到，"时滞效应"不能使高校创新创业教育完全"避责"，中美之间的对比和差距提醒我们必须努力改进创新创业教育。与此同时，我们也要跳出教育的小圈子，去思考造成中国创新创业教育"时滞效应"严重的现实成因，难道仅仅是中国高校创新创业教育自身的原因吗？社会的创业环境因素又需要做哪些相应的基本改进呢？其次，有学者根据"时滞效应"理论，发现"企业创办者的平均年龄为33—35岁，大约在完成大学教育十年之内创业"[2]。并据此认为创新创业教育评价应该是纵向的长期评价。这里面实际上隐含着纵向长期评价的

---

[1] 沈超红、谭平：《创业教育"时滞效应"与创业教育效果评价分析》，《创新与创业教育》2010年第4期。

[2] 沈超红、谭平：《国外创业教育效果评价的有效性分析》，《创新与创业教育》2010年第4期。

有效性问题，也就是说，大学生从毕业到创业这十年左右的时间里，进行着社会实践和继续学习，这些活动都会对大学生的创业行为产生深刻影响，我们在施测上不可能把这些影响与创新创业教育进行有效分离，也就不能把大学生毕业后十年产生的创业行为全部归因为创新创业教育的"时滞效应"。

鉴于"创业率"评价指标的局限性，建立全方位的质量评价方法和指标体系成为有效开展创新创业教育评价的基础和前提。很多专家学者在这方面进行了深入的探索与实践。我比较认同创业教育评价应是一种综合性评价，"宜粗不宜细、宜简不宜繁"①，本着这一原则和思路，我认为当前可以进行实际操作的是创业教育的个体发展水平评价。

第二节　个体发展水平评价的现状、问题与趋势

一、个体发展水平评价的指标维度

在个体发展水平评价方面，同样有数量和质量两个维度。在数量评价方面思路要更开阔一些，不能只评价学生创办了多少企业，创造了多少工作岗位，学生创业的收入情况等显性指标，而要立足"大创业教育观"，实现创业教育与就业教育的衔接联动，把学生的就业率、在就业岗位上的发展情况、收入情况等都作为评价参考。

在质量维度方面，由于创新创业教育涉及学生综合素质的培养和提高，在这方面有很多指标可供选择：既包括个体的主动学习精神和终身学习理念的确立，也包括个体在意识、个性、能力、知识的形成和掌握方面的提高和发展；既包括参加创业的社会实践情况，也包括是否能在创业实

---

① 毛家瑞、彭钢、陈敬朴：《创业教育的目标、课程及评价》，《教育评论》1992 年第 1 期。

践中获得一些经济和社会效益；还包括是否明显增强了对社会生活的适应性；等等。但是问题的关键是如何对这些素质的培养和提高进行有效的测度，并建立起这些因素与创业教育的直接或间接关系。为了达到这个目的，必须删繁就简，以一两项核心指标评价为基础，进行创新创业教育的有效评价。

有学者提出了"内生变量"和"外生变量"的概念，认为应该从"内生变量"的角度，比如使用大学生创业意向和创业胜任力指标来评价高校创业教育状况可能会更加客观一些。[①] 以创业意向和创业胜任力这两项"内生指标"来评价高校创新创业教育，确实能够有效地反映出创新创业教育的实际效果，但问题是创新创业教育评价是一个巨大的系统工程，这两项指标也只能测评部分短期效应，而对于整体效果和长期效应则无能为力。创业意向和创业胜任力指标也需要在实践中不断完善和改进。

二、创业意向评价的现状、问题及趋势

创业意向评价的现状。 创业意向是引动创业行为的意识和心理元机制，创业意向研究在国外已有二十余年的历史，而该研究于中国而言仍为新兴领域，将国外与国内创业意向评价的现状整合考察，才能从总体上概观创业意向评价的整体状况。

国外创业意向研究在充分进行基本理论研究与实践现实应用之上更加关注创业意向评价的具体测量指标，主要表现为以下三方面：第一，关注创业教育对创业意向的影响，着重从人力资源理论和创业自我效能[②] 视角出发探究创业教育对创业意向的正负向作用；第二，关注性别差异对创

---

① 参见李明章、代吉林：《我国大学创业教育效果评价——基于创业意向及创业胜任力的实证研究》，《国家教育行政学院学报》2011 年第 5 期。

② 参见刘志：《美国创业意向研究的最新进展及其教育意蕴》，《东北师大学报（哲学社会科学版）》2015 年第 5 期。

业意向的影响，尤其关注基于不同性别的个体创业自我效能的提升与实现；第三，关注角色模型对创业意向的影响，探究榜样示范力对创业意向的推动作用。

我国相关领域学者基于中国本土创业意向研究的特点，重点考察创业意向维度结构、影响因素以及现状调查三方面内容。在创业意向维度结构上，从创业意向的概念界定出发对维度结构进行实证分析，探索出希求性、可行性和行为倾向三级模型。在创业意向的影响因素上，国内学者虽选取不同的研究对象、视角及工具等，但归纳而言主要涉及个体的人格特质、背景因素、环境因素和自我效能感等变量。[1] 虽然研究对象、视角和工具选取不一，但有关大学生创业意向的调查研究依然取得相当成果。

创业意向评价的问题。首先，创业意向的内涵研究有待深化。作为研究创业意向的前提性依据，当前有关创业意向的概念和内涵没有在学界形成统一认识，这为进一步深化和拓展创业意向研究的深度和领域带来了相当困难。创业意向的涵义界定个性化、创业意向术语使用混合化、创业意向维度结构模糊化等，都需要创业意向研究的基础理论从根本上创新。其次，创业意向的测量研究有待统一。由于学界目前对创业意向的概念和内涵尚未形成统一的共识，创业意向在基础理论、前沿拓展等方面的研究不成熟，导致创业意向研究从多人出发、形成多种问题意识、有多种探索表达，集中表现为研究工具、统计方法、监测手段的不一致。再次，创业意向影响因素模型有待完善。构建创业意向影响因素模型是了解创业意向生成机理和干预方法的基础。[2] 虽然当前对创业意向影响因素的研究取得了一定进展，但向纵深发展依然是当前工作重点，应该进一步探究多个个体性变量及非理性认知对创业意向的作用、自我效能感等变量对创业意向

---

[1] 参见刘志、张向葵、邹云龙：《国内大学生创业意向研究的最新进展》，《东北师大学报（哲学社会科学版）》2012 年第 6 期。

[2] 参见刘志、张向葵、邹云龙：《国内大学生创业意向研究的最新进展》，《东北师大学报（哲学社会科学版）》2012 年第 6 期。

研究的影响。

创业意向评价的趋势。其一，开展跨国别、跨文化比较研究。比较研究的重点在于在不同文化间寻求能够在新场域建立的间性因素。而作为国外成熟、国内新兴的创业意向研究，以世界的全球化和民族的宽领域为基础，探索不同国别、不同文化的创业意向比较，对于不同文化背景的创业意向影响、不同环境因素的创业意向构建、不同生态氛围的创业意向机制的发掘具有重要意义。

其二，建设实效性创业意向研究机制。当前创业意向研究的基础理论和实践应用有待深化，而能够推动创业意向研究的基础性工作是建立国家框架，为创业意向研究提供统一测量标准，并提供一个国家关于创业意向内涵及结构的权威性界定，[1] 从而推动创业意向研究在基础理论和实践应用等领域的拓展。

其三，强化潜在创业者创业自我效能。在创业意向研究中的关键中介因素即为"自我效能感"，这一个体性因素是了解创业行为的中心点和观测创业行为的最佳指标。[2] 由于人对自我的效能期望，才能由内在机制产生创业的兴趣和动力，并向外拓展为创业行为。由此，以恰当的创业教育对自我效能感进行合理引导是促进个体自我效能发展出最大价值的重要途径。

三、创业能力评价的现状、问题及趋势

创业能力评价的现状。目前，创业能力评价的研究主要聚焦于创业能力结构模型的构建。学者们一般是在创业者、企业家及相关专家访谈基

---

① 参见刘志：《大学生创业意向结构及其现状的实证研究》，《教育发展研究》2013 年第 21 期。

② 参见刘志：《美国创业意向研究的最新进展及其教育意蕴》，《东北师大学报（哲学社会科学版）》2015 年第 5 期。

础上，初步确定创业能力的要素，进而通过问卷调查和一定的统计分析方法，确定创业能力结构模型。比如，唐靖、姜彦福等学者认为创业能力由二阶六维度构成，即机会能力、运营管理能力为一阶维度，机会识别能力、机会开发能力、组织管理能力、战略能力、关系能力和承诺能力为二阶维度。① 此类研究中，重大攻关项目"大学生就业创业教育研究"的相关探讨更有代表性。该团队在学生访谈、创业典型分析、文献分析等基础上，运用结构模型研究方法，基于全国范围的大数据调研，构建了大学生创业能力结构模型，认为大学生创业能力模型包括基本创业能力、核心创业能力、创业人格和社会应对能力四个基本维度。② 这一研究成果奠定了创业能力评价的基础，具有重要意义和价值。

创业能力评价的问题。一是亟待加强创业能力国家框架的研究与探索。国外学者最初也比较注重创业能力结构模型的构建。比如，钱德勒和汉克斯（Chandler，Hanks）认为，创业能力包括识别与利用机会的能力、概念性能力、坚持不懈的能力、人力能力、政策性能力、技术能力等六大维度。③ 曼恩和刘（Man，Lau）构建了包含机会胜任力、关系胜任力、概念胜任力、组织胜任力、战略胜任力和承诺胜任力的六维创业能力结构模型。④ 但这类研究与我国目前面临的困境类似，即有限的研究对象和特定的研究目的，制约着创业能力模型的科学构建。美国、英国、澳大利亚、加拿大等 17 个国家已经将就业创业能力作为国家战略进行深入研究，并形成了较为完善的就业创业能力结构的国家框架，从国家层面确定了就业

---

① 参见唐靖、姜彦福：《创业能力概念的理论构建及实证检验》，《科学学与科学技术管理》2008 年第 8 期。

② 参见杨晓慧：《大学生就业创业教育研究》，经济科学出版社 2015 年版，第 74—159 页。

③ 参见 G. N. Chandler & S. H. Hanks, Measuring the Performance of Emerging Businesses: A Validation Study, *Journal of Business Venturing*, 8（5），1993，pp.391-408。

④ 参见 Thomas W. Y. Man & Theresa Lau, Entrepreneurial Competencies of SME Owner/Managers in the Hong Kong Services Sector: A Qualitative Analysis, *Journal of Enterprising Culture*, 8（3），2000，pp.235-254。

创业能力的结构。① 二是创业能力过于关注单一的问卷自评式方法的研究与实践。创业能力评价需要指标体系作为参照，但也不是紧靠指标体系和问卷测评就可以完成。创业能力模型或说指标体系更大程度上是一个规范性的指引，如何使用这个指标体系涉及创业能力评价方法的科学性问题，这方面还没有引起足够重视。

创业能力评价的趋势。一方面是要把创业能力作为国家战略，整合优势资源和力量，构建中国创业能力国家框架，更为创新创业教育提供重要参数。另一方面，要进一步深入研究创业能力评价方法，基于创业能力国家框架构建一套科学有效的创业能力评价方法体系。在这方面有学者做了探索。比如，从创业能力分类培养的角度提出应该对大学生的创业能力进行综合性的、过程性的评价。认为创业启蒙阶段，应该采用量化测评的方式，对所有大学生的创业能力进行全面评价，了解各种具体能力的强弱；创业预启动阶段，当少部分学生决定创业时，要采用民主评议的方式，帮助学生分析各种创业类型需要的特定的核心能力，同时采用量化测评的方式评价特定能力的强弱；在学生创业初期，要采用专家诊断法，对学生在创业实践活动中表现出来的能力进行评价。② 这对优化创业能力评价很有启发意义。

第三节 纵向综合评价的现状、问题与趋势

纵向综合评价主要应用"计划行为理论"对创新创业教育前后态度与行为变化的情况进行有效测度，并进行长期跟踪，做纵向比较研究。由于计划行为理论具有良好的解释力和预测力，它能够提供形成行为态度、

---

① 参见杨晓慧：《大学生就业创业教育研究》，经济科学出版社 2015 年版，第 74—159 页。
② 参见金昕：《大学生创业能力分类培养的筛选机制研究》，《社会科学战线》2011 年第 10 期。

主观规范和知觉行为控制的信念，而这些信念是行为认知和情绪的基础，通过影响和干预这些信念，可以达到改善甚至改变行为的目的。

一、纵向综合评价的现状

创新创业教育存在广泛性、分散性与持续性的突出特点，对学生产生多方面影响，深刻影响和改变受教育者的创业行为、技能和态度。三者当中，评价技能相对容易，而评价行为和态度的变化就非常困难了。行为和态度的变化既有短期的表现，也有长期的效果，如何对态度与行为变化的情况进行有效测度，并进行长期跟踪和纵向比较研究，是一个极大的难题，需要借助有效的评价工具。计划行为理论（Theory of Planned Behavior，TPB）为我们提供了基于创业意向考察的创业教育系统化评价指标，对创新创业教育评价的发展有一定的借鉴意义。

计划行为理论是社会心理学中最著名的态度行为关系理论，该理论认为行为意向是影响行为最直接的因素，行为意向反过来受态度、主观规范和知觉行为控制的影响。[①] 法约尔（Alain Fayolle）等学者引入计划行为理论对创业教育项目进行评价，根据计划行为理论三方面核心要素——指向行为的态度（Attitude Toward Behaviour）、主观规范（Subjective Norms）、知觉行为控制（Perceived Behavioural Control），设计了包含六项内容的综合评价指标，形成了系统化指标，这些指标综合评价了创业教育项目的纵向影响。[②] 对于这个评价体系，法约尔等学者认为有两点特殊之处：一是它是一个对创业教育效果进行纵向评价的一个相对的（而不是绝对的）方法；二是它是计划行为理论的一个特殊用法，不是用作创业行

---

① 参见段文婷、江光荣：《计划行为理论述评》，《心理科学进展》2008 年第 2 期。

② 参见 Alain Fayolle，Benoît Gailly，Narjisse Lassas-Clerc，Assessing the Impact of Entrepreneurship Education Programmes：A New Methodology，*Journal of European Industrial Training*，Vol.30，No.9，2006，pp.701-720。

为的预言者,而是作为一个评价框架。与其他评价体系相比,这个评价方法聚焦于创业项目的影响,主要是根据学生创业态度和心态的革命性变化,而不是仅仅根据创办企业的数量来评价创业教育的效果。这就从根本上解决了一个问题,那就是有效地避免了学生参与创业教育项目原因单一设想,学生参与创业教育项目不只是对创办企业感兴趣,也可能是通过接受创业教育来提升创业意识和改变心态。当然,这个评价方法对于创业教育项目的社会、文化和经济影响也是开放和包容的。

二、纵向综合评价的问题

里查德·韦伯(Richard Weber)深入探讨了运用"计划行为理论"进行纵向综合评价时在理论与应用两个方面遇到的挑战。①

在理论方面,计划行为理论面临的第一个挑战就是充分性问题。针对充分性的质疑主要集中于三个方面:过去行为(past behavior)、自我认同(self-identity)和预期情绪(anticipated affect)。过去行为的频率不足以用来解释未来行为的表现。为了证明目前的行为受到了过去行为的影响,我们必须回答这样一个问题:为什么一个人在过去会采取某种行为方式;现有针对自我认同的衡量标准并没能提供新的见解,也没能被应用于计划行为理论已有的三种态度因素之中;计划行为理论经常因否认情感或情绪反应的影响,被批判"过于理性",预期情绪反应也会对意向和行为有直接的影响。但是,这个因素并没有为计划行为理论增添价值。第二个挑战就是关于理性的问题。计划行为理论被认为过于理性,它强调对操作模式的谨慎运用,忽略了直觉和自发的模式。由于与这一理论有关的行为模型都来自于信仰个人主义的西方国家的分析,因此人们质疑计划行为理

---

① 参见 Richard Weber, *Evaluating Entrepreneurship Education*, Springer Fachmedien Wiesbaden, 2012。

论是否也可用于对非西方文化的分析（例如，一个更加倾向于集体主义的文化）。

在应用方面，计划行为理论面临的主要挑战就是研究方法的有效性问题。首先，是问卷设计是否具有良好的效度；其次，是自陈报告（self-reports）有效性问题。自陈报告会表现出一些缺陷。因为受访者具有主观性，或出于对社会期望的考虑，他们可能遗忘了过去的行为，或者并不会准确地陈述过去的行为；最后，若使用问卷调查，也会出现"天花板效应"和"地板效应"（floor-and-ceiling effects）。

三、纵向综合评价的趋势

一是充分认识大学生创新创业教育评价的特殊性。计划行为理论在一定程度上可以测度从接受创业教育到真正产生创业行为的关系，这就为有针对性地设计兼顾长期与短期效果评价的评估方案提供理论支持。计划行为理论认为人的行为受到性格、经验、教育、家庭、年龄等综合因素的影响，这些综合因素通过影响人的态度间接地影响人的行为。[①] 这就要求我们在创业教育评价指标体系建立过程中，必须从创业教育主体出发，考量其创业意识、创业精神和创业能力上的各种变化。

二是全面研究创新创业教育效果的评估标准。创新创业教育对学生产生多方面的影响，总体上来看，创新创业教育会深刻地影响和改变受教育者的创业行为、技能和态度。利用计划行为理论我们可以通过科学有效的方式对上述三个方面进行全方位的教育评价。艾伦·吉布将创业教育划分为三种类型，一是"学习关于创业的知识"；二是"为了创业而学习"；三是"经由创业或在创业的过程中学习"。学习体验是连接三种

---

① 参见 Kolvereid, L., Prediction of Employment Status Choice Intentions, *Entrepreneurship Theory and Practice*, 21, 1996, pp.47-57。

类型创业教育的桥梁和纽带，可以推动"学习关于创业的知识"过渡到"为了创业而学习"的阶段，进而开始真正地"经由创业或在创业的过程中学习"。① 因此要彻底改变单纯以学习成绩来评价教育效果的方式，根据创新创业人才培养目标，探索既包括学生创业参与率、成功率，也包括学生岗位创新，既包括数量统计，也有质量评估的科学多样的评价标准体系。

三是构建创新创业教育质量评价指标体系。就学生个体而言，注重个体的指向行为的态度、主观规范、直觉行为控制等计划行为理论中的三个核心要素；就课程教育建设而言，坚持以系统论思想为指导，进一步构建模块化评价指标体系，从而实现综合评价与单项评价功能的有机结合。尤其在探讨创新创业教育质量评估方面，注重与专业教学质量评估、教学管理评估、学生学习状态与效果评估相结合，形成常态化评价机制。

第四节　创新创业教育评价的发展趋势

一、建立正确的评价观

做好创新创业教育评价必须明确一个基础性前提性问题，就是评价观问题。评价观决定着评价的目的、内容和方式，开展创新创业教育评价必须首先确立正确的评价观。

高校发展创新创业教育初始动力是通过创业来促进就业，创业具有就业的倍增效应，经过持续努力，以创促就成效显著；当前在以创促就的

---

① 参见 Colin Jones, Teaching Entrepreneurship to Undergraduates, *Edward Elgar Publishing*, 2011 (5)。

基础上，创新创业已经成为经济发展的驱动力量。"大众创业，万众创新"已经蔚然成风，其价值导向是在全社会厚植创业文化，营造鼓励创业，尊重创造的社会文化氛围。不论是以创促就还是创新驱动，均应以培养创新创业型人才为根本，这是正确的价值导向。从长远眼光来看，创业是推动一个国家或是一个区域持续快速发展的原动力，创新创业教育是提供这一源动力的"发动机"，这是被经济、管理、教育界学者反复证明了的。所以在评价创新创业教育的效果时，一定要立足长远，不能急功近利，不能看得太近，不能评得过急，既要看到创新创业教育对于学生实际创业的促进和帮助，也要看到创新创业教育培养学生形成的独特的思考和行动方式，不仅适用于商业领域，而且可以广泛应用于其他领域。从这个角度来评价创新创业教育，就超越了技能培训的视角，而是把创新创业教育作为一种教育的理念和模式来衡量，这是正确的评价价值取向。

在正确的价值导向的指导下，创新创业教育评价应该遵循三个基本原则。一是过程性原则。要准确把握高校创新创业教育的若干核心环节，对课程体系、模拟训练、市场体验、实操实创等环节进行全程监测，确保学生在每一个环节都学有成效，对于评价效果不好的环节，要及时改进。二是长期性原则。创新创业教育的效果长期存在，动态呈现，需要关注学生的长期发展，注重对学生的跟踪评价，进行及时反馈。评价体系的构建必须突出层次、抓住重点，不但要考虑创业教育的目标，还要考虑外界环境等综合因素，着眼于综合创业能力的提高。三是多重性原则。要将教育效果与学校办学特色、人才培养目标和学生个体实际等多个维度统筹考量，不能用唯一标准衡量。只有坚持多重性的原则，才可以全面了解大学生创业意向的趋势，从而为科学制定创业政策提供依据。

二、制定科学的质量标准

高校创新创业教育具有突出的实践性特征，这不但要求在教育过程中突破精英化、理论化教学模式的约束，强调理论与实践的紧密结合，广泛采用"做中学"的实践教学方法，而且要在教育评价时采取与之相匹配的评价方法。试想，如果我们的教学过程是"实践取向"，而我们的评价方法是"应试取向"，那么不但会消解教学的效果，也会影响学生的积极性和主动性，最终束缚了学生在亲身体验中寻求解决问题方法的创造力。为了解决这个问题，必须确立全新、科学、全面的质量标准。对于创新创业教育来说，考核一个学生的学习质量，不是单纯看个人的知识掌握程度，而是要看学生感悟知识和运用知识的水平，不是鼓励学生埋头于知识的记忆和储备，而是要推动学生积极投身于更为广泛的思考与实做的社会天地，在实践中培养和锻炼学生的创新精神。进而，考核创新创业教育总体培养质量，也不能单纯看创办企业和创造岗位的数量，而是要看创新创业综合素质的提高，看创新能力的培养，看创业精神的养成。完备的创新创业教育质量指标，既要包括个体的主动学习精神和终身学习理念，也应涵盖个体意识、个性、能力、知识等方面内容，还应包括个体参加创业实践等内容。

三、正确选择评价的时点与内容

由于高校创新创业教育具有比较明显的"时滞效应"，创业数量、生涯满意度、对社会经济发展的贡献等项指标，往往不能在创新创业教育项目开展期间或者结束之后立刻进行测评。所以，正确地选择评价的时点和相应的评价内容就显得尤其重要。有学者根据学生接受创业教育的实际效果，将创业教育的评价指标分为"短期指标"和"长期指标"两类，认为"不同时间段的创业培训项目应用不同评价指标体系。在创业教育项目刚刚结束时，用行动意向、知识和技能的获得和创业自我诊断能力的发展等指标来评价；而在创业教育项目结束 10 年后来考察其效果，则可以用对经济和社会的贡献、商业表现和工作满意度水平来测量”①。有学者（Block & Stump）研究出一套基于时间的纵向评估指标，他们将创业教育评价细分为五个时段，在每个时段分别评价不同的内容。在创业教育学习期间，主要评价学生的报名数、课程数目和对创业的一般意识与兴趣；创业教育结束后不久，主要评价学生行动的意图、对知识与技能的掌握和创业的自我诊断能力发展情况；创业教育后的 5 年内，主要评价创业的数目、收购企业的数目和创业者职位的寻求和获得数目；创业教育后的 3 至 10 年间，主要评价公司的声誉与可持续性、公司的创新与声誉级别的转换能力；创业教育 10 年以后，主要评价对社会和经济的贡献、商业表现和对职业的满意度。② 这样一种细分时段、细分内容的纵向评价方式可以更加准确地反映出创业教育的影响力。

四、科学把握发展趋势

一是评价的取向由经济效应转向个人效能。创业教育的兴起与促进社会经济发展密不可分，因此在创业教育评价初期都以创业教育的经济效应作为取向，例如通过参加与没有参加课程的人的比较来评价创业课程的经济效应③，参加过创业教育的学习者是否引发其创业意向④，或者

① 沈超红、谭平：《创业教育“时滞效应”与创业教育效果评价分析》，《创新与创业教育》2010 年第 4 期。

② 参见 Block, Z.and Stump, S. A., Entrepreneurship Education Research：Experience and Challenge, in Sexton, D. L. and Kasarda, J. M. (Eds), The State of the Art of Entrepreneurship, PWS-Kent publishing, Boston, MA, 1992, p.21.

③ 参见毛家瑞、彭钢、陈敬朴：《创业教育的目标、课程及评价》，《教育评论》1992 年第 1 期。

④ 参见 Clark, B. W., Davis, C. H. and Harnish, V.C., Do courses in Entrepreneurship Aid in New Ventore Creation?, *Journal of Small Business Management*, Vol.22, No.2, 1984, pp.26-31.

更直接一点用参加过创业教育学习者创办企业的数量或创造的就业岗位数量来评价创业教育①。2004 年开始，由于认识到创业教育效果的时滞性，研究者越来越认识到在宏观经济层面上利用创办的企业数量和创造的就业岗位数量等数字作为评价创业教育的标准不科学②，并将评价的取向由经济效应转向个人效能，这是将创业教育评价回归教育本身的巨大进步。研究者和评价的实施者将关注点更多地放在创业教育对个人效能的影响上③，而非创业教育创造了多少经济财富，在这样的评价取向下，自我效能评价方法、认知方法和行为方法成为近年来创业教育评价的主流。

二是评价的模式由结果评价转向过程评价。在创业教育评价模式方面，国内外存在较大的差别。从已有的研究和评价实践来看，国内对于创业教育评价模式研究略显不足。绝大多数研究者避开评价模式④，直接抛

① 参见 Chrisman，J. J.，Program Evaluation and the Ventore Development Program at the University of Calgary：A Research Note，*Entrepreneurship Theory and Practice*，Vol. 22，No.1，1997，pp. 59-74；Henry，C.，Hill，F. M. and Leitch，C. M.，The Effectiveness of Training for New Business Creation：A Longitudinal Study，*International Small Business Journal*，Vol. 22，No.3，2004，pp. 249-269。

② 参见 Fayolle，A.，Gailly，B.and Lassas-Clerc，N.，Effect and Counter-effect of Entrepreneurship Education and Social Context on Student's Intentions，*Estudios de Economfa Aplicada*，Vol.24，No.2，2006，pp. 509-523；Souitaris，V.，Zerbiuati，S. and AI-Laham，A.，Do Entrepreneurship Programmes Raise Entrepreneurial Iutention of Science and Engineering Students? The Effect of Learniug，Iuspiration and Resources，*Journal of Business Venturing*，Vol. 22，No.4，2007，pp. 566-591。

③ 参见李国平、于广青、徐薇：《大学生创新创业教育质量的评判方法研究》，《商场现代化》2004 年第 13 期；Fayolle，A.，Gailly，B. and Lassas-Clerc，N.，Assessing the Impact of Entrepreneurship Education Programmes：A New Methodology，*Journal of European Industrial Training*，Vol. 30，No.9，2006，pp. 701-720。

④ 参见戴卫东、肖玉巧、马帅：《大学生创业教育质量评价指标体系研究》，《经营与管理》2013 年第 2 期；朱至文：《地方高校创业教育服务质量评价指标设计》，《黑龙江教育学院学报》2013 年第 7 期；王友明：《高职院校创业教育评价指标体系的构建与实证分析》，《无锡商业职业技术学院学报》2011 年第 6 期。

出大学生创业评价体系的构建，甚至简单地以指标体系的构建来取代对于评价体系构建的论述①，只有少数研究集中在创业教育评价模式方面②，在创业教育评价研究的系统性上有较大的空间。造成这种情况的原因是国内教育评价研究的范式主要以"指标量化评语描述"为主要模式，多数研究者和评价实践者忽略了对其他模式的批判与借鉴。

　　国外教育评价已经发展到第四个阶段③，这种评价理念的迭代不是后者取代前者，而是"齐头并进，各自发展"。常见的评价模式如："行为目标模式"、"CIPP 模式"、"目标游离模式"、"消费者导向模式"、"应答模式"、"反对者模式"和"响应式建构模式"等，这些模式都经过了深入的理论探索与评价实践的改善。教育评价模式的研究成果应用在创业教育评价领域，更多的是对创业教育全过程的评价，而不是某一时间的结果评价或水平评价。④ 评价目标不同模式的选择也不同，但近年来从创业教育评价发展的趋势来看，评价模式的选择排斥评比性、绩效性和批判性，而更倾向于诊断性、扶持性和协商性。基于此，对国外创业教育评价模式的借鉴，更加有利于我国现阶段创业教育评价的开展。

　　三是评价的方法由单一为主转向多元融合。不同的评价模式对应不同的评价方法，创业教育评价发展初期多以层次分析法构建评价指标体

---

① 参见李明章：《高校创业教育与大学生创业意向及创业胜任力的关系研究》，《创新与创业教育》2013 年第 3 期；马玉海、张月：《高校创业教育的评价体系及其构建》，《创新与创业教育》2012 年第 1 期。

② 参见秦敬民：《基于战略的高校科学发展定位与策略选择》，《山东社会科学》2009 年第 9 期。

③ 参见古贝：《第四代评估》，秦霖、蒋燕玲等译，中国人民大学出版社 2008 年版，第 15—22 页。

④ 参见 Oosterbeek, H., van Praag, M. and Ijsselstein, A., The impact of Entrepreneurship Education on Entrepreneurship Skills and Motivation, *European Economic Review*, Vol. 54, No.3, 2010, pp. 442-454。

系，用同行评议法、专家法、问卷调查法或德尔菲法等进行评价实施。①
随着创业教育模式的多元化，创业教育评价的方法也呈现出多元化的发展
趋势。特别是随着计算机信息技术的快速发展，大数据的概念引入到创业
教育评价领域，创业教育的评价方法已经不局限于教育评价领域固有的方
法，越来越多的其他学科的理论和方法被引入到创业教育评价领域。其
中，心理学的能力评价量表②、工程学的 QFD (质量功能展开)③、行为学的
计划行为理论④ 以及统计学、人口学⑤ 的一些方法成为目前创业教育评价
领域的前沿方法。创业教育评价的研究者和实施者，在评价的过程中不再
单一地使用一种方法，转而尝试不同方法的融合，这种融合体现在创业教
育评价不同阶段，不同的评价方法之间的彼此顺接或相互验证。⑥ 评价方
法的多元化繁荣了创新创业教育评价的理论研究与实践，促进了创新创业
教育的深入发展。

---

① 参见黄志纯、刘必千：《关于构建高职生创新创业教育评价体系的思考》，《教育与职业》
2007 年第 30 期；李永壮、董浩：《创业教育中思维创新的特征、障碍及对策研究》，《中
国青年科技》2008 年第 9 期；刘海滨、杨颖秀、陈雷：《基于 AHP 的大学生就业创业
教育评价指标体系构建》，《东北师大学报 (哲学社会科学版)》2012 年第 6 期。
② 参见杨晓慧：《大学生就业创业教育研究》，经济科学出版社 2015 年版，第 68—74 页。
③ 参见孙灵希：《新生代农民工创业教育质量提升策略研究——以东北地区高职院校为
例》，《中国劳动》2015 年第 14 期。
④ 参见王本贤：《高校创业教育的构建模式及实施策略研究》，《现代教育科学》2012 年
第 11 期。
⑤ 参见吉丹俊：《五年制高职创业教育项目效果测评——基于结构方程模型的实证》，《江
苏开放大学学报》2014 年第 5 期。
⑥ 参见关晨、张天华：《高校创业教育评价体系的优化研究》，《河南科技学院学报》2015
年第 8 期。

第 七 章

文化论："广谱式"创新创业
教育的文化基因

研究一种教育，必须研究产生它的文化基础。研究教育不研究文化，就只知表面形态不知本质特征。教育理念是文化的表征，也是文化的产物。① 文化传统是人类不可逾越的基础，对于生活在现代社会的大学生来说，在人生发展和创新创业方面，无论思想和行为都会不同程度地受到中国传统文化的影响，深入分析这些影响因素并有针对性地采取教育措施，是开展创新创业教育的重要基础。特别是随着创新创业教育研究的不断深入，理论研究和实践工作者逐渐发现大学生群体的创新创业存在着很多与常理相悖的怪现象，这些现象的背后有着深刻的社会文化背景，无法用简单的因果关系来解释。如当前中国高校创新创业教育面临"四个悖论"：一是就业压力日益严峻与创业意识薄弱；二是创业机会大量涌现与创业能力低下；三是教育程度越高创业积极性越低；四是创业支持政策频出与创业率、创业成功率偏低。创业与就业状况紧密联系，能就业则不创业，就业困难或待遇不高才会考虑创业，创业成了诸路皆走不通时的最后选择，甚至成了"穷则思变"、"逼上梁山"的悲壮之举。为什么会出现这种现

---

① 参见中国教育与人力资源问题报告课题组：《从人口大国迈向人力资源强国》，高等教育出版社 2003 年版，第 321 页。

象？我认为更深层次的原因还在于中国传统文化心理结构的影响，只有站到文化基因的高度来审视和反思这些现象，才会找到最为切近的理解和最为本质的原因。

第一节 中国传统文化的优秀传统

对于中国传统文化①的认识要全面和具体，"不能把中国传统文化一概说成封建主义的。有些文化是有阶级背景，有些则不受或不直接受阶级利益支配"②。"中华民族传统文化中许多闪光的伦理精神，如公而忘私的'天下为公'精神，以义制利的'见利忘义'精神，人格独立的'威武不屈'精神，虚怀若谷的'厚德载物'精神，清正廉明的'执法不阿'精神，艰苦奋斗的'自强不息'精神等等。"③ 所有这些优秀的传统文化都需要我们去继承和发扬，其中有五种精神值得继续发扬光大。

一、刚健有为的奋进精神

"天行健，君子以自强不息"是《周易大传》中的名言，这是中国传统文化的基本精神之一，重在激励人们刚强不屈，奋发有为。儒家学派对

---

① 对于中国传统文化，学术界有着不同的界定，张岱年、方克立先生主编的《中国文化概论》将"中国传统文化"在时间维度上界定为："1840 年鸦片战争以前的中国文化。"（张岱年、方克立主编：《中国文化概论》，北京师范大学出版社 1994 年版，第 9 页）也有学者认为："中国传统文化是指在五四运动以前的几千年，中国在特定的自然环境、经济结构、政治体系、社会制度、意识形态的作用下形成、积累和传承下来，并且至今仍在影响着现代社会的中国古代文化。"（王文章主编：《中国先进文化论》，文化艺术出版社 2004 年版，第 144 页）本书将传统文化的时间界定为 1919 年五四运动以前的中国文化。
② 《胡乔木谈中共党史》，人民出版社 1999 年版，第 235 页。
③ 王文章主编：《中国先进文化论》，文化艺术出版社 2004 年版，第 108 页。

刚健有为的奋进精神进行了进一步的发挥，其中以孟子的名言最为脍炙人口："故天将降大任于斯人也，必先苦其心志，劳其筋骨，饿其体肤，空乏其身，行拂乱其所为，所以动心忍性，增益其所不能。"①孟子的这段话常用来激励人们坚定意志、攻坚克难、奋斗不息。在这方面，不乏典型的案例："西伯拘而演《周易》；仲尼厄而作《春秋》；屈原放逐，乃赋《离骚》；左丘失明，厥有《国语》；孙子膑脚，《兵法》修列；不韦迁蜀，世传《吕览》；韩非囚秦，《说难》、《孤愤》；《诗》三百首，大抵圣贤发愤之所为也。"这是司马迁在《史记·太史公自序》中所描述的愈是遭受挫折愈是奋起抗争的坚韧意志，所有这些人都是司马迁为著作《史记》而自请宫刑，忍辱苟活的先驱，也正是这种奋斗精神，才支撑司马迁以其"究天人之际，通古今之变，成一家之言"的精神完成了中国历史上第一部纪传体通史。

二、修身尚德的道德精神

《周易大传》中的另一句名言是"地势坤，君子以厚德载物"，这也是中国传统文化的基本精神之一，重在激励人们修身为本，严格自律，不断自我完善，具有高尚的人格和道德情操。中国传统文化注重"内圣外王"，把修身作为一个人安身立命的基础，"修身、齐家、治国、平天下"四维之中，修身列为第一位。修身既要修"德"，也要修"才"，二者比较，最为重要的是德。司马光在《资治通鉴》中说："才者，德之资也；德者，才之帅也。"德和才的组合有四种情况："才德全尽谓之'圣人'，才德兼亡谓之'愚人'；德胜才谓之'君子'，才胜德谓之'小人'。凡取人之术，苟不得圣人、君子而与之，与其得小人，不若得愚人。"②为什么

---

① 《孟子·告子章句下》。
② 《资治通鉴》第一册，中华书局1956年版，第14—15页。

是这个用人原则呢？因为愚人虽然智力较低、能力较弱，但很容易制约；而为小人者虽然很有才智，但由于其思想未走上正路，其才智反而易造成对事业的更大损害。大学是培养高尚的地方，在大学一定要使自己具有现代人的教养，使自己具有高尚的品德。

三、忧国忧民的爱国精神

几千年来，爱国主义精神是鼓舞中国人民团结奋斗的一面旗帜。爱国主义文化积淀在每个中国人的心理层面，深刻地影响着炎黄子孙，既是中华民族强大民族凝聚力和向心力的重要来源，也是中华民族历久弥坚的强大精神支柱。在中国传统文化中，爱国主义教育资源非常丰富，只要是中国人，是炎黄子孙，不管什么职业，身在何处，都有一个共同的心愿，就是希望国家繁荣昌盛。从孟子的"生于忧患而死于安乐"到范仲淹的"先天下之忧而忧，后天下之乐而乐"，从陆游的"位卑未敢忘忧国"到顾炎武的"天下兴亡、匹夫有责"，从文天祥的"人生自古谁无死，留取丹心照汗青"到林则徐的"苟利国家生死以，岂因祸福避趋之"，一代一代仁人志士深怀忧国忧民的爱国情怀，为了国家的统一，民族的繁荣而殚精竭虑，鞠躬尽瘁，死而后已。这种浓浓的爱国之情化作无数先知的报国之志，永远是大学生学习的楷模。对国家的爱有两种主要表现方式：一是讴歌祖国的强大与美丽；二是含泪揭露国家的缺陷，从而激起全民族奋起治疗的注意，"忧国者是深刻的爱国者"①。对此，梁启超的分析很具有启发性："有忧国者，有爱国者，爱国者语忧国者曰：汝昌为好言国民之所短，曰：吾惟忧之故。忧国者语爱国者曰：汝昌为好言国民之所长，曰：吾惟爱之故。忧国之言，使人作愤激之气，爱国之言，使人厉进取之心，此真所长也。忧国之言，使人堕颓放之志。爱国之言，使人生保守之思，此其

---

① 参见刘再复、林岗：《传统与中国人》，安徽文艺出版社1999年版，第9页。

短也。"①忧国忧民体现的是一种担当、一种情怀、一种格局，骨子里濡濡浸渍的是对国家和民族的真爱。

四、日进日新的创新精神

中华民族素有积极进取的创新精神，早在三千年前，《诗经·大雅·文王》即曰："周虽旧邦，其命维新。"其意是说周虽然是个古老的邦国，但到了文王能自新新民，建立新生的国家。《大学》中记载，汤之盘铭曰："苟日新，日日新，又日新"，是说在盘子上刻上了鼓励人不断追求革新、日新又日新的铭文，可见对革新的高度重视。《易传·系辞上》曰："日新之谓盛德，生生之谓易"，是说新的不断代替旧的，日新月异方才可成盛德大业。新旧交替，继续不已，形成生生不已的人化过程，生即是创，生生即不断出现新事物。"旧邦新命"、"日进日新"、"生生不已"代表着中国文化的基本精神，是激励中华民族不断创新、不断前进的思想源泉。中华民族的创新精神得到了很好的传继，毛泽东突出强调"艰苦创业"和"白手起家""培养学生的创造精神"；②邓小平大力提倡闯的精神、"冒"的精神，鼓励人们大胆地去闯去试，善于抢抓机会，以敢于冒险的精神走出一条新路，干出新的事业；③江泽民反复强调创新的重要性以及增强民族创新能力的紧迫性："创新是一个民族进步的灵魂，是一个国家兴旺发达的不竭动力"，④"艰苦能磨炼人，创业能造就人"；⑤胡锦涛高度重

---

① 梁启超：《饮冰室合集·专集》第二册，中华书局 1989 年版，第 39—40 页。
② 参见《毛泽东、邓小平、江泽民论青少年和青少年工作》（增订本），中国青年出版社、中央文献出版社 2003 年版，第 117 页。
③ 参见《邓小平文选》第三卷，人民出版社 1993 年版，第 375 页。
④ 参见《十四大以来重要文献选编》下册，人民出版社 1997 年版，第 1389 页。
⑤ 参见《毛泽东、邓小平、江泽民论青少年和青少年工作》（增订本），中国青年出版社、中央文献出版社 2003 年版，第 386 页。

视"培养拔尖创新人才"，① 认为"青年最具创新热情和创造潜力"，要充分发挥创新潜能，为推动理论创新、制度创新、科技创新、文化创新以及其他各方面创新贡献聪明才智；② 习近平强调"中华民族是富有创新精神的民族"，"创新精神是中华民族最鲜明的禀赋"，"创新是民族进步之魂"。③ 当今时代，创新成为驱动经济社会发展的第一动力，成为全社会的广泛共识，形成了浓厚的创新文化氛围，创新创业精神正在塑造国人新品格。

五、兴邦致用的创业精神

中华民族的创业精神源远流长，历代帝王创立基业、大商巨贾创办实业、平民百姓创获家业，均属于创业范畴。由于中国古代政治历史发达，所以创业主要是指创立基业。孟子曰："君子创业垂统，为可继也"，是说君子创立基业，正是为传诸子孙，一代又一代地继承下去。④ 诸葛亮曰："先帝创业未半，而中道崩殂"⑤，是说先帝开创事业不到一半就中途去世。其中"创业"都是创立基业、开创事业之意。有学者专题研究历代"创业帝王"，认为："凡参加本朝创立基业之工作而为开国帝王追尊帝号者，或本身参加本朝创立基业之工作有重大贡献而后得即帝位者，或开国之帝王，均称之为创业帝王。"根据这一定义，"开国帝王固然必定为创业帝王，但创业帝王却不必限于开国帝王"。⑥ 由此可见，政治意义上的

---

① 参见胡锦涛：《在全国教育工作会议上的讲话》，《人民日报》2010 年 9 月 9 日。
② 参见胡锦涛：《在纪念中国共产主义青年团成立 90 周年大会上的讲话》，《人民日报》2012 年 5 月 5 日。
③ 习近平：《在中国科学院第十七次院士大会、中国工程院第十二次院士大会上的讲话》，《人民日报》2014 年 6 月 10 日。
④ 《孟子·梁惠王下》。
⑤ 诸葛亮：《前出师表》。
⑥ 王寿南：《中国历代创业帝王》，台湾商务印书馆股份有限公司 2003 年版，第 11 页。

创业与创立基业紧密相连，一般情况下"创业"与"守业"相对应，故有"创业难，守业更难"之说，当然在创业帝王中也不乏李世民这种"太宗文皇帝身兼创业守成之事"的个案。近代中国则产生了一大批实业家，并兴起了实业救国的社会思潮。孙中山在辛亥革命后曾指出："能开发其生产力则富，不能开发其生产力则贫。从前为清政府所制，欲开发而不能，今日共和告成，措施自由，产业勃兴，盖可预卜。"① 既指出了晚清实业救国之不可能，也对辛亥革命后产业勃兴寄予希望。作为建国方略之一部分，实业计划详细设计了经济建设的宏伟蓝图，规划了在中国沿海修建三个深水港，修建十万英里铁路，发展食、衣、住、行、印刷等基本生活资料生产，开采煤、铁、石油和其他矿藏并设置采矿、冶金等设备制造厂等具体计划。尽管这些实业计划在当时没有实现的可能，但有关中国经济发展战略的一系列思想，却是一份极为珍贵的经济思想遗产。当代中国则生发出"艰苦创业"的新名词，是指为了国家、民族和人民的共同利益和共同理想，为了发展社会主义事业，在艰苦的环境中开拓、奋斗，改变一穷二白的落后面貌，建设富国民主文明和谐的现代化国家。艰苦创业精神既是一种崇高的思想境界，也是人们成就任何事业不可缺少的精神动力。其中，"创业"既指基业，也指事业，当然也可以包括企业，于是便有"全民创业"的政策号召，创造出"百姓创家业、能人创企业、干部创事业"的生动局面。

第二节　中国传统文化的严重缺陷

中国传统文化源远流长，是世界四大文明古国中唯一一个没有因为异族入侵而中断的古老文化，五千余年来生生不息、绵延不绝，表现出无

---

① 《孙中山全集》第二卷，中华书局 1981 年版，第 322 页。

与伦比的生命延续力。当然，由于中国封建社会长期延续，导致中国传统文化良莠参半，既有精华也有糟粕，既有明显优点有也严重缺陷。本节重在通过考察中国传统文化的严重缺陷对创新创业人才培养产生的消极影响，来发现我们在开展创新创业教育时遇到的来自传统文化方面的困境与问题。当然，重点考察严重缺陷，不是对传统文化的全盘否定，而是"希望在批判旧世界中发现新世界"①。也不是一种文化偏激，即使批判得有些过火，也只是一种"极端性"的策略而已。深刻批判和反思的背后，是我们对中国传统文化的至真至诚与持久热情。

一、天朝心态严重阻碍了对变化世界的适应

中国人在很长的历史时期中，把自己居住的地方视为世界的中心，同时也认为自己的文化在世界上居于中心地位。由于历史的积淀，进入19世纪的中国人习惯于把自己看作是世界第一。"这种心态，类似于作为种族本能的集体无意识"，这种无意识被称作天朝心态。②这种天朝心态严重阻碍了社会的变革和进步，一事当头先不论其正确与错误，而是看是否符合祖宗之法，是否有成型的先例；如果有违祖宗旧制，即使这件事情是正确的，也不能去做。这些错误的认识也曾在改革开放的过程中，成为中国深化改革、扩大开放的阻力。要搞市场经济，先不论其科学正确与否，先问其姓社还是姓资？对于这些问题，邓小平的一个伟大发明就是"不争论"，现在来看，不争论就是把决定一件事情正确与否的权力交给实践，而不是在原则的圈子里面解决问题。况且中国的争论容易出现"短路"，经常会由争论而上升到路线斗争，从而将争论推向危险的境地。基于此，我认为，邓小平提出不争论主要是基于争取时间、抢抓机遇的考

---

① 《马克思恩格斯全集》第 1 卷，人民出版社 1972 年版，第 416 页。
② 参见刘再复、林岗：《传统与中国人》，安徽文艺出版社 1999 年版，第 325 页。

虑,正像他所说的"不争论,是为了争取时间干"。1992 年的南巡讲话他
更是鼓励人们大胆地去闯去试,强调抢抓机遇,实现快速发展。"不能像
小脚女人一样","没有一点闯的精神,没有一点'冒'的精神"。① 冒的
精神既是对求稳怕变心态的批判,也是创新创业的基本要素,有了这些精
神和气质才有可能闯出新天地。

二、庸俗价值观为核心的处世之术严重破坏了社会秩序

庸俗价值观所追求的人生价值,是富贵、权势、声色、多子、长寿
之类,要而言之,是不出一己的物质的私利。"他们的信条是'人为财死,
鸟为食亡'。有的人为了纵情声色而不惜促寿伤生,他们的信条是'对酒
当歌,人生几何'。有的人为了出人头地,心狠手辣,什么坏事都干得出
来,他们的信条是'量小非君子,无毒不丈夫'。有的人为了保住身家性
命,胆小怕事,怕出头露面、怕得罪人,他们的信条是'明哲保身'。"②
庸俗价值观为核心的处世之术对社会风气造成了极其恶劣的负面影响,我
想这也是为什么中国高校创新创业教育总是收效甚微的原因之一。我们在
课堂上传授给学生的"正统"知识,由于不能全面地反映现实社会的复杂
状况,几乎成了与实际生活相背离的"反话",不但对于学生处理复杂社
会问题毫无用处,有时还成了学生灵活应变的思想桎梏。之所以这样说,
是因为中国社会并不是完全按照正式规定的各种制度来运行,"在种种明
文规定的背后,实际存在着一个不成文的又获得广泛认可的规矩,一种可
以称为内部章程的东西。恰恰是这种东西,而不是冠冕堂皇的正式规定,
支配着现实生活的运行"。学者吴思将这些"未必成文却很有约束力的规

---

① 《邓小平文选》第三卷,人民出版社 1993 年版,第 372 页。
② 张岱年、程宜山:《中国文化与文化论争》,中国人民大学出版社 1990 年版,第 303—
　 304 页。

矩"称为"潜规则"①，社会运行所遵循的"潜规则"，由于具有"旁门左道"的性质，被归入"怪力乱神"之列，打入知识的"另册"，既无法写进教科书，也不可能由教师在课堂上系统传授。结果是教师在教学过程中大行"正道"，而现实的商业社会却大行"诡道"，学生无法学到"真才实学"，只能靠自己在进入社会之后慢慢地"感悟"。出现这种情况，不能把责任推到教师的身上，教师也是庸俗价值观为核心的处世之术的受害者。要想改变这种现状，只能是一方面期待社会逐渐走上民主科学公平正义的正轨，一方面期待着学生能够在战争中学会战争，在融入社会的过程中逐步适应社会，并以新时代的新锐力量逐步改造和重塑社会。

三、抑商政策阻断了职业选择的多样化

在封建社会，最令人低看的职业是"工商"。这里的"工"不是现代社会工厂和工人，主要是指自然经济中的手工业；这里的"商"主要是指经营，大到盐铁生意，小到日用百货，无所不包。在封建社会，把务农看作是"务本"，把"工"和"商"看作是奇技淫巧和奸邪之道。古代中国一贯有"重农抑商"的基本政策，还一度把工商业者视为国家的"五蠹"之一，明确主张铲除"五蠹之民"，加以更加严酷的打击。封建专制主义对工商业的压抑摧残主要包括三个方面：重税盘剥、官商垄断和行政性禁堵。这些抑商政策使得中国的资本主义工商业一直处在"萌芽"状态，没有能够发展起来。由此带来的连锁反应是没有出现机器生产，进而没能够产生近代自然科学，而科学的不发达，又使产业革命成为不可能，陷入了工业和科学都发展不起来的恶性循环。抑商政策使得社会对工商业产生了歧视，使从事工商业的人成为社会阶层中的另类，也从社会文化心理结构

---

① 参见吴思：《潜规则：中国历史中的真实游戏》（修订版），复旦大学出版社 2009 年版，第 2 页。

上为青年人选择职业投入阴影，直接造成青年选择职业的单一化和同质化，"学而优则仕"异化为"读书做官"的单一职业路径。书香世家自不待论，目不识丁的农民即使忍着饥饿也要供子女读书，为什么呢？因为"万般皆下品，唯有读书高"，"书中自有言如玉"，"书中自有黄金屋"，"书中自有千钟粟"。几千年来，读书人心中的"学而优则仕"、"读书都为稻粱谋"思想根深蒂固。封建社会里大多数读书人一生皓首穷经大多是为了当官，因为在传统社会里，从事不同职业的人是有等级之别的，"士农工商"的职业顺序是不能更改的，所以读书人都是为自己的荣华富贵和光宗耀祖而读书。为了实现读书做官的目的，所有的知识分子都要参加科举考试，通过考试来博取功名。到了明清时期，以八股取士，广大知识分子耗费精神于无用的虚文，成为制度的附庸。所以，有学者指出，从精神个性和灵魂自由的角度来看，"自从有了科举制，金榜题名与名落孙山都是一样的，衣锦还乡的状元郎与贫穷潦倒的老贡生没有什么差别，他们都是没有精神个性、没有灵魂的躯壳"。① 严复有在《救亡决论》中主张废科举，分析八股之学的积弊，认为八股有三大害："一曰锢智慧"，"二曰坏心术"，"三曰滋游手"，特别强调了科举对思想自由心灵想象的摧残。

四、精神胜利法阻碍了对失败的体认与反思

中国人心中的"阿Q阴影"主要体现在两个方面：一是达不到目标，就否定目标的价值；二是在失败的时候极力从自身一方找理由，从肯定自身的充足理由入手，否认受到打击，否认失败。② 这就是"精神胜利法"，成为中国人最为典型的"解脱之道"，成为对付痛苦、烦恼、挑战的"妙法"，由一代一代的中国人认可、执行、积淀成民族的深层文化心理。精

---

① 刘再复、林岗：《传统与中国人》，安徽文艺出版社1999年版，第171页。
② 参见刘再复、林岗：《传统与中国人》，安徽文艺出版社1999年版，第197页。

神胜利法给我们的启示是：一个回避、无视苦难和挑战的民族，是不能进步的。同时，一个回避、无视苦难和挑战的个人，也是不能成功的。我们经常说失败并不可怕，可怕的是拒绝承认失败。一个人从自己所犯错误中学习，从自己经历的失败中积累经验教训，是取得创新创业成功的重要过程。但是精神胜利法却用回避现实的"妙法"使自己从失败中解脱出来，这实际上错过了进步的最好机遇，长此以往则导致丧失主体意识，失去了自我实现的主体能力。

五、中国传统文化的复杂性造成对人对己的"双重标准"

单纯从文化特质的角度来看，中国传统文化确实蕴含着丰富的创造性，但是由于封建社会的长期延续，特别是明清之际封建专制主义的桎梏，使得中国传统文化的创造性特质并未得到正确发挥，以至于影响了整个社会的创造创新活力。这种复杂性从梁漱溟先生对中国民族品性十个特点的描述中可以窥得一般状况。[1] 在这十个特点中，只有自私自利、守旧、马虎（模糊）三个特点一看便是缺点，而其余七个特点如勤俭、爱讲礼貌、和平文弱、知足自得、坚忍及残忍、韧性及弹性、圆熟老到则是良莠参半。比如"勤俭"，既有"习性勤俭、刻苦耐劳、孜孜不倦"，"极有实利主义实用主义之精神"等优秀的一面，也有"好节省以至于吝啬"的负面效应；又如"爱讲礼貌"，仅看标题应为优点，可是一看内容才知道，全是缺点："此一面指繁文缛节、虚情客套、重形式、爱面子以至于欺伪；一面亦指宁牺牲实利而要面子，为争一口气而倾家荡产等。"由爱讲礼貌发展到这么严重的文化缺陷，确有不可思议之处。这种文化的复杂性在当今社会仍然得以保持和延续，以社会文化和创业的关系而言，复杂性在于中国人对人和对己并不执行同一标准。具体来说，大家在原则上都提倡自

---

[1]　参见梁漱溟：《中国文化要义》，台湾商务印书馆2013年版，第26—28页。

立、鼓励创业，这是没有问题的。但是，当这一原则应用到自己身上，尤其是自己孩子的身上时，则会走向它的反面。我认为这是很能反映实际问题的现象，在实际工作和生活中，我们确实发现多数家长都希望自己的孩子能够让自己"省心"，怎么达到这个目标呢？就是要选择稳定的工作，别在社会上"瞎折腾"。出现这种情况的深层原因在于中国文化的复杂性，中国文化既有有利于个人创业的一面，也有阻碍个人创业的因素。原则上鼓励，因为创业确实具有诱人的魅力；具体上犹疑，因为创业具有高风险。对别人支持，因为事不关己，可以高高挂起；对自己规避，因为明哲保身，尽量少闯为佳。

第三节 传统文化与创新创业人才培养的辩证关系

关于中国传统文化与创新创业人才培养或创造力培养的关系，在学术界有两方面代表性观点。一方从中国传统文化所具有的"刚健有为"基本精神立论，认为中华民族是具有创新精神的民族，是一个坚强不屈、不断发展的民族，中华民族的文化历来重视创新或创造，传统文化中蕴含着丰富的创造性；另一方从中国传统文化的"劣根性"立论，认为中国传统文化缺少鼓励创新的基因，造成中国人创造力缺失。这两方面观点虽然存在着认识上的对立以至于对抗，但是它们也有共同之处，那就是两个方面观点都承认中国传统文化中既存在积极的特质，也存在消极的东西。而且非常有趣的是，由于立论的视角不同，往往同一个方面的文化特质却对创造力培养造成了截然相反的影响。

一、中国传统文化与创业精神和创造力培养

关于中国传统文化与创业精神和创造力培养，在学术界有两方面代

表性观点。有学者认为"重义轻利"思想抑制创业愿望;"中庸"思想限制创业激情与勇气;儒家部分治理思想与商业"契约精神"有冲突;"学而优则仕"思想制约创业积极性。① 这一学术观点受到了部分学者的质疑,他们认为"修齐治平"、"忧乐天下"、"反求诸己"等儒家思想给大学生创业提供精神动力;"仁者爱人"、"知行合一"、"中庸"等儒家思想给大学生创业提供创业智慧;"君子爱财,取之有道"、"见利思义"等儒家思想给大学生创业提供道德基础。儒家思想内涵丰富而深刻,经过现代解读,作为创业教育的一部分,完全可以为大学生提供具有现代意识的创业精神,对大学生创业产生积极而深远的影响。而且,这种积极意义要远大于消极影响。②

我们可以看到,由于立论基础不同,导致二者对儒家思想的理解也不尽相同。甚至是同样一种具体的思想主张,就会解读出消极和积极两种不同的影响效果。比如"中庸"思想,持"消极影响"观点者认为"中庸"思想限制创业激情与勇气。在创业过程中,特别是在大学生缺乏社会经验与资金的创业之初,最需要的是积极进取的新锐意气,这种新锐意气包括敢于标新立异的创业勇气、敢为人先的开拓精神、勇于担当的领袖气质、一往无前的进取心。而这些特质正是"中庸之道"所不赞成的,它主张人应安分守己、不能出格,这抑制了大学生创业最需要的特质。所以,得出了"中庸之道"对大学生创业意识产生重要消极影响的结论。与此相反,持"积极影响"观点者认为"中庸"思想可以避免大学生创业急功近利、过犹不及,甚至为牟取暴利而不择手段,做人做事刚柔相济。

对于这一问题,在林崇德先生主持完成的"创新人才与教育创新研究"课题中曾进行过深入的讨论。他认为中国传统文化蕴涵着丰富的创造

---

① 参见胡友旺、孙艳宝、孙小燕:《儒家思想对大学生创业精神的消极影响及其对策》,《湖南师范大学教育科学学报》,2012 年第 5 期。

② 参见谢文庆:《儒家思想对大学生创业精神的积极影响——兼与胡友旺等先生商榷》,《湖南师范大学教育科学学报》,2013 年第 1 期。

力，从中国传统文化特质的角度提出了四方面观点："首先，中国传统文化崇尚独立自主的人格，而独立自主的人格是创新人才最重要的人格特征。""其次，中国传统文化是具有怀疑精神的，而怀疑精神是创造的源泉之一。""其三，'和而不同'的思维方式为创新提供了思维基础。""最后，中国传统文化是'崇尚理性'的文化，既能客观地认识自己的现实，又能公正地对待外来文化。"据此，得出结论："中国传统文化因此构成了创新人才培育和创造性或创造力提升的丰富资源，而不是阻碍创造性或创造力培养的罪魁祸首。"① 这是很有创造性的全新观点，改变了学术界原有的对于传统文化的认识。这一观点的理论基础是："世界上根本找不出一种缺少创造性的文化。所有的文化，都是富于创造性或创造力的；所有的民族，都是富于创新精神的民族。"② 对此，我深表赞成和认同，但是，为什么富有创造性的中国传统文化和富有创新精神的中华民族自 15 世纪以后逐渐落后了，1840 年以后的百余年间，甚至落到了任人欺凌、任人宰割的悲惨境地？③ 如何解释这一文化现象呢？这个问题实际上揭示了文化与制度的关系，虽然中国传统文化和中华民族具有创造性和创新精神，但是，不能孤立地从文化特质来推论文化的影响和作用，还要把文化放到具体的时代坐标中去，在不同的时代条件和制度背景当中来全面审视传统文化。正如学者石中英所指出的："总的来说，中国传统文化具有丰富的创造基因，只不过由于种种的原因没有能够在封建社会特别是在明代以后的社会里得到很好的表达机会。"④ 基于这一视角，我认为，中国传统文化主要是在以小农经济为基础的封建社会形成发展和走向成熟的，由于受到封建专制主义的桎梏，这些创造性和创新精神并没有得到"充分"和"正

---

① 林崇德：《创新人才与教育创新研究》，经济科学出版社 2009 年版，第 12—14 页。

② 林崇德：《创新人才与教育创新研究》，经济科学出版社 2009 年版，第 10 页。

③ 参见张岱年、程宜山：《中国文化与文化论争》，中国人民大学出版社 1990 年版，第 276 页。

④ 石中英：《中国传统文化阻碍创造性人才培养吗？》，《中国教育学刊》2008 年第 8 期。

确"的发挥。这里的"充分"是一个量的标准，是指优秀传统文化发挥影响的力度和效度；这里的"正确"是一个质的标准，是指优秀传统文化发挥影响的范围和领域。这就是中国传统文化的复杂性所在，单纯从文化特质的角度来看，中国传统文化确实蕴含着丰富的创造性，但是由于封建社会的长期延续，特别是明清之际封建专制主义的负面影响，使得中国传统文化的创造性特质并未得到正确发挥，以至于影响了整个社会的创造创新活力。所以，在我们研究传统文化时，一定要加入时代元素，要把"传统与时代"作为一个主题来深入研究，不同时代会唤醒传统文化中不同的价值元素，这是我们研究传统文化的基本出发点和落脚点。

当前，要充分注意到中国传统文化随着时代的发展而发生的巨大变化。实际上，伴随着中国铲除封建主义社会制度，确立中国特色社会主义制度，中国传统文化已经挣脱了专制主义的羁绊，逐渐走向了现代化。特别是改革开放以来，"随着社会主义市场经济和以公有制为主体、多种经济成分共同发展的政策和体制逐渐确立。与之相伴，人们的价值观念有了明显的转变，市场意识、竞争意识和风险意识也不断增强。这些变化都为中国的创业文化植根于民众之中，繁荣于大江南北，提供了良好的社会环境"①。我们的基本观点仍然是从文化特质的角度来看，中国传统文化具有促进创新创业的科学品质，它在封建社会出现的阻碍创新创业的专制形态主要是受到社会制度影响所致。新中国成立以来，中国现实的社会环境已经发生了翻天覆地的变化，中国特色社会主义制度的确立为建设民主法治的中国奠定了基本的制度基础，以改革创新为核心的时代精神已经成为中华民族蓬勃向上、走向繁荣富强的精神力量。在这种时代特点和制度环境中，中国传统文化中有利于创新创业的特质将重新得到发挥和阐扬，为整合和建构促进创新创业的时代文化提供保障。

---

① 曹威麟、张丛林、袁国富：《论中国创业文化的振兴与繁荣》，《江淮论坛》2002 年第 5 期。

二、探索传统文化的转化机制

在改造文化方面,必须解决的问题就是如何对待传统文化。我们无法抛弃传统,而只能是剖析传统,从而找到传统文化转化为现代文化的内部机制。

(一)综合创造论

张岱年、程宜山在《中国文化与文化论争》一书中认为,新的中国文化系统的形成过程在本质上是一个综合创造的过程,现在中国的文化系统是在原有文化系统解体之后,利用来自中西两方的文化要素重新组建起来的。但是,由于在引进过程中选择意识和创造意识不强,存在着泥沙俱下和囫囵吞枣的严重弊病。新的社会主义文化系统目前已初具规模,但还远远没有建成。"新的指导思想——马克思主义在这个文化中的主导地位已经确立,今天的中国文化与中国传统文化无论在体系结构上还是所包含的文化要素上,都有质的区别。这是新文化已初具规模的标志。不承认这一点,以为中国传统文化仍完好无损、需要根本摧毁、'彻底重建'的观点是没有根据的。"与此同时,夸大我们已取得的成就也是不正确的。因为"文化传统的更替与社会形态的更替并不完全同步。"在社会主义初级阶段,封建主义、小农意识、半殖民地半封建社会病态心理还有相当的市场。①

(二)"转换性的创造"

李泽厚先生对于传统文化的改造提出了"转换性的创造"思路,他认为儒学的深层结构已经浸入无意识的深层,以至于不读孔子的书,甚至

---

① 参见张岱年、程宜山:《中国文化与文化论争》,中国人民大学出版社1990年版,第192—193页。

不知孔子其人的农民，沉浸和积淀在他们的行为规范、观念模式、思维方法、情感态度，等等意识和无意识底层的，主要仍是孔子和儒家的东西。这些东西不是想扔掉就能扔掉，想保存就能保存的身外之物。为了发扬儒学深层结构积极的方面，克服消极的方面，他认为应该进行"转换性的创造"。这种转换性的创造既必须与传统相冲突，又必须与传统相承接，主要包括两个层面：一个层面是社会体制结构方面，建立与当代社会相匹配的自由、独立、人权、民主制度和法律；另一个层面是文化心理结构方面，通过改造学校教育、社会观念和民俗风尚来对传统的文化心理结构进行转换性的创造。① 这个转换性创造的过程就是"让现代生活的理性体系和价值规范作为风俗习惯在日常生活中逐渐沉积，以改变原有积淀，为转换性地创造新时代的深层次结构而努力"。转换性的结果，即是他所主张的"自由主义"："以宣传现代观念为张本，以建立未来的人性为鹄的，通过教育，来逐渐既保存又改换传统的情理深层。"② 李泽厚先生认为近代以来，从康有为的"孔子改制考"、"公羊三世说"、谭嗣同的"仁—通—平等"的"以太"仁学、严复的"天演"进化，到孙中山的"三民主义"、毛泽东的马列"中国化"，都是企图获取系统的理论构建去对抗和消解传统的"中体"，来更新人们的观念，召唤国人的情感。李泽厚先生认为，中国文化由于一整套理性系统的阻碍，使现代化进程更加举步艰难，于是在经历了各种失败之后，终于爆发出世界史上罕见的彻底反传统的五四启蒙运动，以求为现代化取得思想上的前提和武器。

（三）"创造的转化"

与"转换性的创造"相对应的则是林毓生先生提出的"创造的转化"（creative transformation）。林先生非常重视"权威"的力量，认为"我们

---

① 参见李泽厚：《启蒙与救亡的双重变奏》，《中国思想史论》下，安徽文艺出版社 1999 年版，第 861—864 页。

② 李泽厚：《初拟儒学深层结构说》，《世纪新梦》，安徽文艺出版社 1998 年版，第 123 页。

只能在学习中找寻转化与创造的契机;而在学习的过程中,我们必须根据权威才能进行"。这实际上是如何"使传统在现代的环境中发扬"的问题。为了达到这个目的,有两种错误做法,一种是"有些人发生一种情绪的冲动:自己传统的崩溃使他内心很烦燥,常用并不能言之成理的办法来维护自己传统"①。林先生将这种做法称为"以情绪为基础硬搞的办法",这种办法既不是"发荣滋长"的途径,必然没有生机和活力,并不能对维护传统这件事产生实质的贡献。另一种是"硬把外国东西移植过来",这种做法也不可取,因为"硬从西方搬来一些货物,不但不能解决我们的问题,反而制造了新的危机"。②"硬搞"和"移植"都不可行,那么,就只能是实行"创造的转化"。按照林先生的界定,"创造的转化"就是"把一些中国文化传统中的符号与价值系统加以改造,使经过改造的符号与价值系统变成有利于变迁的种子,同时在变迁过程中继续保持文化的认同"③。"创造的转化"既是一个艰苦而长远的过程,也是一个相当繁复的观念:"第一,它必须是创造的,即必须是创新,创造过去没有的东西;第二,这种创造,除了需要精密而深刻地了解西方文化以外,而且需要精密而深刻地了解我们的文化传统,在这个深刻了解交互影响的过程中产生了与传统辩证的连续性,在这种辩证的连续中产生了对传统的转化,在这种转化中产生了我们过去所没有的新东西,同时这种新东西却与传统有辩证地衔接。"④ 由此可见,林先生突出强调"创造性的转化",其内在意蕴在于"传统辩证的连续性",这种对社会与文化稳定性的追求更有利于创造。

---

① 林毓生:《中国传统的创造性转化》,生活·读书·新知三联书店 2011 年版,第 18—19 页。
② 林毓生:《中国传统的创造性转化》,生活·读书·新知三联书店 2011 年版,第 328、388 页。
③ 林毓生:《中国传统的创造性转化》,生活·读书·新知三联书店 2011 年版,第 364 页。
④ 林毓生:《中国传统的创造性转化》,生活·读书·新知三联书店 2011 年版,第 80 页。

三、在马克思主义指导下整合构建现代创新创业文化

在系统梳理中国传统文化转化机制的基础上，要对传统文化进行创造性转化、创新性发展。既要坚持马克思主义的方法，采取马克思主义的态度，坚持古为今用、推陈出新，有鉴别地加以对待，有扬弃地予以继承；也要结合当前中国的基本国情和大学生的主体需求，整合构建中国现代创新创业文化，形成促进创新创业人才培养的基本框架。这里的"整合"与"Integration"同意，是成为整体、集成、综合、一体化的意思；这里的"构建"强调的是"建设"而不是"重塑"，是在综合现有散在的创业文化理论资源的基础上对中国当代创业文化进行的系统提炼与长期培育。当然，既然是整合与构建，就必然涉及以谁为核心的问题。我们的核心指导思想是马克思主义基本原理和包括毛泽东思想、中国特色社会主义理论体系在内的中国化马克思主义关于创新创业的基本理论，在此基本思想的指导下，吸收借鉴中国传统文化和西方创业文化建设的主要理论。对于整合与构建过程中各基本理论的关系，我们认为，既不是要将其简单结合，也不是全盘革新，而是要坚持继承与创新相结合，坚持目的性与规律性相结合，以马克思主义基本指导思想为灵魂，把创业文化建设和创新创业人才培养问题置于人类社会政治、经济、文化发展规律和制度的历史背景中加以宏观考察，深刻透视创新创业人才培养命题中映射出的个人发展与社会的政治、经济和制度的辩证关系，结合实际情况和现实需要对创新创业文化建设进行整合创新。

在马克思、恩格斯关于创新创业的丰富思想中，蕴含着多方面的思想萌芽，比如关于创造和创新就有很多宝贵的思想，值得我们在今天深入研究、挖掘。为了把更多的青年学生培养成为创新型国家建设急需的专门人才和拔尖创新人才，毛泽东、邓小平、江泽民、胡锦涛、习近平等党和国家领导人都对青年学生寄予厚望，高度重视对青年学生的创造、创新、创业教育，积极鼓励青年创造、创新和创业。这些思想一脉相承，从

纵向上可以清晰看到贯穿其中的一根主线，主要包括四个方面的思想：第一，高度关注青年，充分信任青年，对青年人寄予厚望，从各个方面努力为青年创新创业创造有利条件；第二，突出强调为全人类的解放与幸福而艰苦创业，奉献自己的聪明才智；第三，坚持教育与生产劳动相结合的基本教育方针，高度重视实践对人才培养的突出作用；第四，主张个人发展与国家富强、个人成长与社会进步的协同效应，既尊重个性，又主张个人融入团体，实现自由而全面发展。这些思想既是青年运动的一贯方向，也是当代青年积极投身创新创业的具体指针，是引导青年的先进理论和优良传统。在这些思想的指导下，用光辉的事业凝聚青年、用良好的作风吸引青年，必然会形成创新创业的社会文化氛围，推动大批青年创新创业人才不断脱颖而出。

第 八 章

历史论："广谱式"创新创业
教育的历史由来

　　当今中国，在国家的大力推动下，大众创业、万众创新已经深入人心，蔚为风气，创新创业已经成为国民经济和社会发展的动力引擎，作为培养创新创业人才的高校创业教育也得到了全社会前所未有的高度重视。但是，由于社会上多数人对创新创业知之甚少，所以常有这样的问题："大众"和"万众"哪一个更大？让"大众"和"万众"去创新创业，可能吗？"创新"、"创业"两个词用一个不行吗？为什么要叠加在一起使用？高校开展创新创业教育，是让所有的大学生都去创新创业吗？要想解决这些问题，仅仅解读政策并不管用，必须从历史上把中国创新创业教育的来龙去脉说清楚才能够从根本上廓清一些理论和实践中存在的问题。本章就是从纵向上对"广谱式"创业教育的演进历程进行系统梳理，对中国创业教育的本土创造、"六年研究"和高校实践进行"鸟瞰式"的巡礼，整体纵贯了1917年至今天的近百年史，横向涉及了职业教育、继续教育、基础教育、高等教育四类教育，内在梳理了创造教育、创新教育、创业教育、创新创业教育等多个概念，在此基础上科学研判中国创业教育的发展趋势，以期以史鉴今，述往思来。

　　本研究认为，中国创业教育发端于1988年，直接榫接创造教育，是中国的本土创造而不是"舶来品"；中国创业教育的"六年研究"具有深远的国际背景,抓住了历史机遇,取得了丰厚的理论与实验研究成果,在中国创业教育理论研究和教育实验的历史上具有举足轻重的地位;中国高校创业教育开始于1997年,至今经历了四个发展阶段,政策导向实现了从"以创带就"到"大众创业、万众创新"的拓展,其实质也相应地拓展为以创新为基础的创业,支持创新者去创业,使创新创业成为驱动经济社会发展的引擎;展望未来,"面向全体"是主流趋势,形成"三位一体、特色鲜明"的教育模式,完善教育体系,实现"课程实践化、实践课程化"是推动纵深发展的关键,在体制机制、师资队伍、社会资源方面构建系统化协同推进的支持体系是实现持续发展的有力保障。

第一节 "广谱式"创新创业教育的演进历程

"创新创业教育"是新近出现的全新概念,是"适应经济社会和国家发展战略需要而产生的一种教学理念与模式"[1]。在创新创业教育概念出现之前,已经有"创造教育"、"创业教育"和"创新教育"三个概念存在并得到广泛运用,它们之间有什么区别和联系?本研究对创新创业教育概念产生之前已经存在的创造教育、创新教育、创业教育在纵向上进行系统梳理。

现代中国创造教育思想提出于1917年,五四运动前后是我国创造教育讨论的繁荣期。陶行知既是创造教育思想的集大成者,也是创造教育实验的身体力行者,他不但在五四前后即参与到创造教育的讨论之中,在20世纪30—40年代我国创造教育趋于沉寂的时候,还发表了《创造的教育》、《创造宣言》、《创造的儿童教育》等演讲和文章。他在将创造教育与

---

[1] 教育部:《教育部关于大力推进高等学校创新创业教育和大学生自主创业工作的意见》,教办 [2010] 3 号,2010 年 5 月 4 日。

生活教育理论和儿童教育思想相结合方面，在促进创造教育理论的中国化、通俗化方面作出了突出贡献，表现出明显特色。① 改革开放后，创造教育很快在全国兴起。1985 年 10 月中国发明协会成立，标志着国内正式成立了创造学的研究机构；②1988 年 6 中国创造学会成立，标志着创造学研究和创造教育正式确立；1992 年中国发明协会中小学创造教育研究会成立，全国中小学创造教育步入了有组织、有协调的发展轨道，③ 创造教育进入了持续、蓬勃发展阶段。在此过程中，创造教育积极向高等教育领域拓展；1995 年中国发明协会成了高校创造教育分会，定期召开全国高等学校创造教育研讨会。结合创造教育在我们国家发展的实际状况，张武升认为创造教育的产生与发展绝不局限于教育内部，它直接与社会思想文化的变革相关，与时代变迁同呼吸、共命运。④

"创新教育"思想提出于 1998 年，进入 20 世纪 90 年代，面对知识经济初露端倪的挑战，江泽民反复强调创新的重要性以及增强民族创新能力的紧迫性。1995 年，江泽民在全国科学技术大会上的讲话中指出："创新是一个民族进步的灵魂，是一个国家兴旺发达的不竭动力。"⑤1998 年，江泽民在庆祝北京大学建校一百周年大会上的讲话中指出，全党和全社会都要高度重视知识创新、人才开发对经济发展和社会进步的重大作用，大学应该成为科教兴国的强大生力军，教育应与经济社会发展紧密结合，这是面向二十一世纪教育改革和发展的方向。⑥ 在第三次全国教育工作会议上，

---

① 参见王伦信：《创造教育理论研究回溯——以民国时期为例》，《南京师大学报（社会科学版）》2007 年第 7 期。
② 参见胡引：《刘道玉的创造教育思想与武汉大学的改革实践》，华中师范大学硕士论文（2010 年）。
③ 参见宗荣秋：《创造教育的若干理论与实践问题——访中国发明协会中小学创造教育研究会常务副会长张武升博士》，《教育研究》1999 年第 8 期。
④ 参见宗荣秋：《创造教育的若干理论与实践问题——访中国发明协会中小学创造教育研究会常务副会长武升博士》，《教育研究》1999 年第 8 期。
⑤ 《十四大以来重要文献选编》下册，人民出版社 1997 年版，第 1389 页。
⑥ 参见《十五大以来重要文献选编》上册，人民出版社 2000 年版，第 326—327 页。

江泽民强调指出："事实已经充分说明，'象牙塔'式的教育，不能适应当今时代的需要。"① 创新的关键在人才，人才的成长靠教育。为了全面落实江泽民关于创新的系列论述和指示精神，中央教育科学研究所于 1998 年提出"创新教育"的理念，并联合了 20 多个省市的教育研究机构和大、中、小学校开展了创新教育研究与实验，有力推动了教育改革。②1999 年下半年以后，"创新教育"的概念开始在全国主要报刊广泛应用。③ 时任中央教育科学研究所所长的阎立钦对创新教育作出了这样的本质规定："创新教育是以培养人的创新精神和创新能力为基本价值取向的教育，其核心是在认真做好'普九'工作的基础上，在全面实施素质教育的过程中，为了迎接知识经济时代的挑战，着重研究和解决基础教育如何培养中小学生的创新意识、创新精神和创新能力的问题"，"'创新教育'的根本目标是进行教育的综合改革，强调整体性、综合性、系统性"。创新教育与创造教育既有不同之处也有相通之处，"两者不矛盾，在很多方面甚至在一些基础方面都是相通的。'创新教育'可以说是'创造教育'在新的历史条件下的发展和升华"，④ 将创新教育与创造教育做了顺畅的承接。

中国创业教育的概念在 1988 年由胡晓风提出，在创业教育思想指引下，四川省合川县以深入开展"生活教育整体试验"为契机，将各级各类教育均纳入试验范围，进行了广泛的创业教育试验。在此基础上，胡晓风等人对创业教育进行了系统阐释，概括了创业教育的概念："创业教育就是在人生历程之中进行创造和职业相结合的教育"；创业教育以培养合理

① 《十五大以来重要文献选编》中册，人民出版 2001 年版，第 879—882 页。
② 参见创新教育研究与实验课题组：《推进创新教育培养创新人才》，《教育研究》2007 年第 9 期。
③ 参见魏所康：《创新教育论》，江苏人民出版社 2002 年版，第 176 页。
④ 王磊：《实施创新教育培养创新人才——访中央教育科学研究所所长阎立钦教授》，《教育研究》1999 年第 7 期。

的人生为宗旨，要培养三方面基本能力："培植生活力"、"培养劳动力"、"发挥创造力"；遵循三原则："科技、教育、经济三结合"；"德育为本、创业为用"；"学问与职业一贯"。① 科学地界定了创业教育的内涵、目标、原则，非常成熟和系统。1990 年下半年至 1991 年 9 月，由国家教育委员会基础教育司劳技处牵头，成立了国家协调组，并以北京市、江苏省、湖北省、四川省、河北省、辽宁省（简称"五省一市"）作为项目单位，参与了联合国教科文组织亚太地区办事处组织的"提高青少年创业能力的教育联合革新项目"。1992 年初至 1995 年 9 月，江苏省的"创业教育理论与实验研究"在国家教育科学"八五"规划课题资助下，继续进行了创业教育研究。1990 至 1995 年的理论与实验主要在继续教育、基础教育、职业教育领域进行，通过深入实验与研究，创业教育的"核心概念"及其"周边关系"已经得到了科学而准确的界定，为深入推进创业教育实践与研究奠定了坚实基础。2002 年 4 月，在许多高校对创业教育作了有益的自发性探索的基础上，教育部在 9 所大学开展创业教育试点工作，这标志着我国高校创业教育由自发探索阶段进入到教育行政部门引导下的多元探索阶段。在试点过程中，各高校分别通过不同的方式，探索开展创新创业教育实践，形成了"课堂教学为主导"、"提高学生创业意识、创业技能为重点"和"综合式"三种教育模式，为其他高校开展创业教育提供了丰富的参考和借鉴。2008 年，教育部立项建设了 32 个创新与创业教育类人才培养模式创新实验区并取得了较好成效。试点和试验的成功经验，为在全国高校全面推进创新创业教育起到了重要的示范作用。

随着研究的日益深化，逐渐出现了将创新教育与创业教育统一整合为一个整体的趋势，提出了"创新创业教育"的新概念。"创新创业教育"的提法 2010 年为教育部《关于大力推进高等学校创新创业教育和大学生

---

① 胡晓风、姚文忠、金成林：《创业教育简论》，《四川师范大学学报》1989 年第 4 期。

自主创业工作的意见》正式采用，并明确地将创新创业教育定义为"适应经济社会和国家发展战略需要而产生的一种教学理念与模式"。这是第一个推进创新创业教育的全局性、纲领性文件，明确了创新创业教育面向全体学生，结合专业教育，融入人才培养全过程的教育价值定位。[①] 至此，不同时期基于不同目标而提出的创造教育、创新教育与创业教育在"提高自主创新能力，建设创新型国家"和"促进以创业带动就业"的发展战略的旗帜下实现了高度统一，既彰显了国家战略，又表达了社会需求；既突出了本质规定，又明确了价值取向，成为新时期科学引领高等教育改革与发展方向的全新教育理念和模式。2015 年 5 月，国务院颁行《关于深化高等学校创新创业教育改革的实施意见》，继续沿用了"创新创业教育"概念，并站在国家实施创新驱动发展战略、促进经济提质增效升级，推进高等教育综合改革、促进高校毕业生更高质量创业就业的高度，明确了深化高等学校创新创业教育改革的指导思想、基本原则、总体目标，提出了9 项改革任务、30 余条具体举措，[②] 将在高校普及创新创业教育确立为国家长期政策导向。

纵观创造教育、创业教育、创新教育和创新创业教育的历史演进过程，颇有些类似黑格尔关于哲学所作的花蕾、花朵和果实的比喻："花朵开放的时候花蕾消逝，人们会说花蕾是被花朵否定了；同样地，当结果的时候花朵又被解释为植物的一种虚假的存在形式，而果实是作为植物的真实形式从而代替花朵的。"[③] 由此观之，我们虽然不能将创新教育看作是对创造教育的简单否定，也不能将创业教育看作是对创新教育的简单否定，更不能将创新创业教育看作是对前三种教育的简单否定，但是它们之间确

---

① 参见教育部：《教育部关于大力推进高等学校创新创业教育和大学生自主创业工作的意见》，教办 [2010] 3 号，2010 年 5 月 4 日。

② 参见国务院：《关于深化高等学校创新创业教育改革的实施意见》，国办发 [2015] 36 号，2015 年 5 月 4 日。

③ 黑格尔：《精神现象学》上卷，商务印书馆 1983 年版，第 2 页。

实存在着辩证否定的关系。创新教育对于创造教育，创业教育对于创新教育，创新创业教育对于前三种教育都是"以新的形式与内容肯定了先前的存在"，而在此过程中，作为中介而存在的概念"自身处于生生不已的流变之中，并不断地获得了愈来愈充实的内容"①。虽然我们今天可以将不同时代产生的创造教育、创新教育、创业教育放在同一时空范围内来考量，提出"创新创业教育"的新概念，但是我们仍然需要清楚地知道四者在"求同存异"时"被隐去"的时代痕迹。只有如此，才能在时间和空间两个坐标维度中明确四者的位置，所有这一切，都有助于我们对于创新创业教育的科学理解。

第二节 中国创业教育的本土创造

一、中国创业教育的历史发端考证

关于中国创业教育的历史发端主要有两种说法。第一种认为发端于1989年。多数学者认为联合国教科文组织1989年11月在北京召开的"面向21世纪教育国际研讨会"通过的《学会关心：21世纪的教育——圆桌会议报告》，提出了"创业教育"的概念。② 第二种认为发端于1990年，将中国作为联合国教科文组织创业教育课题的成员国，由原国家教委组织的五省一市参加的亚太地区"提高青少年创业能力的教育改革合作项目"作为历史发端的标志。③ 对于这两种观点，我们认为值得重新审视和思考。

---

① 孙正聿：《哲学通论》，辽宁人民出版社1998年版，第15页。

② 参见赵金华、孙迎光：《中国高校创业教育研究22年回顾与启示》，《现代教育管理》2012年第11期。

③ 参见刘海涛、贾万刚：《"中国创业教育二十年"引论》，《安徽理工大学学报（社会科学版)》2011年第4期。

主要原因是在此之前以胡晓风①为代表的中国学者已经明确提出并深入阐释了创业教育的思想，并在这一思想的指导下开展了一定范围的创业教育试验。我们利用目前收集到的相关文献②，经过深入细致考证，认为中国创业教育的概念在 1988 年由胡晓风提出。

　　一是根据胡晓风撰写的《创业教育的由来》一文记载："创业教育是近十年来吸收全国各地研究陶行知的成果并结合四川的实际于 1988 年 3 月 16 日提出来的。"③ 在创业教育思想指引下，四川省合川县以深入开展"生活教育整体试验"为契机，将各级各类教育均纳入试验范围，进行了广泛的创业教育试验。在胡晓风的积极推动下，创业教育得到四川省委省政府主要领导的高度重视和大力支持，广泛深入地开展了教育试验。二是四川陶研会在总结回顾 15 年工作时详细记载了这一过程："胡晓风同志向省委、省政府提出关于开展创业教育试验报告，认为它是生活教育在现阶段的运用和发展。1988 年 5 月，得到省委、省政府领导的重视和大力支持。认为这种新构想'很有道理'，'贵在试验示范'，并指示成立'创业教育指导小组'进行试验，由省教委主其事，四川陶研会和四川生活教育

① 胡晓风，湖北武汉人，1924 年生。1938 年加入中国共产党并参加革命工作。曾任四川省文教办副主任，中共四川省委宣传部副部长兼省高教局局长、党组书记。北京体育学院、四川师范学院等校兼职教授。中国陶行知研究会副会长，四川生活教育社社长，四川陶行知研究会、教育学会、创造学会名誉会长。专著有：《体育研究文集》、《教育研究文集》、《创业教育——教育整体改革的新构思》、《陶行知教育思想与合川教育整体改革》、《创业教育论集》等。1993 年 1 月离职休养。2012 年在成都逝世。

② 相关文献主要有胡晓风：《教育研究文集》，四川教育出版社 1989 年版；胡晓风：《创业教育——教育整体改革的新构思》，四川教育出版社 1989 年版；胡晓风：《创业教育论集》，四川教育出版社 1995 年版；合川生活教育整体改革领导小组：《陶行知教育思想与合川教育整体改革》，四川教育出版社 1991 年版；张均凤、梁斌主编：《创业教育在合川》，西南师范大学出版社 2001 年版；《关于创业教育——创业教育研讨班教学参考资料之三》，四川教育学院编印；衡超伦主编：《创业教育教学做纲要讲义》，绵阳市陶行知研究会、绵阳创业学院编印（1994 年）。

③ 胡晓风：《创业教育的由来》，《创业教育论集》，四川教育出版社 1995 年版，第 312—319 页。

社协助具体实施。"① 合川县以深入开展"生活教育整体试验"为契机，将各级各类教育均纳入试验范围，进行了广泛的创业教育试验，"创业教育实验扩展为全社会的经科教结合，农村的农科教结合，普教的德智体结合的大型试验"②。三是创业教育试验于1988年3月在四川省合川县启动，经过3年初期准备之后，于1992年正式在全县（1992年撤县建市）展开。试验主体范围包括"职前"和"职后"两个教育周期。通过开展创业教育试验，合川教育逐步转移到提高民族素质，满足社会和人生需要的轨道上来，教育的整体水平得以提高，中介作用得以发挥，对振兴地方经济发挥出越来越大的作用。

二、胡晓风创业教育思想的主要内容

界定创业教育的概念。首先，创业教育是一种新的教育模式。"在于把家庭教育、学校教育、社会教育融为一体，并以学校教育为主体，建构教育的整体"，"进行人生志在创业、向着创造生活前进的教育"③。其次，创业教育是一种新的教育理论。"创业教育以培养合理的人生为宗旨"。"创业教育就是培养人生志在创业的创造教育，就是构建合理的人生的教育，或者说是提高人生质量的教育"，"是在人生历程中进行创造和职业相结合的教育"，"创业教育是整个生活的教育"。④ 再次，创业教育是深化教育改革的新措施。创业教育是立足社会主义初级阶段的实际情况，解决教育为经济建设服务问题的具体措施。通过实施创业教育活动，"培养青少年

① 四川省陶研知研究会：《学习·研究·实验·创新——四川陶研会十五年工作回顾》，《中国陶行知研究基金会会讯》1995年12月15日。
② 衡超伦主编：《创业教育教学做纲要讲义》，绵阳市陶行知研究会、绵阳创业学院编印（1994年），第1页。
③ 胡晓风：《向着创造生活前进的创业教育》，《陶行知教育思想与合川教育整体改革》，四川教育出版社1991年版，第15、4页。
④ 胡晓风、姚文忠、金成林：《创业教育简论》，《四川师范大学学报》1989年第4期。

具有与社会主义生活方式相适应的生活能力和从事一定职业的劳动能力"，即"青少年的创造思维得以充分发挥……为社会创造新的知识"，发展生产力。

框定创业教育的内容。从民主教育、全民教育、全面教育、终生教育四个方面进行了阐释。民主教育就是将民主作风融入教育的全过程，全面普及、立体普及。相信和尊重受教育者，为受教育者个性发展创造良好的环境氛围，实现各尽所能、各学所需、各教所知、各得其所。全民教育旨在提高全民族的文化素质，"人人都是教育者，人人都是受教育者"，"创业教育首先要针对时弊解决学有所用问题"，只有这样，教育才能为振兴经济和社会进步服务。全面教育是创业教育的基础和核心，是全面发展的教育。包括智力和体力的全面发展，教育内容的全面性（学政治、学经济、学文化相结合），人的自由、全面、和谐发展的全面性。终生教育以"众人养成一种继续不断的共同求进的决心"为目标，将教育的过程贯穿人的一生，使教育与生活完整地结合起来。按照整个人生历程将教育分为初始教育、职业教育和继续教育三个周期，形成连环教育圈。①

确定创业教育的功能。首先是培植生活力。能有效地、协调地去参与征服自然、改造社会，构建与社会发展相适应的生活方式的能力就是生活力。教育就是以社会的全面发展为目的，促进全社会共同构建社会主义的生活方式。生活教育以"事"为中心、教学做合一以"做"为目的，其内在根据都是为满足"需要"而做事。"需要"是培植生活力的"接口"。其次是培养劳动力。把劳动实践作为人生定向流程的最重要内容，使受教育者有能够自主构建良好劳动生活方式的能力。人的劳动方式表现为职业生活方式，即在一定职业岗位上的劳动生活方式。适合个性发展的职业就是一个人的事业。"只有通过劳动实践才能实现自己的人生目的"②，职业

---

① 参见胡晓风、姚文忠、金成林：《创业教育简论》，《四川师范大学学报》1989 年第 4 期。

② 胡晓风、姚文忠、金成林：《创业教育简论》，《四川师范大学学报》1989 年第 4 期。

与事业吻合则相互促进，反之会相互妨碍。处理好职业同事业的关系对受教育者的协调发展至关重要。再次是发挥创造力。创造是什么？创造是一种社会需要，在人的一切活动中赋予创造性，社会才得以发展。教育者的着眼点不在于创造某种实在的东西，而在于通过创造出来的事和物，懂得和理解自我塑造的过程和规律，并自觉贯彻终生。创造为了什么？最重要的是通过创造活动形成创造意识，使受教育者具有创造精神。将创造力和劳动力结合起来，使实践活动的结果具有新颖性、先进性和应用性特点，即达到前所未有、具有先行先导作用且可通过实践验证的效果。创造力的结构是什么？知识、能力、个性品格是创造力的基本构成要素。知识对创造力的作用，不仅限于记忆，更重要的是通过对知识的分割和组合，形成新的创造设想，分析与验证新的创造设想。能力是实现活动的手段，包括观察力、思考力、记忆力和想象力等。知识和能力都要靠创造性个性品格承载和支撑，创造活动总是受一定世界观和方法论的指导。

规定创业教育的原则。首先是依靠科技，立足教育，发展经济。科技、教育、经济形成序列，才能充分发挥生产力。要培养能把科技与经济结合起来的创业人才，从而达到推动经济持续发展的目的。其次是德育为本，创业为用。用全面发展的教育观点指导创业教育问题，将德育和人的全面发展有机结合起来。再次是学问和职业一贯。这其中涉及如何处理普通教育和职业教育的关系问题。普通教育侧重对受教育者基本知识的传授和一般能力的培养，以升学、成功就业为目标取向。职业教育重视对人的专业理论、专业技能的培养，以人的社会价值为目标取向。普通教育与职业教育应协调发展，互相渗透，一方面注重人的全面发展，另一方面注重发挥人才的社会价值。二者的融合才能完成教育为经济发展服务的历史使命。①

---

① 参见胡晓风、姚文忠、金成林：《创业教育简论》，《四川师范大学学报》1989年第4期。

三、胡晓风创业教育思想评价

胡晓风的创业教育思想作为全新的教育观念,适时地适应了社会对人才需求的变化,顺应了时代需要。中国陶行知研究会会长方明和安徽省陶行知研究会副会长丁丁认为,"创业教育符合中共中央、国务院'关于教育体制改革的决定'的要求,也符合'中国教育改革和发展纲要'的要求"①。胡晓风等人把创业教育置于教育体系之高端或本质内容来认识,而不是简单视之为一种教育手段或方法。② 社会主义市场经济体制下,"中规中矩"的传统教育无法满足快速发展的经济对人才的需求,经济的动态本质与知识经济的时代背景决定了社会对人才创新能力和创造能力的要求。胡晓风的创业教育思想作为全新的教育观念,适时地适应了社会对人才需求的变化。

胡晓风的创业教育思想将马克思主义教育原理与中国实际相结合,有针对性地解决了当时中国教育中存在的突出问题。胡晓风提出的创业教育思想以马克思主义教育原理为理论基础,以实现人的全面发展为终极目标,以一切从实际出发为前提条件,培养青少年创业意识与创业精神,使之具备与社会主义生活方式相适应的生活能力和从事一定职业的劳动能力,最大限度地激发学生的主动性和创造性,实现了教育与生产劳动相结合。创业教育使学生成为社会实践活动中能动的主体,将所学知识用于解决实际问题,实现了马克思主义教育原理与中国实际的有机结合。

胡晓风的创业教育思想将陶行知教育思想的研究推向深入发展。胡晓风立足于中国教育发展的现实状况,重点关照到既是创造教育思想的集大成者,也是创造教育实验的身体力行者——陶行知的创造教育思想。他

---

① 方明、丁丁:《"生活教育"在社会主义时期的新发展》,中国陶行知研究基金会会讯,1995 年 10 月 25 日。

② 参见赵金华、孙迎光:《中国高校创业教育研究 22 年回顾与启示》,《现代教育管理》2012 年第 11 期。

认为创业教育是陶行知生活教育思想在新的历史条件下的着眼点，是生活教育在现阶段的运用与发展，陶行知生活教育理论是创业教育的主要理论渊源。中国陶行知研究会会长方明将"提出创业教育"列为1980年以来15年中"生活教育"学说研究、实验和发展取得的"可喜的成果"之第一项，对胡晓风提出创业教育思想给予高度评价。① 创业教育思想既是胡晓风实践陶行知教育思想的成果，也开辟了当代陶行知教育思想研究深入发展的方向。

第三节 中国创业教育的"六年研究"

一、"六年研究"的两个阶段

"六年研究"的第一阶段（1990年下半年到1991年底）。从1990年下半年到1991年底，中国作为"提高青少年创业能力的教育联合革新项目"的项目国家，参与了创业教育的研究与实验。由国家教委基础教育司劳动技术处牵头，成立了该项目的国家协调组，并在"五省一市"布点②进行研究和实验。国家协调组约每四个月进行一次国家级活动，交流各项目单位的试验情况和经验，解决实验中迫切需要解决的问题。实验主要在基础教育和继续教育（成人教育）两个领域展开。基础教育领域的目标是：提高和培养在校学生的创业能力，使之具备创业意识，增强对社会需

---

① 方明、丁丁：《"生活教育"在社会主义时期的新发展》，中国陶行知研究基金会会讯，1995年10月25日。

② 试验点分布情况：北京市以广渠门中学和通县西集中学为试点单位；河北省以保定市易县尉都乡和沙河市温家沟乡为试点单位；四川省以眉山市丹棱县唐河乡为试点单位；辽宁省以铁岭市西丰镇和阜新县国华乡为试点单位；湖北省以潜江市熊口镇为试点单位；江苏省以南通市如东县童店乡、浒澪乡为试点单位。参见：《"提高儿童青年创业能力联合革新计划"项目研讨会纪要》，《江苏教育研究》1990年第6期。

要的适应性。基础教育领域项目实施的主要方式包括五种：依托学校教学课程、课程渗透、与校内外活动相结合、开展创业实践活动、创收活动。继续教育领域的目标是：使离校而又处于未就业的青年，培养和提高创业能力，使之具备创业意识和精神，获得创业的本领，改善生活状况，为社会服务。继续教育领域项目实施的主要方式包括三种：办培训班、建立创业经营小组、师徒结对。①

"六年研究"的第二阶段（1992 年初至 1995 年 9 月）。1992 年初至 1995 年 9 月，一些省市继续以创业教育为主题开展深入研究，该阶段主要探索基础教育领域、职业教育领域、成人教育领域实施创业教育的共性特征和普遍联系，为把握创业教育的基本规律、基本过程和基本性质提供依据。以此为基础，建立起比较完备、科学的创业教育理论框架和理论体系。第二阶段在巩固继续教育领域研究成果的基础上，研究重点逐渐转移到职业教育领域，主要推进方式是完成了系列规划课题②。第二阶段的教育实验和研究，高度自觉地将创业教育与农村教育综合改革同轨运行、同步实施，有力地推动了教育改革的深入发展，实现了"从创业教育研究到创业教育工程"的转变历程。创业教育作为一项教育科研成果，也在教育改革实践中充分展示其活力，发挥出巨大的社会效益。③

---

① 参见彭钢：《创业教育的理论与实验》，山西高校联合出版社 1993 年版，第 240、242—243 页。

② 江苏省的"创业教育理论与实验研究"作为国家教育科学"八五"规划课题取得了丰硕的研究成果；北京市的"培养青少年创业素质革新教育实验研究"作为北京市教育科学研究"八五"期间重点课题，取得了相应成果；由北京、天津、安徽、江苏等地共同承担的"农村创业指导为当地经济发展服务的实验与研究"课题系国家教委"八五"重点科研课题。此后，在国家教育科学"八五"规划课题资助下，一些学者又进行了第二阶段的继续研究，主要包括四川省陶行知研究会胡晓风负责的课题"生活教育在现阶段——创业教育"；国家职教中心研究所闻友信、刘鉴农负责的课题"农村创业指导为当地经济发展服务的实验与研究"。

③ 毛家瑞、彭钢：《"创业教育的理论与实验"课题研究报告》，《教育研究》1996 年第 5 期。

二、"六年研究"的主要成果

厘清了创业教育的基本概念。提出创业教育定义:"所谓创业教育,是指以开发和提高青少年的创业基本素质,培养具有开创性的社会主义建设者和接班人的教育;是在普通教育和职业教育基础上进行的,采取渗透和结合的方式在普通教育和职业教育领域实施的,具有独立的教育体系、功能和地位的教育。"[①] 对与创业教育定义密切相关的广义的创业教育与狭义的创业教育的关系,创业教育与普通教育、职业教育的关系进行了系统的梳理。对创业教育的"核心概念"及其"周边关系"科学而准确的界定,为深入推进创业教育实践与研究奠定了坚实基础。

框定了创业教育研究的基本内容。首先是创业教育外部联系与规律的把握。包括:人类教育实践活动中与创业教育有关的教育思想、观念经验、实践素材的搜集、分析、整理与加工;创业教育形成和产生的时代背景和社会条件;关于创业教育形成的教育哲学观和价值观;关于创业教育的地位、作用、功能和价值;关于创业教育的社会运行和社区管理;广义创业教育目标的基本内涵和性质。其次是创业教育内部联系与规律的把握。包括:创业教育的基本概念和基本范畴;创业教育的基本模型和框架;创业教育的基本规律、基本性质和基本原则;创业教育的教学原理、特征、运行和方式;创业教育的目标体系及其设计和操作;创业教育的课程体系及其设计和操作;创业教育的评价体系及其设计和操作;创业教育的教学管理体系及其设计和操作。再次是综合运用多种学科的原理和方法,从边缘和交叉的角度,在多种视野的比较中,把握创业教育的内外部联系和规律。其中,创业教育内部规律、内部联系的探索和把握处于最关键、最核心地位。但仅有这些是不够的,还需要将创业教育放在社会背景中进行考查,从更高的层面上整体性、动态性地认识创业教育的基本规律、性质和特征。与此同

---

① 彭钢:《创业教育学》,江苏教育出版社 1995 年版,第 71 页。

时,多学科原理和方法的综合运用,有利于认识视野从具体过渡到抽象、从局部进入整体,将分析趋向综合、从一维步入多维、从平面走向立体,更加有利于思维的开阔性和目光的长远性,有利于创业教育学的研究。①

形成了创业教育的基本模型。主要形成创业教育的"四大模型"。一是"创业教育基本模型",构建了一个包括"创业教育的目标和内容"、"创业教育的方式和途径"、"创业教育的领域和范围"等三个维度的基本模型。二是"创业基本素质模型",创业基本素质由创业意识、创业心理品质、创业能力和创业知识结构四个子系统构成。三是"创业实践活动模型",该模型实践目标和任务为中介和纽带,将学习目标和任务与心理发展目标和任务联系起来;以实践过程为中介和纽带,将学习活动过程和心理发展过程联系起来;以实践效果评价为中介和纽带,将学习效果评价与心理发展评价结合起来。四是"创业教育实施模式",针对成人教育领域、职业教育领域和基础教育领域的不同特点,形成了辐射、结合和渗透三种教育模式。成人教育领域主要采用辐射模式,职业教育领域主要采用结合模式,基础教育领域主要采用渗透模式。②

三、"六年研究"的启示与反思

"六年研究""以开创性的个性为逻辑起点,推演出创业教育的概念体系和理论框架,构建创业教育的目标模式、课程模式、评价模式和社区管理模式,探讨创业教育的基本规律、基本过程、基本方式和基本途径,从而建立起'创业教育学'"③。在中国创业教育理论研究和教育实验的历史

---

① 参见彭钢:《创业教育学》,江苏教育出版社 1995 年版,第 26—27 页。

② 参见毛家瑞、彭钢:《"创业教育的理论与实验"课题研究报告》,《教育研究》1996 年第 5 期;毛家瑞:《从创业教育研究到创业教育工程》,《教育评论》1995 年第 2 期。

③ 毛家瑞、彭钢:《"创业教育的理论与实验"课题研究报告》,《教育研究》1996 年第 5 期。

上，"六年研究"占有举足轻重的地位。

关于创业教育的基本概念。在"六年研究"中，"五省一市"项目单位高度认同联合国在东京会议上提出的广义创业教育概念，江苏省的毛家瑞、彭钢等人一直在坚持使用和不断完善这一概念，但是北京市对于这一概念的理解存在一些细微差别。北京市由纪秩尚等人提出了"创业素质教育"的概念，认为"创业素质包括创业精神和创业能力，是 21 世纪国民素质的必备要素"，创业素质教育系属广义的创业教育。在创业教育理论研究与教育实验的启始阶段，"创业教育"与"创业素质教育"两个概念同时出现，互换使用。出现这种情况，可能有两种原因：一是这种区别在一定程度上显示了当时的研究者在认识上的不一致，需要在深入研究和实践的过程中求同存异，谋求共识；二是当时的研究者并不认为两个概念有什么本质区别，认为二者是一回事，可以通用。不论是哪种可能，给我们的启示是要从最基本的概念入手，统一对创业教育的认识。

关于创业教育的实验与推广。"六年研究"期间，中国的创业教育重点对初中毕业后未能继续升学的青年进行继续教育，以此来解决就业问题，这对创业教育实验的推广和可持续发展产生了一定的影响。但是，由于小学生不在目标人口范围之内，造成教育针对性不强，影响了基础教育领域创业教育的针对性和实效性，当前中国中小学创业教育仍然付诸阙如，也与此有着密切的联系。"六年研究"前期，创业教育在继续教育、职业教育和基础教育领域广泛实验，在"五省一市"发展势头良好，积累了丰富的实践经验。发展到后期，虽然教育实验的范围有所扩大，但是随着形势的发展变化，创业教育实验逐渐式微，回到理论研究范围，同时前期取得的丰硕成果也没有得到推广和应用。尤其是"六年研究"项目周期结束之后，从事创业教育理论研究和教育实验的优秀学者，由于各种原因，绝大多数没有继续坚持做创业教育研究与实验，使得"六年研究"的理论和实验成果未能在实践中得以持续发展。

关于自主探索和试点经验的借鉴与继承。"六年研究"主要是在继续教育、职业教育和基础教育领域进行的实验与研究, 对于高等教育来说, 情况确实有诸多不同, 但是 "六年研究" 对创业教育学基本原理的探索与实践, 则是很有借鉴意义的。比如说关于创业教育的目的是培养具有开创性的个人, 这既是 1989 年 "面向 21 世纪教育国际研讨会" 提出的重要教育哲学观点, 也是 "六年研究" 期间得到认可和验证的创业教育的重要价值理念。可是, 在中国高校开展创业教育的初期, 并没有将培养具有开创性的个人作为高校创业教育的目的, 而是走了 "功利化" 的弯路, 把引导和帮助大学生创办企业作为创业教育的目的。从创业大学生的后续发展情况来看, 高校希望在短期内使毕业生中涌现大批 "企业家" 的想法是不现实的。如果能够很好地吸收借鉴 "六年研究" 积累的研究和实验成果, 中国高校的创业教育或许会从一开始就超越功利化的价值取向, 避免走弯路。

第四节 中国高校创新创业教育的探索与实践

一、中国高校创新创业教育的兴起

关于中国高校创新创业教育的起点和具体标志性事件, 主要有两种代表性观点。第一种认为起点是 1997 年, 以清华大学创业计划大赛作为标志性事件。有研究认为, 1997 年清华大学创业计划大赛的举办正式拉开了创业的帷幕, 高校创新创业教育在清华大学首开先河。这一说法的起始年份正确, 但是具体标志性事件有误。之所以不能以清华大学首届创业计划竞赛作为中国高校创新创业教育在 1997 年开始的具体标志性事件, 因为清华大学首届创业计划大赛开始于 1998 年 5 月。第二种认为起点是 1998 年, 有学者直接将中国高校创新创业教育的起点定在了 1998 年, 认为中国大学生创业大潮的发轫于 1998 年 5 月清华大学首发并组织的创业计划大赛。这一提法在知识点上是准确的, 但是却把中国高校创新创业教育的起点拖后了一年，也是不可取的。

本研究认为中国创新创业教育的起点是 1997 年，标志性事件是清华大学开设创新与创业方向课程。一是《创新创业教育在中国：试点与实践》研究报告记载："1997 年，清华大学经济管理学院最早在国内 MBA 培养计划中设立专业方向，在 MBA 项目中开设了创新与创业方向，中心的成员是创新和创业课程的教员。"① 根据这一记载，中国大学的创新创业教育开始于 1997 年，它的标志是清华大学经济管理学院在 MBA 项目中开设创新与创业方向课程。二是据雷家骕教授回忆，1997 年，清华大学就实际开设了"创新与创业管理"管理方向课程，1998 年学校正式批准了这门课程。虽然在 1997 年并没有取得学校的正式课程批号，但是毕竟是以融入到其他课程的方式实际开设了这个方向的课程。据此，我们将清华大学经济管理学院在 MBA 项目中开设创新与创业方向课程作为中国高校在 1997 年开始的标志。

二、中国高校创新创业教育的发展阶段

中国高校创新创业教育以 1997 年为起点，到目前为止经历了四个发展阶段。②

高校自发探索阶段（1997 年至 2002 年 4 月）。 1997 年开始，清华大学、复旦大学、华东师范大学、武汉大学、北京航空航天大学等高校对创新创业教育做了有益的自发性探索。2002 年，我国高等教育毛入学率首次达到 15%，进入了大众化阶段，实现了历史性的突破。当年 4 月，教

---

① 中华人民共和国教育部高等教育司组编：《创业教育在中国：试点与实践》，高等教育出版社 2006 年版，第 41 页。

② 在此之前，一直划分为三个发展阶段，本研究认为 2015 年国务院颁行文件深化创新创业教育改革，标志着第四阶段的开启。关于前三个发展阶段的划分和每个阶段的主要工作内容、工作成效的概括综合参考：中华人民共和国教育部高等教育司组编：《创业教育在中国：试点与实践》，高等教育出版社 2006 年版，第 19—20 页。

育部高等教育司组织召开的普通高等学校"创新创业教育"试点工作座谈会敏锐地洞察到这一重大变化，明确地指出"高等学校一方面要不断提高人才培养的质量和社会适应性，同时也要加强对学生的创新意识、创新精神和创业能力的培养"①。在国家的强势推动下，巩固和提升了高校自发探索阶段取得的成果。

教育行政部门引导下的多元探索阶段（2002 年 4 月至 2010 年 4 月）。2002 年 4 月，教育部在 9 所大学②开展创新创业教育试点工作。试点过程中，探索形成了三种教育模式。即：以中国人民大学为代表，以课堂教学为主导开展创新创业教育模式；以北京航空航天大学为代表，以提高学生创业意识、创业技能为重点的创新创业教育模式；以上海交通大学为代表，以创新教育为基础，为学生创业提供实习基地、政策支持和指导服务等综合式创新创业教育模式。2008 年，教育部通过"质量工程"项目，又立项建设了 32 个创新与创新创业教育类人才培养模式创新实验区，取得了较好的预期成果。

教育行政部门指导下的全面推进阶段（2010 年 4 月至 2015 年 5 月）。2010 年 5 月，教育部颁行《关于大力推进高等学校创新创业教育和大学生自主创业工作的意见》，③这是第一个推进创新创业教育的全局性文件。教育部成立了由知名企业家、企事业单位专家、高校教师、有关部门负责同志参加的"教育部高等学校创新创业教育指导委员会"。"创指委"是在教育部领导下，对高校创新创业教育工作进行研究、咨询、指导、评估和服务的专家组织。教育部建立了高教司、科技司、学生司、就业指导中心四个司局联动机制，形成了创新创业教育、创业基地建设、创业政策支

---

① 教育部高等教育司：《创业教育试点工作座谈会纪要》，教高司函 [2002] 101 号，2002 年 4 月 30 日。

② 九所试点高校是：清华大学、北京航空航天大学、中国人民大学、上海交通大学、西安交通大学、武汉大学、黑龙江大学、南京财经大学、西北工业大学。

③ 教育部：《教育部关于大力推进高等学校创新创业教育和大学生自主创业工作的意见》，教办 [2010] 3 号，2010 年 5 月 4 日。

持、创业服务"四位一体、整体推进"格局。2012 年 8 月，教育部印发《普通本科学校创新创业教育教学基本要求（试行）》，对创新创业教育的教学目标、教学原则、教学内容、教学方法和教学组织进行了整体规划和顶层设计，推动高等学校创新创业教育科学化、制度化、规范化建设。① 逐步形成了"政府促进创业、市场驱动创业、学校推助创业、社会扶持创业、个人自主创业"的局面。②

国家统一领导下的深入推进阶段（2015 年 5 月至今）。近十年来，两个政策导向极大地促进了创新创业教育发展。一是"以创带就"，始于2007 年。党的十七大报告明确提出了"实施扩大就业的发展战略，促进以创业带动就业"的战略方针，指出："完善支持自主创业、自谋职业政策，加强就业观念教育，使更多劳动者成为创业者。"③ 在"以创带就"政策导向下，高校创新创业教育立足于就业这样一个最大的民生问题展开，围绕社会和谐与政治稳定，将"自主创业"作为灵活就业的两个方式（另一个为"自由职业"）之一，千方百计解决大学生就业问题。二是"大众创业、万众创新"，始于 2015 年。2015 年《政府工作报告》明确将大众创业、万众创新和增加公共产品、公共服务作为驱动经济发展的"双引擎"，明确指出：大众创业、万众创新既可以扩大就业、增加居民收入，又有利于促进社会纵向流动和公平正义。个人和企业要勇于创业创新，全社会要厚植创业创新文化，让人们在创造财富的过程中，更好地实现精神追求和自身价值。④ 此后，大众创业、万众创新的浪潮在中国迅速兴起。在这种

---

① 参见教育部：《教育部办公厅关于印发〈普通本科学校创业教育教学基本要求（试行）〉的通知》，教高厅［2012］4 号，2012 年 8 月 1 日。
② 参见姜泓冰：《中国大学生自主创业工作经验交流会暨全球创业周峰会开幕》，《人民日报》2011 年 3 月 30 日。
③ 胡锦涛：《高举中国特色社会主义伟大旗帜为夺取全面建设小康社会新胜利而奋斗——在中国共产党第十七次全国代表大会上的报告》，人民出版社 2007 年版，第 38 页。
④ 参见李克强：《政府工作报告——2015 年 3 月 5 日在第十二届全国人民代表大会第三次会议上》，人民出版社 2015 年版。

社会氛围中，2015 年 5 月，国务院颁行《关于深化高等学校创新创业教育改革的实施意见》，站在国家实施创新驱动发展战略、促进经济提质增效升级，推进高等教育综合改革、促进高校毕业生更高质量创业就业的高度，明确了深化高等学校创新创业教育改革的指导思想、基本原则、总体目标，提出了 9 项改革任务、30 条具体举措。① 由国务院发布文件，推进深化改革，标志中国高校创新创业教育进入了国家统一领导下的深入推进的新阶段。新阶段，高校创新创业教育已经由"以创带就"拓展为以大众创业、万众创新驱动经济社会发展，创新创业教育的实质拓展为以创新为基础的创业，支持创新者去创业，使创新创业成为驱动经济社会发展的引擎。

三、高校创新创业教育存在的问题

育人合力尚未形成。高校创新创业教育各有优势、各有特色，遇到的瓶颈问题也不尽相同。办学实力较强的综合性高校，在"学而优则仕"的传统教育观念影响下，学生自主创业意愿不强，创业项目的转化落地率较低，创新创业教育的"锦标观念"突出，功利色彩较浓；普通高校以及高职院校受限于学校学科力量较弱，缺乏对创新创业教育工作的科学研究和理论提升，缺少高水平的教师队伍，教材编写困难重重，无法吸引优质社会资源与学生创业项目的有效对接。这些问题的根本原因在于创新创业教育的氛围刚刚形成，全国各地区的成功案例及典型经验尚未形成和推广，各省对于扶持高校开展创新创业教育的平台建设和政策支持也在逐步确定的阶段，尚未在行业内或区域内形成资源互补和良性互动，无法形成发展的合力。

---

① 参见国务院：《关于深化高等学校创新创业教育改革的实施意见》，国办发 [2015] 36 号，2015 年 5 月 4 日。

运行机制尚未成熟。运行机制包括三种类型：一是"独立式"运行机制，设立专门的教育管理机构，由专职人员负责学校创新创业教育的开展；二是"嵌入式"运行机制，依托工商管理学院、商学院，成立了相关教学管理机构，多由兼职教师负责相关工作的开展；三是"联动式"运行机制，由学校领导牵头，协调教务、学生、就业、科技创业园区等机构成立了工作指导委员会，各部门协同负责，这也是目前高校较为普遍的运行机制。由于尚未进行制度层面的顶层设计，高校对于开展创新创业教育工作的认知程度和执行力度也不尽相同。大部分高校还未设立专门的教育管理机构，领导协调、分工负责的工作体制正在磨合中，在促进工作的可持续发展、提升工作效益、形成工作合力方面仍存积弊。

学科体系亟待建立。创新创业教育学科体系尚未建立，师资队伍相对匮乏、教法方法尚需改进、教材建设问题尤其突出。师资队伍建设方面，专职教师的专业化、职业化程度相对较低，缺乏对创新创业教育课程的科学设计和深入研究；兼职教师缺乏准入标准，队伍流动性大，缺少认证体系和激励机制。教学方式革新方面，在提升教学实效和共享教学资源上面临着双重挑战。创新创业教育课程在大部分高校都为辅修课程，在学生投入精力有限、获取知识的渠道日益多元的背景下，课堂教学的局限性日益凸显；创新创业教育是非常注重模拟和实践的课程，如何实现资源共享是提升创新创业教育整体水平重要环节。教材建设方面，教材数量少，种类单一，针对性差，成为制约发展的瓶颈问题。其根本原因在于创新创业教育的学科建设尚未完成，科学研究刚刚起步，对诸多理论问题的研究也未达成共识。

第五节　中国创新创业教育的发展趋势

一、"面向全体"是主流趋势

教育部于 2010 年和 2012 年分别颁行文件强调"创新创业教育要面向全体学生"①，各高校也通过多种方式积极贯彻"面向全体"的教育理念，从创新创业教育的目标和对象对其作出解读，认为"面向全体"是以培养所有学生的创业观念、知识和能力为目标，重点在于创业意识启蒙和创业知识普及。事实上，"面向全体"的创新创业教育有更为广阔的科学内涵，如有学者提出的"广谱式"和"全校性"创新创业教育，就是"面向全体"理念的深化和具体化。有学者将"面向全体"的创新创业教育分为初级、中级和高级三个发展阶段。② 本研究认为，以数量增长为核心目标的初级阶段已经结束，当前正处在以组织转型为目标的中级阶段，应该加快深化改革的步伐，尽快过渡到高级阶段，实现理念置顶、和谐共存，创建生态系统的核心目标。

二、形成特色鲜明的教育模式是重要途径

高校创新创业教育的特色模式主要有"校本模式"、"区域模式"和

---

① 2010 年教育部《关于大力推进高等学校创新创业教育和大学生自主创业工作的意见》提出，创新创业教育要面向全体学生，结合专业教育，融入人才培养全过程。2012 年教育部办公厅《关于印发〈普通本科学校创业教育教学基本要求（试行）〉的通知（教高厅 [2012] 4 号）》提出，"把创业教育融入人才培养体系，贯穿人才培养全过程，面向全体学生广泛、系统开展"。

② 参见梅伟惠：《创业人才培养新视域：全校性创业教育理论与实践》，《教育研究》2012年第 6 期。

"行业模式"三类，高校在坚持"校本模式"的同时主要呈现出向区域特色和行业特色发展的趋势。未来各高校创新创业教育要形成"三位一体、特色鲜明"的模式，即各高校创新创业教育模式要将"校本、区域和行业"三方面有机结合，统筹协调、紧密联系，以实效性作为创新创业教育模式选择的判别标准，形成具有鲜明特色的创新创业教育模式，使不同高校创新创业教育的效果最大化。"三位一体、特色鲜明"模式的核心在于"利益契合、准确定位"，高校结合实际，积极探索研究与区域特色、行业特色融合的利益契合点，让地方政府、企业通过"官产学"合作的形式积极参与创新创业教育，为创新创业教育提供资源，并构建高校自身发展与区域经济和行业共同进步的良性互动机制，整合校内外资源，最终实现区域特色、行业特色与高等教育的协调、互动和可持续发展。

三、完善教育体系是实现纵深发展的关键

创新创业教育体系的核心是课程教育体系和实践教育体系，发展的方向是通过"课程实践化、实践课程化"，实现从"知行并重"到"知行融合"的跨越。

创新创业教育课程教育体系的实践化。包括"课程内容实践化"和"教学方法实践化"两个方面。"课程内容实践化"是指教学内容要与创业实践紧密结合，在创新创业教育课程中增加创业实践内容。在增加创业实践内容的同时，也不能弱化理论知识，创新创业教育课程内容实践化不等于"去理论化"，不能将理论与实践对立起来，而是将二者有机融合，通过实践案例来丰富理论知识，通过理论知识来指导创业实践。"教学方法实践化"是指在教学中综合运用开放式、互动式、研讨式、案例式等多种实践取向的教学方法。在课程教学中综合运用模拟教学、活动教学、体验教学、案例教学等方式，在课堂上增加学生的创业实践体验，可以在一定程度上弥补创业实践教育体系覆盖率低的不足。

创新创业实践教育体系的课程化。通过创业实践，学生学习的创业理论知识得以运用，在实践中积累创业的相关经验。创业实践教育体系包括竞赛、园区和活动等载体。当前应该在科学规划基础上，完善现有载体、探索新型载体、强化育人功能，实现创业实践教育体系的规范化发展。一要科学规划，将创业实践教育与专业实践教育有机结合，在内容、形式、师资、管理和保障等方面参照"课程"体系的标准去建构和完善；二要转变实践教育观念，使学生和教师正确看待创业实践的目的和意义；三要规范实践教育过程，突出强化实践教育的育人功能；四要完善实践教育考核方式，轻结果评比，重能力培养。

四、构建系统化协同推进的支持体系是有力保障

创新创业教育是一项系统工程，需要体制机制、师资队伍、社会资源等多个因素作为支撑保障。

成立大学生创新创业教育专门机构，完善体制机制。创新创业教育的深入发展对于机构和制度保障要求越发强烈，建立专门的大学生创新创业教育机构，并健全制度、理顺机制是未来发展的趋势。具体而言，要结合自身特点成立大学生创业学院或中心，要把创新创业教育和大学生自主创业工作纳入学校重要议事日程；理顺领导体制，建立健全教学、就业、科研、团委、大学科技园等部门参加的创新创业教育和自主创业工作协调机制；统筹校内资源，整体规划和协调创新创业教育、创业基地建设、创业政策扶持和创业指导服务等工作，明确分工，确保人员、场地、经费投入。

打造"三师型"师资队伍。一方面是重点建设、完善师资队伍结构中的"三种类型"：理论型的校内专职教师、综合型的校内外兼职教师、实践型的社会兼职教师。另一方面是教师必须具备"三种素质"：能讲课，拥有"广而深"的专业知识；能咨询，拥有"精而专"的实践技能；能实

战，拥有"丰而强"的创业阅历和能力。从而提升教师水平，优化教师结构，突破质量瓶颈。

构建科学化、规范化、具有可行性的产学联盟支持系统。产学联盟是一种全新的合作形式，包括各高校之间的高校联盟以及企业间的企业联盟。产学联盟支持系统的构建有三个原则，即利益契合、优势互补、资源整合原则。包含五个子系统，即作用系统、平台系统、组织保障系统、机制保障系统和过程控制系统。通过作用系统推动高校和企业相互合作，具体合作途径则通过平台系统实现，通过组织保障系统和机制保障系统确保产学联盟的有序有效运行，通过过程控制系统对合作支持系统进行控制，对创新创业教育提供资源、实践、经验和研究支持。

第 九 章

学科论："广谱式"创新创业 教育的学科化发展取向

当前，高校创新创业教育深化改革呈现出向纵深发展的良好态势。但是，进一步深化改革既存在"中梗阻"，也存在"最后一公里"的问题："一些地方和高校还只是停留在会议、文件和口头上，没有真正落实到教学观念、培养模式等教育教学的关键环节中，尚未落实到教师学生的教学和实践上。"① 如何切实增强高校创新创业教育发展的内生动力，防止出现名义上"加强"，实际上"虚化"乃至"落空"的现实问题？根本途径是切实加强创新创业教育学科建设，厚植创新创业教育在高校的学科基础。正如纽曼所言："大学要么指学生而言，要么指学科而言。"② 高校内部的学术发展细分为不同学科，学科建设是大学建设的基本单位，任何一门学问都要找到自己的学科依托。由于当前中国高校创新创业教育还不是一个独立学科，正在为建设一个成熟的学科体系积累前期条件，本研究选择使用了"学科化"的提法。所谓"学科化"，就是一个走向"科学化"的过程。"学科化"更加关注过程而不是结果，针对研究过程中存在的研究方

① 刘延东：《深入推进创新创业教育改革　培养大众创业万众创新生力军——在深入推进高校创新创业教育改革座谈会上的讲话》，《中国教育报》2015年10月26日。
② 约翰·亨利·纽曼：《大学的理想（节本）》，徐辉、顾建新、何曙荣译，浙江教育出版社2001年版，第20页。

法和研究程序不规范或规范性不够的问题，更加关注建立研究的相对独立规则，引导研究走向规范化；针对研究过程中产生的业余性、感悟性和议论性成果，更加关注专业精神和专业态度的培养，推动研究走向专业化；针对研究过程中普遍存在的宏大叙事和主观臆测，更加注重获得相对精确的知识和建构相对系统的理论，确保研究的科学化。当前形势下，学科化是明确一线工作者和专业教师学科"归属感"，促进"学术职业"发展的有效载体；是明确创新创业教育目标定位，有效克服功利主义价值倾向的重要途径；是推动创新创业教育与实践走向规范化、专业化和科学化，"使创新创业成为管理者办学、教师教学、学生求学的理性认知与行动自觉"①，进而实现持续发展的内生动力。

第一节　中国高校创新创业教育的学科化特性

全面准确把握高校创新创业教育的学科化特性是加强学科建设的基本前提和科学基础。高校创新创业教育学科建设要在纵向上贯通大中小学，在整体上实现有效衔接；要在横向上联结政府、企业和社会，建设开放的协同育人机制；要主动顺应大众创业、万众创新的时代潮流，以人才驱动实现创新驱动，培养造就适应时代需要的创新创业人才。这就使得整体性、开放性和时代性成为当前中国高校创新创业教育学科化的基本特性。

一、创新创业教育学科化的整体性

实现创新创业教育学科化是一项系统工程，需要综合考虑构成影响

---

① 国务院：《关于深化高等学校创新创业教育改革的实施意见》，国办发 [2015] 36 号，2015 年 5 月 4 日。

和制约的各种社会、心理因素，统筹把握创新创业教育与政府政策、经济
发展、社会进步、科技创新及文化嬗变等外部诸要素的复杂关系。理顺这
些关系需要兼收并蓄相关学科的原理和知识，实现不同学科概念、方法和
技术手段融会贯通，逐步建构高校创新创业教育的原理体系、知识体系、
方法论体系、比较研究体系。这就要求我们高度重视创新创业教育的整体
性特征。创新创业教育绝对不是市场营销、金融财务、运作管理、人力资
源、质量控制方法等管理课程简单相加的结果，它需要"围绕着一个企业
的生命周期"将这些知识构建为一个体系，以"基于创业过程模型的全新
方法"将独立分散的职能性课程加以整合，从而"有助于读者对通常来说
混乱和不可预测的创业过程形成全面而深刻的理解"①。这就是为什么很多
大学的商学院或管理学院虽然有着雄厚的学术基础，但在开展创新创业教
育时却无法收到应有效果的原因所在。正如有学者所指出的："到目前为
止，管理学院面向本科生、研究生开设的管理课程仍然以职能性课程为
主，对创新与整合性课程重视不够，与时代发展的要求不一致。"② 也正是
基于这一高度注重整体性的指导思想，杰弗里·蒂蒙斯发明了基于"商机
驱动"、"团队驱动"及"资源驱动"三个核心要素匹配和平衡的"蒂蒙斯
模型"。这一创业过程模型解决的"中心问题就是通盘整体的平衡"③。注
重整体性成为蒂蒙斯创业教育理论和实践课程体系的突出特点，这种从整
体上建构创新创业教育体系的发展趋势也是近年来高校创新创业教育研究
与实践的重要发展趋势。

---

① 杰弗里·蒂蒙斯、小斯蒂芬·斯皮内利：《创业学》第 6 版，周伟民、吕长春译，人民
　邮电出版社 2005 年版，第 7 页。
② 张玉利等：《企业管理理论与实践的新发展》，清华大学出版社 2004 年版，第 249 页。
③ 杰弗里·蒂蒙斯、小斯蒂芬·斯皮内利：《创业学》第 6 版，周伟民、吕长春译，人民
　邮电出版社 2005 年版，第 31 页。

二、创新创业教育学科化的开放性

创新创业教育的主要任务在高校内部完成，但教育的平台和资源却要依靠政府、社会、企业共同提供。如何协调和汇聚资源使其形成合力共同为学生的全面发展服务，是创新创业教育必须解决的关键问题。所以，创新创业教育成为联系各方关系的桥梁和纽带，以此为中心，大学与政府、企业、社会其他部门及个人建立起密切而广泛的联系，形成一个全社会支援大学生创新创业的网络。创新创业教育具有的开放性特征对于学科发展取向、教师素质要求和教学方法改革都提出了新的更高的要求。

首先，创新创业教育的学科发展取向不能指向纯粹的高深的理论探究，也不能停留于对未来美好教育理想的描述，而要"直通"现实的培养开创性个人的"教育工程"，对于创新创业教育不能"只会说应该是什么，不知道究竟应该做什么、怎么做"①。这就是创新创业教育面向国家需求的开放性，既要对新的教育取向进行"指向"，又要在从教育取向到教育工程的技术转换过程中进行"示范"，实现理论和实践的统筹兼顾，设计与实施的紧密结合。其次，需要从事创新创业教育的教师成为一个优秀的社会活动家，既要脚踏实地，从高校所在的社区、所在城市做起，获得支持、汇聚资源；也要以国际的视野和胸襟，立足中国、面向世界，熟练运用请进来、走出去、全面掌控前沿信息的方法，面向全球确立发展策略，搭建大平台、汇聚大资源，为学生的长远发展奠基。再次，开放性的学科化特征要求创新创业教育的主要任务不是解释"是什么"、"为什么"，而是着重解释"做什么"、"如何做"，这种全新的教学任务需要我们重新思考"教什么"和"如何教"的问题。创新创业教育不能只局限于传统的"粉笔加讲授"的教育形式，要充分考虑到创业教育领域"缄默知识"大量存在的事实，要求创新创业教育回归到它的来源，也就是人类创新创业

---

① 吴康宁：《我们究竟需要什么样的教育取向研究》，《教育研究》1992 年第 12 期。

实践活动，汲取力量，而不是归隐于纯粹空想思辨、形而上的玄学抽象；学习和研究创新创业教育也必须面向丰富多彩的创新创业实践，使之在"改造世界"的过程中接受检验，并随着实践的发展而发展。

三、创新创业教育学科化的时代性

高校创新创业教育理论研究和实践活动的深入开展与我们所处时代的主体特征有着密切关联。曾任芝加哥大学校长的赫钦斯在 1953 年大胆预测，"如果我们得以幸存，我们将活在衣食无虞却工作短缺的世界，机器将代替我们工作。"[1] 这一伟大的预言就是我们当今时代的真实写照，"衣食无虞却工作短缺"成为世界各国政府最为头疼的社会问题。这既是当今时代各国政府高度重视创新创业教育的根本原因，因为传统产业创造的工作岗位已经被"机器"侵蚀掉了，为了工作，当代人只有自己创造工作岗位；也是提出"就业友好型"增长的主要原因，因为国家投资建设资本密集、技术密集的大企业，难以提供大量的就业岗位，出现所谓的"奥肯悖论"，即经济增长与就业增长不平衡，经济增长并不必然带来就业岗位的增加。强调"就业友好型"增长，就是要在保增长的过程中特别注意就业岗位的开发，对就业吸纳能力强的中小企业加大支持和扶持力度。[2] 这就使得当今中国高校的创新创业教育理论研究和实践活动表现出明显的时代性特征，对当前中国大学生就业难的现实关切，要求中国高校创新创业教育走一条具有中国特色的发展道路。

当然，"工作短缺"并非当今时代的唯一特征，以知识经济为主导的世界经济形态更加突显了创新创业精神的重要性。知识经济时代以经济知识化和社会信息化为主要特征，"大学必须改变传统的只传授现成知识的

---

[1]　Robert M.Hutchins：《乌托邦的大学》，陈秉逵译，韦伯文化国际出版有限公司 2011 年版，第 1—3 页。

[2]　参见《严峻就业形势呼唤"就业友好型"增长》，《第一财经日报》2009 年 8 月 25 日。

教育模式,而要树立创造性的教育思想,尤其像清华这样的重点大学,培养学生的创新精神应该是最重要的"①。知识经济时代的大学已经从社会的边缘转移到中心,直接成为催生新兴产业和推动经济发展的主导力量。大学培养的创新创业型人才成为知识经济时代社会发展的重要推动力量,他们不再是工作岗位的搜寻者,而是工作机会的创造者。正是他们创造的新兴产业为以高校毕业生为主体的青年就业群体创造了实现人生价值的平台。正是基于这一鲜明的时代特征,党和国家领导人高度重视青年创新创业:"青年学生富有想象力和创造力,是创新创业的有生力量。"②"青年愿创业,社会才生机盎然;青年争创新,国家就朝气蓬勃。"③当今时代,创新成为社会进步的灵魂和引领发展的第一动力,创业成为推动经济社会发展、改善民生的重要途径。创新创业成为驱动经济发展的动力引擎,必须通过创新创业教育加快培养规模宏大、富有创新精神、勇于投身实践的创新创业人才队伍。

第二节　中国高校创新创业教育的学科化道路

中国高校创新创业教育走过了一条政府驱动的快速发展之道,政策导向经历了从"以创带就"到"大众创业、万众创新"的拓展,创新创业成为驱动经济社会发展的动力引擎。这就要求我们深刻认识到创新创业教育不是添加在高校身上的临时任务,不是应对当前经济下行压力加大的紧急措施,也不是解决高校毕业生就业难的权宜之计,而是找准高等教育改革发展定位,全面提高人才培养质量,努力造就"大众创业、万众创新"

---

① 王大中:《王大中教育文集(1994—2003)》,清华大学出版社 2011 年版,第 107 页。
② 《习近平祝贺 2013 年全球创业周中国站开幕》,《人民日报》2013 年 11 月 9 日。
③ 李克强:《五四青年节给清华学生创客回信:青年创业创新国家就朝气蓬勃》,2015 年
　　5 月 4 日。

生力军的战略选择。中国高校创新创业教育学科建设需要结合中国国情，走一条"专业式"与"广谱式"双轨并进、"问题导向"与"学科导向"统筹兼顾、"政府驱动"与"高校需求"上下互动的特殊道路。

一、"专业式"与"广谱式"双轨并进

"专业式"创新创业教育形成于美国。1947 年 2 月，哈佛大学商学院的迈尔斯·梅斯（Myles Mace）教授为 MBA 学生开设了"创业企业管理"（Management of New Enterprises）课程。这一历史性事件奠定了美国高校创业教育的三个传统：一是商学院（管理学院）成为高校创业教育的主体；二是创业教育与 MBA 学生培养紧密相联；三是创业教育的目标指向"新创企业管理"。"专业式"创新创业教育传统在哈佛商学院得到了传承和坚守，直到现在，它的教育对象仍然仅针对 MBA（工商管理硕士）。"专业式"创新创业教育积累了教师、教材、案例、基础理论等"原始资本"，使得创新创业教育在商学院内部完成了"自生长"和"自成熟"的专业发展历程。与"专业式"相对应的是 20 世纪 90 年代发展起来的"广谱式"。"广谱式"创新创业教育课程要针对全校学生，采取以提升全校学生创业素养和创业能力为本位的发展路径。近年来，"广谱式"创新创业教育发展势头强劲，高校创新创业教育普遍向着"广谱式"模式发展，在商学院以外的地方教授创业开始变得流行，"科学研究者学习商业知识，商人学习科学知识"变得越来越普遍。[①] 当前高校创新创业教育学科化要努力创造"专业式"与"广谱式"创新创业教育"双轨并行"的条件，切实实现二者的"相互助力"。

"广谱式"创新创业教育的突出优势是理念先进，既考虑大多数，也

[①] 参见 Deborah H. Streeter, John P. Jaquette Jr., Kathryn Hovis, University-wide Entrepreneurship Education: Alternative Models and Current Trends, *Southern Rural Sociology*, 2004, 20 (2)。

不忽略极少数，实现了"全覆盖"、"分层次"和"差异化"的统筹兼顾；"专业式"创新创业教育的突出优势是目标明确，在培养学生实际创业能力方面基础雄厚。高校创新创业教育的学科化就是要以"广谱式"创新创业教育的先进理念为指导，以"专业式"创新创业教育的专业实力为依托，确保二者"相互助力"：既要充分发挥"专业式"创新创业教育在提升学生创业实战技能等方面积累的优长；也要积极推动创业教育项目向商学院之外的工程、艺术、科技等专业广泛拓展，全面融入学科专业教育之中。既面向全体学生开展"广谱式"教育，广泛地"种下创新创业的种子"，为高校毕业生设定"创业遗传代码"，普遍培养和提高所有专业大学生创新意识、创新思维和创新能力；又面向少数有创业意向的学生开设创业实验班，为这些学生在大学期间或是毕业之后创业提供切实的教育咨询援助。通过整合构建"专业式"与"广谱式"创新创业教育"双轨并行"的运行机制，以此来促进教育质量的整体提升和学科建设的共同进步。

二、"问题导向"与"学科导向"统筹兼顾

中国高校创新创业教育研究与实践始于"问题导向"。2007年，党的十七大报告明确提出了"实施扩大就业的发展战略，促进以创业带动就业"的战略方针，指出："完善支持自主创业、自谋职业政策，加强就业观念教育，使更多劳动者成为创业者"。[①] 在"以创带就"政策导向下，高校创新创业教育研究与实践立足于解决就业难这一最大的民生问题展开，围绕社会和谐与政治稳定，将"自主创业"作为灵活就业的两个方式（另一个为"自由职业"）之一，千方百计解决大学生就业问题。在此过程中，

---

① 胡锦涛：《高举中国特色社会主义伟大旗帜为夺取全面建设小康社会新胜利而奋斗——在中国共产党第十七次全国代表大会上的报告》，人民出版社2007年版，第38页。

高校创新创业教育研究与实践的重要目标就是缓解就业压力,创新创业教育研究采取典型的"问题导向"研究模式,尤其注重应用性和对策性研究。对于这种研究导向,我们不能因为它没有给予学科建设以足够的重视就简单地加以否定,而是要协调处理"问题导向"与"学科导向"的辩证关系,实现二者的统筹兼顾。

一方面,"解决现实问题"和"进行学科建设"是一件事,二者可以内在地统一于整体的学科化进程之中。我们从事创新创业教育的专家如果不去积极关注大学生就业问题,只是将创新创业教育纳入学院知识生产的流水线,以僵化的学科分界画地为牢而将很多重要的现实问题排除在研究的范围和视界之外,那么,这种研究存在的理论和实践基础又在哪里呢?以此为旨归所形成的研究成果与自说自话、自言自语又有何区别呢?另一方面,热点问题研究固然重要,但学科建设不好,长此以往,热点问题研究缺乏坚实的学科支撑,也只能浮于问题表面。为此,高校创新创业教育既需要"仰望星空",围绕大学生就业难等重点难点问题进行深入研究;也需要"脚踏实地",对于事涉长远大计的学科建设问题进行整体规划和设计,为创新创业教育确立坚定正确的价值取向,为科学体系和模式的构建夯实基础。这就是"问题导向"和"学科导向"的辩证关系,以问题为导向看似忽略了学科体系的构建问题,而实际上解决问题的过程也就是学科化的过程;反之,如果简单地以学科为导向,在条件尚不成熟的情况下就展开"划界运动",只能使学科走入死胡同。

三、"政府驱动"与"高校需求"上下互动

当前,国家高度重视"大众创业、万众创新",明确指出:大众创业、万众创新既可以扩大就业、增加居民收入,又有利于促进社会纵向流动和公平正义。个人和企业要勇于创新创业,全社会要厚植创新创业文化,让人们在创造财富的过程中,更好地实现精神追求和自身价

值。①2015 年 5 月，国务院颁行《关于深化高等学校创新创业教育改革的实施意见》，站在国家实施创新驱动发展战略、促进经济提质增效升级、推进高等教育综合改革、促进高校毕业生更高质量创业就业的高度，明确了深化高等学校创新创业教育改革的指导思想、基本原则、总体目标，提出了 9 项改革任务、30 条具体举措。② 由国务院发布文件推进深化改革，标志中国高校创新创业教育已经由"以创带就"拓展为以"大众创业、万众创新"驱动经济社会发展的新阶段，高校创新创业教育的实质拓展为以创新为基础的创业，支持创新者去创业，使创新创业成为驱动经济社会发展的引擎。

"政府驱动"使得高校创新创业教育学科发展在资源汇聚、平台搭建和成果产出方面都有政策和资金保障，使创新创业教育研究可以在短时间内兴旺起来。基于这一现状，创新创业教育研究必须遵循政府设置的导向，才能使自身的理论体系更趋完善。但是，仅有这些还不够，创新创业教育需要在政府的推动下以高校为主体来具体落实，将"政府驱动"与"高校需求"的紧密结合，实现上下互动。当务之急是以高校为主体建设创新创业教育的生态系统，这个生态系统的指导思想是"高校主体、企业参与、社会支持"。"高校主体"重在加强三方协同，以高校为主体建立大学生创业平台，一方面是协同各方，汇聚资源为大学生创新创业所用；另一方面是积极推动知识资本化和技术市场化，成为联结政府和企业的桥梁和纽带，"真正发挥出高校作为创业型人才培养实施者、智力型资本激发引导者、新创型企业资源融合者的主体作用"③。"企业参与"重在提供服务，在系统中起到支撑辅助作用，需通过完善民间融资体系，建立非营利

---

① 参见李克强：《政府工作报告——2015 年 3 月 5 日在第十二届全国人民代表大会第三次会议上》，人民出版社 2015 年版。

② 参见国务院：《关于深化高等学校创新创业教育改革的实施意见》，国办发 [2015] 36 号，2015 年 5 月 4 日。

③ 张昊民、张艳、马君：《麻省理工学院创业教育生态系统成功要素及其启示》，《创新与创业教育》2012 年第 2 期。

性第三方组织等方式，尽可能地提供包括资金、技术、评估和认证等方面的专业化服务。"社会支持"重在厚植创新创业文化，浓厚崇尚创新、宽容失败、鼓励个性的社会氛围，使创新创业成为新的价值追求和社会取向。

第三节　中国高校创新创业教育的学科化发展取向

科学把握中国高校创新创业教育学科化发展取向，必须把握主流和主线，分清主流和支流，主线和分线的区别。在学科化进程中，必须抓住主要矛盾和主要问题，为创造更好的发展趋势创造条件，为此就要在建构共同的教育哲学基础、明确学科边界和主体领域、加强平台建设和人才培养三个方面集中力量，实现突破。

一、建构共同的教育哲学基础

教育哲学最为根本的问题就是本质论、目的论和价值论，作为创新创业教育，基本的教育哲学问题也是这"三论"。当前，创新创业教育哲学存在的主要问题是与教育哲学高度重合。将"培养人"这一教育的本质作为创新创业教育的本质，将"培养社会主义合格建设者和接班人"这一教育的目的作为创新创业教育的目的，将"人的自由而全面的发展"这一教育的价值作为创新创业教育的价值，这在根本方向上是正确的。但是，这种高度重合就会引发我们深入思考：创新创业教育的特质在哪里？它的不可替代性在哪里？不能在这些问题上形成深刻认识，创新创业教育就失去了存在的前提和基础，终将淹没在一般教育的汪洋大海之中。这就现实地要求我们必须结合高校创新创业教育独有的理论特质，在宏观教育规律的指导下深入思考专属于高校创新创业教育的本质、目的、价值，以此作为高校创新创业教育学科化的出发点和落脚点。首先，创新创业教育具有"主动性"的本质。认为"主动性"是创新创业的突出特质，就是要把创业作为一种生活方式和人生态度，转化为学生的主体行为。主动性就是要充分发挥人的创造性的潜力和本能，培养"创业自觉"。其次，创新创业教育具有"超越性"的教育目的。"超越性"包括对传统的超越和对自我的超越两个方面，超越性的创新创业教育就是要"培养具有开创性的个人"。再次，创新创业教育具有"转化性"的终极价值。认为从教育过程来看，创新创业教育是一个艰难的转化过程，从接受创新创业知识到形成创业智慧，从新发明新发现新创造到知识资本化，从具有创业意向到采取创业行动，需要付出艰辛的努力。包括"转识成智"（知识转化为智慧）、"转知成资"（知识转化为资本）和"转意成行"（意向转化为行为）三个方面。

共同的教育哲学基础是确保高校创新创业教育科学设计、顺利实施的根基，在"三论"的统合下，协调多学科研究在共同的概念和术语方面取得多方共识，消弭各学科原理和方法的矛盾和冲突，努力达到整体和谐。只有创新创业教育在本质论、目的论和价值论方面实现了高度认同，才能为以不同学科知识为基础、从问题的不同方面展开的多样化探讨奠定坚实基础，才会走出"'自己出题目，自己封闭做研究，自己欣赏自己成果'的自娱自乐的窘迫处境"[1]。在此基础上，把创新创业教育置于国家发展战略与现代化建设发展体系中，提升到高等教育办学理念和教育体制改革的高度，立足于学生能力素质的培养和提高来切实加强创新创业教育课程设置、教材建设、教师培训及评价体系等具体问题研究，形成血肉丰满的创新创业教育学科群。

---

[1] 郭重庆：《中国管理学者该登场了》，《管理学报》2011 年第 12 期。

二、明确学科边界和主体领域

当前，每年发表的创新创业教育研究文章已近三千篇（CNKI），在数量上蔚为可观，但是整体质量仍有提升空间。"很多文章是大同小异，可以说，研究方法基本雷同，研究角度基本相似，大致上是'意义—内容—途径'三段式。"[①]正像有学者所言：基本上是一种思辨性的研究，流于肤浅的现象描述，研究成果主要是一种研究者想象力和生活阅历的呈现，大部分成果不仅文章结构窠臼化（原因、特点、对策）、论述枯燥化（家庭、学校、社会），而且结论也大都是"正确的废话"（加强、提高、重视）。[②]这种发展现状严重阻碍了创新创业教育的学科化进程。作为一个研究方向，必须有属于自身的学科边界和主体领域，围绕这些主体领域有一批学者长期深入地研究。漫无边际的研究领域，就会使得这个研究方向缺乏总体上的学术认同感，缺乏严格意义上的专业积累和进步。

为了明确学科边界和主体领域，当前，亟须做好四方面基础工作。一是创新创业教育的基础文献研究。作为一门新兴学科，创新创业教育研究尚无重要文献汇编和导读，这使得广大研究者缺乏必要的共同学术积累和共通话语体系，既降低了学术群体的整体学术认同感及同行感，也在一定程度上影响了学生培养质量。二是中国不同类型高校开展创新创业教育的成功案例。由于创新创业教育发端于美国，所以国内学术界对于创新创业教育研究言必称美国，而且多是介绍美国的成功经验，这种研究当然必要。但如果缺少对于国内高校创新创业教育实践的关注，这种比较研究也就缺少了本土基础。所以，需要关注国内高校对创新创业教育的实践创新，特别是这些高校在全校范围内推进创新创业教育的体制、机制和队伍建设的实践创新；以创新创业教育理念指导高校教育教学改革，提高教育

---

① 徐华平：《应多学科研究创业教育》，《高等教育研究》2004 年第 6 期。
② 参见姚建龙：《远离辉煌的繁荣：青少年犯罪研究 30 年》，《青年研究》2009 年第 1 期。

质量的实践创新；以创新创业教育为核心和纽带，协调政府、企业和社会资源，促进高校走开放之路的实践创新。三是世界各国高校创新创业教育的比较研究。学术界对美国、英国和日本创新创业教育已有深入研究，对印度、俄罗斯等国则缺乏应有的关注，对欧盟成员国如芬兰、瑞典、丹麦、法国、德国在创新创业教育方面的积极实践缺乏持续追踪。四是创新创业教育与不同学科专业相结合形成的全新教育模式。在很多高校，目前依然只有专业教育这支"正规军"单兵推进，而创新创业教育则像"游击队"，打一枪换一个地方。尽管有教师尝试将创新创业教育融入日常教学，但因没有成建制的课程规划，专业教育和创新创业教育成了"两张皮"。①这就迫切需要探索将"两张皮"如何拧成"一股绳"，并实现水乳交融的教育模式，重点加强这方面的案例积累和经验总结推广，为创新创业教育与不同专业相结合提供范例，为在更大范围内推广创新创业教育起到应有的示范作用。

三、加强平台建设和人才培养

平台和人才对于学科建设至关重要，二者相互依存、相互提升。有了平台，可以招揽人才；有了人才，可以创建平台；人才和平台结合，就会汇聚资源、产出成果、壮大平台。平台建设成为现阶段高校创新创业教育获得全面发展与进步的基本保障。一是采取"专业模式"，所有日常管理、师资培养、经费筹措、课程设置等资源都由商学院或管理学院调配，教学对象和教学活动集中在商学院或管理学院，目标是培养专业化的创新创业人才、创新创业教育师资和研究者；二是采取"广谱模式"，成立全校性的创新创业教育中心（学院），整合校内校外各方面资源，加强顶层设计，面向全校学生开设创新创业教育课程，全方位推进创新创业教育；

---

① 参见张烁：《创新创业，高校怎么教》，《人民日报》2015年7月9日。

三是整体设计创新创业教育学科建设方案，分三步解决创新创业教育学科归属问题。第一步将创新创业教育发展成高等教育学、教育经济与管理学或比较教育学二级学科下的研究方向；第二步应该加强创新创业教育的相关研究，融合就业教育、职业生涯规划教育内容，开辟出原理、史论、方法、比较等主流研究方向；第三步将创新创业教育相关研究方向进行整合，并正式在教育学一级学科下设创业教育学，或在管理学门类下建立创业学一级学科，下设创新创业教育学二级学科，最终建成创新创业教育学科。

在人才培养方面，首当其冲的是教师培养。当前从事创新创业教育的教师有的来自商学院或管理学院，由于在学院内部创新创业教育并不是"主业"，处在边缘状态；有的来自就业中心、校团委等学生工作部门，由于不是"科班出身"，有些底气不足；有的来自各个专业，结合本专业教育进行创新创业教育，由于无法进入专业主流，况且短期内不能取得应有的效益，常常是单枪匹马、孤军奋战。这些教师以自己的原专业获得职称晋升，申请国家科研项目时很难找到准确的学科归属，经常在管理学、经济学、教育学、社会学等学科之间徘徊。学科"漂泊"状态使得从事创新创业教育的教师缺乏学科归属感，对于学者而言，学科就是学术职业，没有学科归属就意味着学术职业失败。因此，迫切需要建设专属的发展平台。针对从事创新创业教育的"学院型"、"兴趣型"和"公益型"教师，需分别建设相应的发展平台。对于"学院型"和"兴趣型"教师，由于他们都是高校教师，要重点建设培训基地等实践平台，提供实训资源；对于"公益型"教师，由于他们都是来自企业和社会的兼职教师，要建设帮助其提升理论水平的学术平台，使得实践经验得到应有的学术化。

第 十 章

趋势论:"广谱式"创新创业
教育的未来指向

中国创新创业教育将向何处去? 这一本来并不十分紧迫的问题, 由于国家和社会的极其重视, 而在当前突出地摆在所有人面前。为了集中解决这个问题, 本研究展现了美国在创业教育方面尚未成熟的一面, 通过全景呈现美国学者关于创业教育发展现状、阶段定位与发展趋势的争论, 将美国高校创业教育"成熟性"、"合法性"以及"发展趋势"三个问题引入视域, 这一研究使我们现实地看到, 即使在世界上公认的最早开展创业教育的国家, 美国也不是什么都好, 也有这样那样的问题, 这既增强了我们的信心, 也让我们看到任重道远的未来奋斗之路。在拓展国际视野的基础上, 我们还是要以中国情怀来关照中国创新创业教育的未来进程。为了解决实践过程中的现实问题, 回应对于全面推进创新创业教育"是否可能"的质疑, 切实坚定理论自觉和增强前进定力, 对于创新创业教育是不是万能教育, 有没有全面推进的必要, 全面的创新创业教育思想与因材施教的教育理念间是否有矛盾与冲突等问题进行了系统梳理和评述; 站在全新的高度论述了当前全面推进创新创业教育的重要价值, 认为当前决定中国高校创新创业教育基本走向的关键在于更新观念, 以全新的观念作为理论内核, 构建与创新型国家建设相适应的高校创新创业教育范式。当前迫切需要系统梳理创新创业教育在教育对象、知识体系和方法论体系方面存在的问题，对于创新创业教育的概念、对象和途径进行"前提反思"，树立起全新的"大创业教育观"。

第一节　美国高校创业教育发展的论争与启示

关于美国高校创业教育发展现状、阶段定位和发展趋势的探讨存在两派不同观点。论争双方分别以圣路易斯大学卡茨（Katz）[①] 教授和印第安纳大学库拉特科（Kuratko）[②] 教授为代表。这场论争始于卡茨2003年在《商业风险杂志》发表的《美国创业教育的年表和知识轨迹》一文。文中，卡茨对美国以商学院为基础（Business School-Based）的创业教育整体估计："完全成熟"但"未完全合法"。这一整体估计引来了库拉特科的反对，他在为克尔曼基金会撰写的2003年度和2004年度白皮书中明确提出相反意见，即美国高校创业教育已经"部分合法"但"未完全成熟"。同时，他也对卡茨提出的研究和出版困境问题、教师短缺问题、由于自满而造成的发展停滞问题提出了不同看法。此后，库拉特科将这些观点写入《创业教育的兴起：发展、趋势与挑战》一文，并发表在2005年的《创业理论与实践》杂志上。为了回应库拉特科提出的反对意见，卡茨将他为克

---

① 卡茨现任圣路易斯大学约翰·库克商学院科尔曼创业基金会主席，曾获得十几项重大专业奖项，包括百森（Babson）授予的创业教育苹果奖（Apple Prize），家族企业学院向为家族企业作出跨学科贡献者授予的勒范奖（LeVan Prize），美国管理学会创业部授予的杰出终身成就奖，以及美国管理学会创业部和圣路易斯大学研究生协会联合授予的导师奖等。

② 库拉特科是印第安纳大学布鲁明顿分校凯莱商学院杰克·吉尔创业中心主席，也是约翰逊创新与创业中心执行主席，被誉为创业领域的杰出学者和领导者，兼任全球联合创业中心的执行主席。库拉特科获得的荣誉包括印第安纳州"年度最佳创业者"、"乔治·华盛顿荣誉勋章"、"优秀私人企业利维基金奖"、"全国模范创业创新教育奖"等，被评选为美国"最资深创业教授"之一，被美国国家管理学会授予创业最高奖——"最具影响力创业倡导奖"。

尔曼基金会撰写的 2006 年度白皮书命名为《另一回事儿》，文中再次探讨创业教育的"合法性"与"成熟性"问题。此后，以此文为基础，他又撰写了《完全成熟但未完全合法：关于美国创业教育发展状况的不同观点》一文，并发表在 2008 年的《小企业管理杂志》上。这三个问题，同样也是学界其他学者如布雷泽尔（Brazeal）、洛（Low）、赫里奥特（Heriot）、兰普金（Lumpkin）、琼斯（Jones）等关注的焦点。以这场论争中双方讨论的主要问题为切入点，鉴往思来，可以启发我们深入思考美国乃至全世界高校创业教育的发展。

一、关于"成熟性"（**Maturity**）的论争

库拉特科等学者认为创业作为商学院的一门新兴学科，远未成熟。而卡茨等学者旗帜鲜明地提出了反对意见，认为商学院内部创业学科已经成熟。双方围绕"成熟性"的争论分歧，主要源于各自对创业学科在研究内容、教学方法以及在商学院中的地位等问题的不同认识。

（一）创业学科远未成熟

库拉特科派学者从创业范式、学界认可度等角度对创业学科进行考查，认为创业学科远未成熟。其中，学者布雷泽尔等人 1999 年曾发文指出"创业研究仍然处在幼年期"[①]。创业领域的不成熟主要体现在术语和研究方法缺乏一致性，核心领域孤立发展并呈现"碎片化"趋势。因此他认为，未来创业研究领域必须要形成自己的创业范式（Entrepreneurship Paradigm），才能够走向成熟。学者洛在 2001 年的文章中同样指出："当前商学院中学者对创业研究的兴趣不断增加，可是这门学科或这个领域却

---

① Brazeal, D.V. and Herbert, T.T., The Genesis of Entrepreneurship, *Entrepreneurship Theory and Practice*, 23, 1999, pp.29-45.

没有获得学术界的尊重……创业研究正处在一个青少年时期，需要进一步明晰研究目的。"① 因此，他提出未来创业研究的四个发展方向，即作为教学支持的创业研究、作为"大杂烩"的创业研究、从属于不同学科的创业研究和作为独特领域的创业研究。在四个方向的研究未达到理想效果前，创业学科并不成熟。

与上述两位学者的观点相似，库拉特科在 2005 年发表的文章中指出："创业教育在大学仅仅是得到了认可，实现了'部分合法化'，而'成熟还远没有实现'。"② 库拉特科就当时创业学科发展状况提出了四方面的质疑：一是美国有多少创业学系？二是有多少教师仅仅因为开展创业的研究和教学而获得了终身教职？三是有多少院长来自创业学背景？四是有多少商学院把纯创业研究期刊列为 A 级？这四个问题均涉及创业教育发展的基础。显然，他对当前创业教育发展现状并不乐观，认为创业教育距离学科成熟依旧很远。关于"成熟性"的标志，库拉特科提出了自己的标准，"21 世纪创业教育在商学院的合适地位，是在课程、科研、教师以及资金支持等方面成为领导学科。我们的教师一定要团结起来共同将创业教育推向领导地位。"③ 显然，在库拉特科眼中，创业学科的成熟有一个高标准，即成为领导学科，而当前远未实现。

(二) 创业学科趋于成熟

面对"成熟性"问题，卡茨派学者提出了截然不同的观点。他们认为创业学科在美国商学院内部已趋于成熟。这种成熟性有六方面的表征：一是创业教育拥有两个被广泛认可并稳定连贯的研究领域——创业领域和

① Low，M.B.，The Adolescence of Entrepreneurship Research：Specification of Purpose，*Entrepreneurship Theory and Practice*，25，2001，pp.17-26.

② Donald F. Kuratko，The Emergence of Entrepreneurship Education：Development，Trends，and Challenges，*Entrepreneurship Theory and Practice*，29，2005，pp.577-598.

③ Donald F. Kuratko，The Emergence of Entrepreneurship Education：Development，Trends，and Challenges，*Entrepreneurship Theory and Practice*，29，2005，pp.577-598.

小企业领域。前者聚焦财富创造，而后者关注组织建立。二是创业教育作为一个行业已经实现了标准化，具体体现在课程的数量、类型和教学方法上。三是提供创业教育的场所普遍。目前几乎所有美国国际高等商学院协会（AACSB）认定的商学院均提供创业教育，另外还有超过 1000 家未获得认定的商学院也在提供创业教育。四是创业教育已经拥有了完备的教育基础设施建设。具体而言，目前创业教育拥有超过 300 个捐赠席位、100 个创业中心和 40 种学术期刊。另外，仅在美国国内，创业专业机构就超过 10 个。五是创业教育具备新兴学科发展趋势。新兴学科发展趋势的主要标志是学科中专业教师群体的成长，以及创业教育在经济、金融及高科技等研究领域中拥有了出版地位。六是社会对创业教育合法性的认可。创业项目得到美国国内主流媒体（《美国新闻与世界报道》、《商业周刊》等）的承认，并且四种创业方面的顶级期刊（《创业和区域发展》、《商业风险杂志》、《小企业管理》、《小企业经济》）进入社会科学引文索引（SSCI）检索。①

　　同时，卡茨也撰文从另一角度详细论证了创业教育在商学院已经趋于成熟。他援引了戴斯（Dess）等学者提出的方法，即根据一个行业的生命周期来描述其行业发展特性，并使用其中三个最主要指标来判断行业是否具有成熟性。第一项指标是"需要很少的产品设计"。卡茨认为，当前创业教育在教学内容方面已经趋于一致。例如大多数西方国家关于小企业和创业教育课程的基本主题设计是固定的。因此创业教育领域新产品设计需求很低，标准趋于统一。较低的产品设计需求和标准统一的产品都是成熟产业的有力证明。第二项指标是"有一个较低的、适度的市场增长速度"。市场成长遵循引进、成长、成熟和衰落的发展规律。根据学者所罗门（Solomon）提供的课程数量图，卡茨推导出创业教育市场

---

① 参见 Jerome A. Katz, The Chronology and Intellectual Trajectory of American Entrepreneurship Education, *Journal of Business Venturing*, 18, 2003, pp.283-300。

已经达到成熟。第三项指标是"组成要素的数量或利基市场"。① 当前美国创业教育课程从 1200 门增长到 1600 门，并且新增课程多数在商学院之外开设，这反映出创业教育拥有了新的利基市场，是创业学科成熟的重要标志。

无论是六个表征的阐释，还是三个指标的论证，卡茨都坚信创业教育在商学院已经趋于成熟，创业教育将来的增长点将是商学院之外的利基市场。

二、关于"合法性"（Legitimacy）的论争

"合法性"是组织制度理论中的一个概念。学者萨奇曼（Suchman）认为，"合法性是一个一般的理解或假设，即一个实体的行为在某一社会结构的标准体系、价值体系和信仰体系及定义体系内是合意的、正当的、合适的"② 。作为新兴学科的高校创业教育，从产生到发展，"合法性"都是学者们关注的焦点。

（一）卡茨认为美国高校创业教育未完全合法

卡茨认为美国高校创业教育"处在合法的边缘但是距离完全合法还有很长路要走"③ 。在对此问题进行阐释时，卡茨援引了奥德里奇（Aldrich）等学者评估新兴行业合法性的理论模型。该模型将合法性分为

---

① 参见 Jerome A. Katz, Fully Mature but Not Fully Legitimate: A Different Perspective on the State of Entrepreneurship Education, *Journal of Small Business Management*, 46, 2008, pp.550-566。

② Suchman, M. C., Managing Legitimacy: Strategic and Institutional Approaches, Academy of Management Review, 20, 1995, pp.571-610.

③ Jerome A. Katz, Fully Mature but Not Fully Legitimate: A Different Perspective on the State of Entrepreneurship Education, *Journal of Small Business Management*, 46, 2008, pp.550-566.

三个维度，即"认知合法性"、"道德合法性"和"管理合法性"。① 其中，"认知合法性"是指新产品、新程序、新服务被认可的程度；"道德合法性"是指新产品对社会文化规范和价值的适应程度；"管理合法性"是指新产品对管理机构的制度和规范的适应程度。这三个维度对整体合法性的影响程度由强到弱，也就是说"认知合法性"对整体合法性而言最为重要。卡茨采用此理论模型对美国创业教育的"合法性"进行了评估，认为当前美国创业教育"合法性"仅仅体现在"管理合法性"和"道德合法性"上，而"认知合法性"还远远没有达到。创业教育"管理合法性"的有利证明，是创业被国际高等商学院协会（AACSB）确认为21世纪商业教育中最为重要的五个要素之一。政府对创业教育高度认可，积极推动创业教育的发展和培训也是达到"管理合法性"的体现。"道德合法性"体现在大量的创业教师都在教学和研究上投入了巨大的精力。而对于整体合法性而言最重要的"认知合法性"恰恰表现得最为无力。因此，卡茨重申自己的观点："创业在商学院内部的合法性还远未达到。"②

（二）库拉特科认为美国高校创业教育"合法性"已经达到或部分达到

与"成熟性"问题有所不同，在"合法性"问题上，库拉特科并没有提出完全相反的意见。他的观点是："部分合法——是的；成熟——还没有！"库拉特科从创业教育的兴起和历史发展出发，回顾了创业教育所取得的瞩目成就，进而提出创业教育"合法性"已经达到或者说是部分达到，真正严峻的是创业教育的"成熟性"问题。创业教育的多年发展使其获得了"合法性"，可是在商学院却没有得到应有的尊重，这一切都源于

① 参见 Aldrich, H. E., & M. C. Fiol, Fools Rush in? The Institutional Context of Industry Creation, *Academy of Management Review*, 19, 1994, pp.645-670。

② Jerome A. Katz, The Chronology and Intellectual Trajectory of American Entrepreneurship Education, *Journal of Business Venturing*, 18, 2003, pp.283-300.

创业教育还未成熟，突出表现为创业学科在商学院内部还未处于领先地位。只有创业教育达到成熟，在不远的将来"创业领域真正的成熟和全面合法化才会到来"。①

（三）其他学者针对创业教育"合法性"的论述

卡茨和库拉特科关于美国创业教育"合法性"论争，也引起了其他学者的关注，他们纷纷从各自学科出发来分析创业教育的"合法性"问题，形成了多元论争的局面。

赫里奥特（Heriot）等学者主张从实证研究的角度来论证创业教育的"合法性"。他们认为卡茨和库拉特科关于"合法性"的论争所用的数据都是二手数据，由于对二手数据的理解不同，导致学者们观点也不一致。因此，他们主张用实证研究的方法获得一手数据来评估美国创业教育的"合法性"。在具体调研过程中，他们主张对"合法性"的评估应该将目光聚焦在教师身上。教师是创业教育的直接参与者和实施者，研究他们的反馈至关重要。因此，他们调研了112名直接参与创业教育的大学教师，调查结果不甚乐观，具体体现在：一是创业教师的学术资历不高，很多教师没有博士学位和相关创业教育领域的科研经历。二是创业教师职业发展受限制。多数创业教师除教授创业相关课程外，还需要教授创业之外的多门课程。很多创业教师所从事的科学研究也不是创业领域内的。因此，他们得出的结论与卡茨的结论非常相似，即创业教育在美国大学并未合法。②

美国学者兰普金（Lumpkin）认为创业研究的聚焦点应从"合法性"转移到对人们生活的"影响"上。他认为在以往"合法性"的战役上，创

---

① 参见 Donald F. Kuratko，The Emergence of Entrepreneurship Education：Development，Trends，and Challenges，*Entrepreneurship Theory and Practice*，29，2005，pp.577-598。

② 参见 Kirk C.Heriot，Andres Jauregui，Tobias Huning，& Michael Harris，Evaluating the legitimacy of entrepreneurship and small business as a field of study，*Journal of Enterprising Communities：People and Places in the Global Economy*，1，2014，pp.4-19。

业已取得胜利：创业在顶级商学院中已经拥有了一席之地，被学术期刊编辑们所认可，学生们对创业相关课程的学习热情也空前高涨。这些胜利的成果随着学科的不断发展会继续得到巩固。因此围绕"合法性"相关的一些论争，如创业与战略的领域之争亦或其他学科与创业学科的风头之争，其实毫无意义。兰普金提出，创业领域学者视野不应该仅仅局限在创办企业、机构创业、社会创业或家族企业等创业事务本身上。"与其去探究某一管理实践、战略决策、机构环境对创业本身是否有意义，不如应用创业独有的知识，帮助人们更好地理解创业领域之外的一些现象。换言之，与其去询问生活经历如何影响创业，不如我们去关注创业如何影响生活；与其去研究坚韧、动机或领导力如何影响创业的结果，我们为什么不去探究创业品质如何使个人或组织更加坚韧，更具领导能力或更有执行力。"① 简言之，兰普金认为创业学者需要不断追问创业领域的知识如何帮助人们更好地达成目标和实现成功，即应该关注创业对人们生活的影响与作用。

针对"合法性"问题，澳大利亚学者琼斯（Jones）认为，在过去的几十年中创业研究在战略管理和组织研究领域找到了"合法的家"②，并且在知名的管理研究刊物上拥有了一席之地，但作为一个分支领域存在的创业却丧失了独立性。琼斯的关注点不仅停留在学科"合法性"上，还将研究视角扩展到创业教师教学的"合法性"问题上，具体通过创业教师教学理念的不同情境来探讨"合法性"问题对教师所产生的影响。琼斯认为创业课程的教学中，教师会呈现出四种情境（如图10-1所示）：低合法性和低自由度、低合法性和高自由度、高合法性和低自由度、高合法性和高自由度。当呈现低合法性和低自由度时，会成为被舆论攻击的目标，而高合法性但低自由度时，学生的需要可能并不会得到满足；当低合法性、高自

---

① Lumpkin G.T., From Legitimacy to Impact: Moving the Field Forward by Asking How Entrepreneurship Informs Life, *Strategic Entrepreneurship Journal*, 5, 2011, pp.3-9.

② 参见 Colin Jones, & Harry Matlay, Understanding the Heterogeneity of Entrepreneurship Education: Going beyond Gartner, *Education + Training*, 8/9, 2011, pp.692-703。

由度时，教师是勉强教学的状态。只有当教师拥有高的自由度，同时教学又拥有高的合法性时，才会不断地努力。因此，"合法性"对创业教育教师的教学具有极为重要的意义。

	低自由度	高自由度
低合法性	成为被攻击的目标	勉强教学
高合法性	学生的需要是否得到满足？	不断努力

图 10-1　创业教师教学情境示意图①

三、关于创业教育"发展趋势"的论争

关于美国以商学院为基础的创业教育"发展趋势"问题，卡茨与库拉特科在观察角度和具体表述上均有不同。由于库拉特科所持的观点是创业教育学科在商学院内部已经合法但尚未成熟，所以他主要是从创业教育在商学院内部如何走向成熟的视角，提出 21 世纪创业教育在商学院中的合适地位是在商学院内部取得"领导地位"（Leadership）。对于这一观点，卡茨并不反对，只是观察角度完全不同。由于卡茨所持的观点是创业教育学科在商学院内部已经成熟但尚未完全合法，所以他认为，要想获取领导力量需要向商学院宣传创业教育的理论和实践意义，以使创业教育在商学院内部增强道德和认知的合法性。在此基础上，由于他认为创业教育在商学院内部已经成熟，如果不获得新的利基市场，极有可能走向停滞。所以他进一步突破了从商学院内部来观察创业教育的传统视角，从商学院外部

---

① 参见 Colin Jones，Teaching Entrepreneurship to Undergraduates，Edward Elgar Publishing，2011，5。

甚至美国之外的其他国家近些年来创业教育获得迅速发展的事实中，反观以商学院为基础的创业教育在这一大趋势中的基本定位，在此基础上提出了创业教育"从成熟走向中心"（from Maturity to Centrality）的观点。

（一）在商学院内部取得领导地位

库拉特科认为，美国高校创业教育的走向应该是在商学院内部取得领导地位。这个发展趋势的研判是基于商学院内部观察创业教育的传统视角。在这一视角下，创业教育的发展需要点燃年轻创业教师的斗志，通过拼搏和奋斗，将创业教育推向商学院内部的领导地位。

然而，商学院内部发展的创业教育也会面临诸多问题，具体体现在四个方面：一是警惕自满。美国高校创业教育取得了瞩目的成就。而这些成就容易使部分年轻创业教师产生自满，从而失去老一辈开拓者们身上最宝贵的热情。因此，需要激励年轻教师拥有斗志，从理论和实践上为将创业学科推向领导地位而不断奋斗。二是争取更多的学术尊重。当前，主流管理类期刊不断刊发创业领域的论文，这一趋势使得更多创业领域的学者进入这些期刊的评审委员会。但是库拉特科等学者认为这还远远不够，商学院应该更加尊重主流的创业领域期刊。"尽管已经初见端倪，但是步伐依旧十分缓慢。如若可以达成，将是解决创业领域教师出版困境的关键。"[①] 三是警惕创业内涵被稀释。随着创业教育在大学中不断"合法化"，创业内涵被稀释的风险也随之而来。库拉特科认为一定要避免让所有东西都冠以"创业"标签，警惕"创业"被泛化。与创业相联系的前提是需要确定是否真正与创业过程相关。四是避免教师的安全风险。创业存在风险，创业者需要承担风险。然而很多教师把终身教职作为他们唯一目标，把创业教育的挑战作为职业生涯后期的事，不愿意拿课程或者项目中的任

---

① Donald F. Kuratko, Entrepreneurship Theory, Process, and Practice in the 21st Century, *Entrepreneurship and Small Business*, 1, 2011, pp.8-17.

何东西去冒险。这样就会造成一个局面：教师教育学生去承担风险，而自己却追求安全。因此，库拉特科认为需要激励年轻教师在创业领域去追求学术梦想，不要因为畏惧风险和挑战而沦为平庸。取得终身教职的资深教授应该以身作则，支持年轻而有进取心的创业教师为创业事业发展勇于拼搏奋斗。

（二）从成熟走向中心

卡茨认为 21 世纪创业教育在美国高校的走向应该是"从成熟走向中心"，即商学院中已经成熟的创业教育需要成为其他交叉学科创业项目的核心构成要素。

卡茨通过回顾创业教育在农业、艺术、工程方面的发展历程，得出了一个推论，即创业教育首先从实践中发展而来，然后通过从其他学科借用理论和方法来寻求学术合法性，最后发展出一整套学科原生态的理论和方法来支撑一个独立学科。为了表述得更加形象，卡茨提出了一个理论假设，形象地描述了这一过程（如表 10–1 所示）。阶段一为"朋辈视角"阶段。教学没有素材或者只有很少的素材，课堂内局限于讲授商战故事。课程设置通常都是孤立的，学校和教师都没有意识到有同行也在教授相同课程。这一阶段一般会以实践过程中出版第一批行业著作而宣告结束。第二个阶段为"行业视角"阶段。在此阶段开始使用行业书籍，关系网络涉及管理者或部分学者。这一阶段以实践过程中创造出第一批专业教科书作为显著标志。阶段三为"专业视角"阶段。教师围绕共同的主题，通过非正式的组织开始活跃地相互交流。在这个阶段后期，教师的主题研讨逐渐被主流研究期刊认可并且一些案例描述性的文章相继发表。阶段四为"科学视角"阶段。教师们均为学术同行，活跃地开展学术交流。经过努力，通常会有正式的组织出现，也会有专门的学术刊物出现。这一阶段后期，围绕教学和研究领域，会建立与学科相关的系（所），为教师提供一个制度化的家园归属。

表 10–1　应用学科形成的四个阶段①

	朋辈视角	行业视角	专业视角	科学视角
教师	同事	同事	同事或学者	学术同行
基础	商战故事	行业产品 / 案例	教科书 / 案例 / 相互作用	教科书 / 案例 / 相互作用
关系网络	没有	学校层面	一些联系	主要联系
标志特点	第一批行业产品	第一批教科书	第一批研究文章	第一批创业成就

　　基于上述模型，卡茨认为创业教育在商学院已经成熟并处在"科学视角"阶段，下一个增长点应该是全校性创业教育项目的兴起。尽管在发展过程中新的利基市场将最终发展出自身的理论基础，但其主要思想来源是商学院的创业教育核心思想。卡茨"从成熟走向中心"的思想与库拉特科"领导力"思想其实有共通之处。创业教育在商学院内部的发展需要领导力，在全校发展创业教育同样需要展示领导力。这不仅可以帮助创业教育项目获得市场份额，同时也有助于创业项目在全校获得道德和认知上的合法性。通过"从成熟走向中心"所彰显的领导力能够不断使创业教育项目增加，增长速度甚至远远超过商学院内部创业教育的增长速度。

四、启示与借鉴

　　梳理以卡茨和库拉特科为代表的学者围绕美国高校创业教育"成熟性"、"合法性"及"发展趋势"的论争，可以完整地把握美国创业教育在发生和发展过程中遇到的主要问题。如果将这些问题与中国高校创业教育的实际状况相比较，可以发现这些问题既有特殊性又有普遍性，对当前中国高校创业教育发展提供了重要启示。

① 参见 Jerome A. Katz，Fully Mature but Not Fully Legitimate：A Different Perspective on the State of Entrepreneurship Education，*Journal of Small Business Management*，46，2008，pp.550-566。

（一）高校创业教育的学科依托

当前高校内部的学术发展细分为不同学科，这就使得任何一门学问都要找到自己的学科依托。美国高校创业教育发生和发展的特点使得商学院成为创业教育的重要学科依托。按照卡茨的理论，以商学院为基础的创业教育可以为全校性创业教育提供诸多帮助，使得全校性创业教育获得更快更好发展。但是，现在的问题是创业教育在它得以发生的“老家”——商学院内部仍然缺乏必要的“合法性”。就像卡茨所举的实例，作为25个顶级商学院之一，解散了创业教育的机构却没有引起什么反响，这说明了什么问题？“假如创业教育拥有真正的合法性，那么取消了创业教育项目的商学院会被其他商学院的院长和相关杂志贬低和小看。但是，作为失去创业教育项目的商学院，这些事情都没有发生。能够发生这样的事情，只能说创业教育学科还缺乏应有的承认与足够的认可。”[①] 由此可见，取得合法性直接关系到创业教育的生死存亡。如果创业教育不能很自然地成为商学院诸多学科中的一个，获得应得的合法地位，那么即使再成熟也毫无意义。既然如此，作为已经成熟的创业教育理应获得与其地位相当的“合法性”，为什么这种合法性偏偏姗姗来迟呢？这就自然走向问题的反面，即库拉特科所说的创业教育已经合法，但尚未成熟。这个观点显然没有卡茨的可怕，因为在“合法性”的前提下，成熟只是一个时间的问题。但是问题在于判断成熟性的标准是什么？回答这个问题我们还是要回到创业教育自身来评价其“成熟性”。在这方面，即使是持成熟论的卡茨也不得不承认，创业教育学科还存在着很多问题，正如他所说的：“作为一个学科，创业教育长期以来声名狼藉，因为给大家的印象是，它的主要能力就是反复研究定义，比如说‘什么是创业教育’。”“整整一代人没有取得基本的

---

① Jerome A. Katz, Fully Mature but Not Fully Legitimate: A Different Perspective on the State of Entrepreneurship Education, *Journal of Small Business Management*, 46, 2008, pp.550-562.

共识。创业过多地关注'范围内外'的问题，这个教训非常值得记取。"①
正是基于这些问题的客观存在，使得卡茨在论证成熟性时不得不使用了相
对成熟的概念。

"成熟性"、"合法性"与创业教育的学科依托紧密相联。如果创业教
育在商学院内部还不能获得应有的"合法性"，那么又如何在新兴的全校
性创业教育中获得必要的中心地位并承担起相应的责任与使命呢？与美国
相比，中国高校创业教育的学科依托问题更为复杂，因为中国高校创业教
育缺少在商学院内部"自生长"、"自成熟"的专业发展过程，从一开始就
呈现出专业教育与普及教育"双轨并进"的布局。所以，美国学者争论的
创业教育在商学院内部的"成熟性"和"合法性"问题，在中国学者现有
的学术视野中尚未出现，这也从另一个方面展现了中美之间高校创业教育
发展阶段的巨大差距。

(二) 关于高校创业教育的发展趋势问题

卡茨经过分析所罗门关于创业教育项目的统计数据后发现，新增的
创业教育项目多数来自商学院以外，全校创业教育日益成为主流。据此卡
茨认为 21 世纪的创业教育将会与 20 世纪的创业教育看上去大为不同，"对
于商学院来说，真正的风险是在这些新的领域兴起全新的创业教育范式，
以此来取代已经在美国商学院发展了 50 年并提炼出来的原有的创业教育
模式"②。全校性创业教育成为美国高校创业教育发展的新趋势。全校性创
业教育需要推动创业教育与农业、工程、艺术和科学等学科相结合，形成
全新的教育范式，这与以商学院为基础的原有创业教育模式有着很多不同

---

① Jerome A. Katz, Fully Mature but Not Fully Legitimate: A Different Perspective on the State of Entrepreneurship Education, *Journal of Small Business Management*, 46, 2008, pp.550-562.

② Jerome A. Katz, The Chronology and Intellectual Trajectory of American Entrepreneurship Education, *Journal of Business Venturing*, 18, 2003, pp.283-300.

之处。由于全校性创业教育的兴起，必然涉及它与以商学院为基础的创业教育的关系问题。对此，我们认为将全校性创业教育与以商学院为基础的创业教育放在对立的地位并不是什么明智之举，实际上全校性创业教育的兴起并不代表着以商学院为基础的创业教育的衰落，二者完全可以相融相助、相互借力，以"双轨并进"的模式实现共同进步。以商学院为基础的创业教育对于全校性创业教育的最大贡献是教师，全校性创业教育对于以商学院为基础的创业教育的最大贡献是利基市场。

（三）关于高校创业教育的持续发展问题

在讨论美国高校创业教育的"成熟性"问题时，触及美国高校创业教育的一个深层次问题，即美国高校创业教育的发展与一些大学教授的远见卓识和不懈努力紧密相联。这既是美国高校创业教育的优势，也是创业教育持续发展的瓶颈。这是一个问题的两个方面，利弊各半。正是因为有这样深层次的制度性问题的客观存在，库拉特科才认为美国高校创业教育仅仅在最初的一些小战役中获得了成功。这一观点彻底改变了我们对美国高校创业教育的传统印象，以前我们只要一提到美国高校的创业教育，总是觉得各个方面都发展得很成熟、很完善，而实际情况是美国高校创业教育也有自己的困境与问题。本研究认为，为了破解这些发展过程中遇到的瓶颈问题，首先，需要大学的制度保证，使得创业教育的持续发展成为大学不同组织、部门的共同目标，而不是某个人或某些人的个人行为。从根本上解决创业教育发展的体制、机制和队伍问题，可以收到事半功倍的效果。其次，在当前阶段推动高校创业教育向纵深发展，特别是在创业教育走出商学院，迈向全校性创业教育的初始阶段，要想获得持续发展的动力，必须首先从加强自身建设入手，比照美国高校创业教育存在的问题，结合当前中国高校创业教育的发展现状。只有创业教育自身在观念、理念和实践方面都达到了"自在自为"的状态，实现了充分的理论自觉，才会为其可持续发展奠定坚实基础。

第二节　中国高校全面推进创新
创业教育的争论与重估

目前，在欧美发达国家创业教育不再被看成是以往那种针对少数人开设的精英教育，也不是那种单为商学院学生准备的商业教育，而应是面向所有在校学生的教育。美国考夫曼基金会（Kauffman Foundation）主席卡尔·施拉姆（Carl J. Schramm）指出："假如十个美国人中仅仅有一个人准备创办自己的企业，那么我们难道不去帮助其他九个人为其未来的成功做好准备吗？"[①] 法国高等教育与研究部部长贝克莱斯也强调指出："创业教育不应仅仅局限于某些学校或某些专业，而应成为整个高等教育的一部分，成为所有大学生的选择。"[②] 这就需要国家把创业教育纳入到整体教育发展规划和国民教育体系当中，使创业教育为所有的受教育者共享，高校把创业教育作为一种全新的教育理念和模式，全面革新传统人才培养模式，推动人才培养质量的全面提升。对于是否需要全面推进创新创业教育，在中国的学术界仍然存在着不同的认识和争论。2010 年，学者刘劲松发表题为《创业教育似无需"全面推进"——兼与中南大学杨芳商榷》的文章，明确提出创业教育似无须"全面推进"，针对杨芳此前发表的《论全面推进大学生创业教育》[③] 一文中的主要观点提出三个问题："创业教育"有没有全面推进的必要？"创业教育"是万能教育吗？全面的"创业教育"思想与"因材施教"的教育理念间是否有矛盾与冲突，该如何解决？全面推进大学生创业教育是"近年来我国教育界在创业教育的实践与

---

① 卡尔·施拉姆：《创业力——美国的经济奇迹如何改变世界、改变你的生活》，王莉、李英译，上海交通大学出版社 2007 年版，第 11 页。
② 刘敏：《法国创业教育研究及启示》，《比较教育研究》2010 年第 10 期。
③ 杨芳：《论全面推进大学生创业教育》，《创新与创业教育》2010 年第 1 期。

研究中颇有代表性的主流思想"①，对这一主流思想的质疑需要我们重新反思全面推进创新创业教育"是否可能"。

一、"创业教育"有没有全面推进的必要

全面推进创业教育有着深刻的必要性，大学生就业矛盾呼唤创业教育、高等教育发展呼唤创业教育、建设创新型国家呼唤创业教育，全面推进大学生创业教育具有重要意义，《创业教育似无需"全面推进"》文章却认为，"创业教育"是有很强指向性的教育，这种教育模式是不是具有普适性？能不能在各高校全面推行？这里还要打一个大大的问号。其立论根据是：人才结构是多元化的，并非每个人都是"创业型"人才，都适合接受"创业教育"。如果在高校全面推进"创业教育"在理念上难以成立。综观这一观点，就会发现作者对创业教育的理解还是"狭义"层面的，还是把创业教育局限在"针对有整合社会资源潜能、有组织管理潜能、有市场开拓和技术创新、观念创新潜能等创业型人才"层面，如果以此作为立论前提，创业教育确实不应该全面推进。但是关键的问题是这个前提已经发生了根本性的变化，也就是我们开展的主要是"广义"层面的创新创业教育，这是一种全新的教育理念和模式，而不是简单的教育方式和手段，它的目标在于培养具有开创性的个人。所以，从这个角度来讲，创业教育还是有全面推进的必要，"创业型"人才不止是"创办企业"的人，也可能是"创立家业"、"创新事业"或是"开创基业"的人。

---

① 刘劲松：《创业教育似无需"全面推进"——兼与中南大学杨芳商榷》，《中国人才》2010 年第 11 期。

二、"创业教育"是万能教育吗

创业教育的目标是培养具有开创性的个人，也就是通称的"创业型"人才。"创业型"人才不是特指企业家，对于其他群体也非常重要的。实际上，这里的"创业型"已经不只是一个简单的形容词，而是内化为一种精神和气质，成为对各类人才质的规定性。对于这一观点，刘劲松认为社会不仅需要创业型的企业家，也需要政治家、科学家、工程技术人员、教育工作者、医务工作者、艺术大师、文艺工作者……这些人才的教育与培养，怎一个"创业教育"能够解决？因此，"全面推进创业教育"的理念与逻辑不仅站不住脚，也不符合人才教育内在规律。且不论此论的基础依然是"狭义"的创业概念，单就其表达出来的观点来看，确实，将企业家与政治家、科学家等等这些职业类别并列是绝对正确的，但是他忽略了一个重要问题，那就是"创业型"不只是对企业家重要，对于政治家、科学家、工程技术人员、教育工作者、医务工作者、艺术大师、文艺工作者也是非常重要的。以政治家为例，如果只是平常的"政治家"，可能会流于一般的"政客"，最后成为历史长河中的"过客"，而"创业型"政治家则完全不同，他应该是做事而不是做官，应该是开创而不是守旧，应该是有勇气、有胸怀、有智慧而不是懦弱、自私和愚蠢等等。由此观之，社会确实需要多样化的职业和群体，但是，组成这些群体的个人是否有创业精神和气质则相当关键和重要，这也就是全面推进创业教育的理念和逻辑。作为一种理念和模式的创业教育，教的不只是创办企业的本领，更为重要的是在每个学生的心中播下创业的种子，传递创业的遗传代码。有了这些，不管未来从事什么职业，都是非常有益的。

三、全面推进创业教育与"因材施教"是否矛盾与冲突

反对全面推进创业教育的学者认为创业教育本身没有问题，问题就

出在"全面推进"之中。认为"全面推进"难免就会忽略人才的差异性，偏离"因材施教"的正确轨道，陷入急功近利的漩涡。这实际上是当前中国高校所有热心于推进创业教育的人面临的一个颇具代表性的共性问题，只要我们跳出"创业教育界"这个小圈子，只要我们提起"创业教育"，多数人就会把它与"塑造老板的教育"画等号。这就使我们清醒地看到，如果说"全面推进大学生创业教育"的观点是当前"颇有代表性的主流思想"的话，那么，要加上限定范围，也就是说，这一观点只是在"创业教育界"，在积极推进创业教育事业的这些人当中是"颇有代表性的主流思想"，而质疑全面推进创业教育的观点则是全社会的"颇有代表性的主流思想"。这个观念对高校内部从事"非创业教育"事业的人来说也是很有市场的，那些"主流学科"的专家学者共同关注的一个问题就是高校到底怎么开展创业教育？接受了创业教育的大学生能创业吗？他们认为面向全体学生开展创业教育并不可取。这也就是《创业教育似无需"全面推进"》文章追问"因材施教"问题的根源，只有1%的人创业，却要对100%的人开展创业教育，让99%的人去"陪榜"，这样做有意义吗？这已经不是概念问题了，而是观念冲突，要改变大多数人对于创业教育的错误观念，确实需要我们做耐心持久、艰苦细致的理论和实践工作。

四、全面推进创新创业教育的"价值重估"

当前，必须站在全新高度来重新审视全面推进创新创业教育的重要现实价值。要站在国家实施创新驱动发展战略、促进经济提质增效升级的高度，充分认识到在高校全面推进创新创业教育是服务创新型国家建设，培养创新型人才的重要途径。创新创业教育与经济发展"新常态"的基本内涵深度契合，是促进"大众创业、万众创新"成为推动中国经济发展调速不减势、量增质更优，实现中国经济提质增效升级"双引擎"之一的重要途径和载体，通过创新创业教育培养创新型国家建设所需的创新型人才已经成为全社会的普遍共识。

首先，从创新创业教育自身的发展历程来看，创新创业教育是一种新的教育理念和教育模式。作为一种教育理念的创新创业教育，是对自由、民主、公正等现代教育理念的呼应；作为一种教育模式的创新创业教育，是对传统教育模式的辩证否定，创新创业教育培养的人才更加符合社会发展的需求。

其次，从创新创业教育与高等教育的关系来看，创新创业教育成为新时期推进高等教育综合改革的突破口，促进了高等教育的改革发展与实践创新。学校教育在创新人才培养过程中居于主导地位，而培养创新人才对于学校体制来说是一个全新的任务和使命。世界各国纷纷对高等教育进行了改革，积极融合吸收创新创业教育思想，以创新创业教育为切入点，带动整个高等教育，包括课程、教学、师资、人才培养、大学管理、评价和拨款机制等全新的变革，成为改革的积极潮流。

再次，创新创业教育成为实现"以创促就"的基础工程，只有大力开展创新创业教育，才能更好地实现"以创促就"。当前中国高校创新创业教育面临"三大矛盾"：一是就业压力日益严峻与创业意识薄弱；二是创业机会大量涌现与创业能力低下；三是创业支持政策频出与创业率、创业成功率偏低。多数大学生并没有将创业作为自己职业生涯的首选，只有"创业冲动"没有"创业行动"，把握机会的能力严重不足。大学生创新创业是一个生态系统，创业率是结果，前端的创业教育是准备，其后的创业服务是过程。创业率偏低既是当前大学生创业面临的主要问题，同时也折射出巨大的创业潜力和对创业教育、创业服务的迫切需要。中国的创新创业教育与培训的发展远不能满足社会需求，与此相一致的是高校的创新创业教育也没能满足大学生强烈的创业意愿及其对创业技能培养的需求。为了满足快速增长的创新创业教育需求，迫切需要高校提供更多更好的创新创业教育与培训，特别是当前高科技创业活动的快速兴起，使得科技创业成为校园创业活动的重要导向，培养更多的既有工程学专业背景知识，又接受过创新创业教育训练的学生，架起联结"技术"与"商业"的桥梁，成为当前中国高校创新创业教育的重要使命。

第三节　中国高校创新创业教育观念
变革的"前提反思"

2015 年 5 月，国务院颁行的《关于深化高等学校创新创业教育改革的实施意见》明确指出："创新创业教育理念滞后，与专业教育结合不紧，与实践脱节"是当前高校创新创业教育存在的"不容忽视的突出问题"。社会发展与进步对高校创新创业教育的理论与实践产生了全新的需求。不论是国家实施创新驱动发展战略，促进经济提质增效升级的战略规划，还是经济发展新常态下"大众创业、万众创新"对于"创新引领创业、创业带动就业"的整体要求，都迫切需要高校继续挖掘自身潜力，以深入开展创新创业教育为切入点，深化高等教育综合改革，不断提高人才培养质量，不断提高高等教育对稳增长促改革调结构惠民生的贡献度。原有的创新创业教育观念已经无法满足这些全新需求，客观上需要我们科学把握与合理解决前提性、基础性的问题，在根本的观念问题上取得基本共识，以此为基础进一步推进高校创新创业教育的深化改革与持续发展。当前，树立全新的"大创业教育观"是必由之路，当务之急是站在构建全新教学理念与模式的高度，"坚持问题导向，补齐培养短板"，有效破解制约创新创业教育进一步走向深入的关键问题。

一、创新创业教育概念的"前提反思"

在高校全面推进创新创业教育，一个最为基本的前提是明确创新创业教育的概念。有学者认为，将创新创业教育作"狭义"与"广义"两种界定，而且多从广义理解来定位中国的创新创业教育，"这样的理念四平八稳，看似公允且符合实际情况，但是仔细思辨，这样的理解实在有失偏颇并且让中国的创业教育无所适从、左右摇摆，对高校的创业教育产生了明显的误导"。为了解决这一问题，该学者明确提出："创业教育就是培养未来企业家的教育。"① 这一学术主张观点鲜明，论证有力，很有说服力。但是这种学术观点在正确地反对了将创业教育"泛化"为素质教育的同时，也不可避免地暴露自身存在的主要问题，那就是把创业教育"窄化"为"培养未来企业家的教育"，"培养未来企业家"只是创业教育的目标之一，把它作为创业教育的全部，就显得有失偏颇。虽然将企业家作为企业家精神的物质载体，自是无可厚非，但是也不能忽略其他主体依然有可能成为企业家精神载体的事实。

创新创业教育就是要努力做到"素质型"与"职业型"创新创业教育的统筹兼顾，这并不是为了"四平八稳"，而是根据中国国情采取的实际措施。这个基本的国情就是中国的创业教育缺少大、中、小学一体化的科学衔接，缺少启蒙教育的基础和准备，使得高校创业教育不得不补上本应该在中小学进行的启蒙课程。相对于美国从小学就开始的全民创业教育来说，中国高校创业教育是在巨大的大学生就业压力下快速启动的，这是在改革开放以来中国快速发展，用 30 年的时间走过西方 300 年路程的大背景下，中国高等教育改革的总体趋势使然。这种"急就章"确实使中国高校创业教育获得了非常大的初始速度，但是，经过一段时间的快速发展之后，需要我们认真反思发展中出现的问题，在"素质型"与"职业型"创业教育之间作出平衡，在反对"泛化"的同时反对"窄化"，走一条看似"四平八稳"实则富有实效的现实道路。创新创业教育实现了对"素质型"和"职业型"两种教育类型的更大包容性和整合性。它以培养具有开

---

① 杨利军：《关于高校创业教育的目的与定位问题的探讨》，《中国电力教育》2011 年第 8 期。

创性的个人为主体目标，一方面广泛开展素质教育，培养学生在现在或将来的岗位上创造性工作或服务、创造性思考与解决问题的素质；另一方面深入开展职业教育，培养学生创造就业岗位或创办企业实体的能力。这种创造性的包容和整合既具有"素质型"创业教育的高度，也具有"职业型"创业教育的深度，二者的完美结合与充分兼顾，使创新创业教育融入高校人才培养、科学研究、社会服务、文化传承四项主体功能之中，发挥应有的作用。

二、创新创业教育对象的"前提反思"

国家确立的创新创业教育的基本原则是面向全体学生，"这一面向全体学生的教学原则引起广泛热议，不少人认为适合自己创业以及将来从事创业的大学生毕竟是少数，大部分学生都将去谋求一个能发挥自己所长的工作岗位。再者，如果鼓励大家都去创业做老板，谁来做员工呢？所以，持这种观点的人认为，创业教育不需要面向全体学生，应作为选修课，面向那些有意创业的同学。"① 确实如此，从表面上看面向全校学生实行创新创业教育，首先遇到的一个问题就是，这些学生在接受了创新创业教育之后，大多数学生在毕业时不会走向创业，而是选择就业。这种结果是否表明创新创业教育失败了呢？如果不是，那么，可能的解释是什么呢？有人会说，创新创业教育是培养学生的创业精神和创业意识，而不是教学生如何创办企业。据此解释，能不能说创新创业教育是"不是为了创业的创业教育"呢？对于这些问题的解答，需要创新创业教育范式统筹协调好面向全体与分类施教的关系。这种争议反映出学术界对创新创业教育的理解还是"非此即彼"的"两极思维"，不能够很好地将"素质型"和"职业型"创新创业教育整合到一个教育体系之中，因而无法看到全体学生接受创业

---

① 韩力争：《创业教育的本质和落实关键》，《中国高等教育》2013 年第 2 期。

教育的必要性与针对有创业意向学生进行分群类教的可能性。面向全体学生开展的创业教育，把创业看作是每个公民日常生活和职业生涯取得成功所应具备的一种普遍素质。立足于全体学生的职业生涯发展，通过创业教育使其在各自的岗位上保持活力、更好地发展。这样的创业教育主要通过通识教育的方式来实现，主要在于营造一种创业氛围，使全体学生受到创业教育的熏陶。在此基础上，创业教育必须因材施教，必须根据学生的不同情况开展有针对性的分层教育。

三、创新创业教育途径的"前提反思"

要扩大教育对象范围，探索"面向全体学生"的具体教育方式。创新创业教育并不是单纯地教学生如何创办企业，它的核心是全面提高学生的创新创业素质，这些基本的素质和能力对于走上工作岗位的学生同样重要和适用。以这一思想为指导，要求我们在实践中扩大教育对象范围，探索"面向全体学生"的具体教育方式。彻底改变"精英教育"的运行模式，既不是只针对商学院的学生，也不能只针对想要创办企业或是参与创业计划竞赛的少数学生，而是要面向全体学生。要做到这一点，当前最为关键的是破除广泛开展创新创业教育的"观念性障碍"，对于"创办企业论"、"培养老板论"等窄化内涵、扭曲本质的错误观念进行价值澄清，探究"创业型大学建设"在体制机制和队伍建设等方面的具体做法，探索构建与"大众创业、万众创新"相匹配，面向全体学生广泛开展创业教育的"本土化"教育体系。

要全面更新知识体系，确定"结合专业教育"的主要途径。高校创业教育在于广泛地"种下创新创业的种子"①，为高校毕业生设定"创业遗

---

① 参见孙洪义：《创新人才培养的四个基本问题——兼叙"3·3·3"课程体系和 7P 教学模式的探索》，《创新与创业教育》2010 年第 2 期。

传代码"①。这就客观要求创新创业教育不仅是面向工程、艺术、科技等少数专业的"精英教育"，而是普遍培养和提高所有专业大学生创新意识和创新能力的"广谱式"教育。以这一思想为指导，要求我们在实践中全面更新知识体系，确定"结合专业教育"的主要途径。

创业教育必须与专业教育相结合，这一观念已经在学术界达成了共识。关键是如何找到合适的途径，克服结合过程中的障碍。有学者在研究中发现，英国北爱尔兰创业中心在与贝尔法斯特女王大学合作，尝试把创业课程融入到大学课程时，遇到了很多具体困难。"尽管女王大学已经签订了将创业课程嵌入目前课程体系之中的合同，但是在引入创业课程时仍然有极大的不情愿，在现存的时间表中找到可以安排的空缺还有极大的困难。""和各个学院协商是一个艰难的过程。一些学院同意引入创业课程，然后又拒绝采取任何行动。"② 这个案例很有代表性，在中国大学的各个学院开展创新创业教育也存在着远离专业教学的问题。为了从根本上破解这一难题，必须站在高等教育办学理念和教育体制改革的高度，将深化高校创新创业教育改革与推进高等教育综合改革紧密联系，从厘清创新创业教育目标要求和人才培养定位入手，挖掘和充实各类专业课程的创新创业教育资源，在专业教育教学中渗透创业教育的理念和内容，在传授专业知识过程中加强创新创业教育。

要彻底改革方法论体系，丰富"融入人才培养全过程"的科学载体。创新创业教育要想获得深层次的发展，必须走出"表层教育"的初级阶段，全面推动高校教育教学改革，形成根本性的创新创业教育体制机制，使大学培养出能够应对全球化和信息化时代要求的创新创业型人才。以这一思想为指导，要求我们在实践中彻底改革方法论体系，丰富"融入人才培养全过程"的科学载体。创新创业教育不再是针对毕业生开展的教育，

---

① 参见杰弗里·迪蒙斯、小斯蒂芬·斯皮内利：《创业学》第6版，周伟民、吕长春译，人民邮电出版社2005年版，第3页。

② 牛长松：《英国高校创业教育研究》，学林出版社2009年版，第159、234页。

更不是学生就业之前的"临门一脚",而是要在纵向上贯穿学生在校学习的全部过程,在横向上打通学校教育、家庭教育和社会教育的各个环节;不仅立足于高校自身,更立足于经济发展方式转变的现实需求;不仅基于创新创业教育本身,更要从"大创业教育观"出发,实现"课内课外相衔接、教育实践一体化",着力促进全体学生创业素质的训练和提升。在此过程中要本着多样化原则,推动高校与政府和企业的沟通和联系,探索建立校校、校企、校地、校所以及国际合作的协同育人新机制,建立健全知识资本化、创新商业化的科学路径,积极促进和努力形成大学在新经济中的中心地位,形成大学—企业—政府"三螺旋"关系,① 积极吸引社会资源和外国优质教育资源投入创新创业人才培养,全面推动高校创新创业教育的深入改革。

---

① 参见亨利·埃兹科维茨:《麻省理工学院与创业科学的兴起》,王孙禺等译,清华大学出版社 2007 年版,第 208 页。

参考文献

1. 杰弗里·蒂蒙斯、小斯蒂芬·斯皮内利：《创业学》第 6 版，周伟民、吕长春译，人民邮电出版社 2005 年版。

2. 彼得·德鲁克：《创新与企业家精神》，蔡文燕译，机械工业出版社 2009 年版。

3. 杰弗里·L.克鲁克香克：《创业者——哈佛弄潮儿的故事》，立那等译，商务印书馆 2009 年版。

4. 卡尔·J.施拉姆：《创业力——美国的经济奇迹如何改变世界，改变你的生活》，王莉、李英译，上海交通大学出版社 2007 年版。

5. 海迪·M.内克、帕特里夏·G.格林、坎迪达·G.布拉什：《如何教创业：基于实践的百森教学法》，薛红志、李华晶、张慧玉、陈寒松译，机械工业出版社 2015 年版。

6. 希拉·斯特劳、拉里·莱斯利：《学术资本主义：政治、政策和创业型大学》，梁骁、黎丽译，北京大学出版社 2008 年版。

7. 亨利·埃茨科威兹：《国家创新模式——大学·产业·政府"三螺旋"创新战略》，周春彦译，东方出版社 2005 年版。

8. 亨利·埃兹科维茨：《麻省理工学院与创业科学的兴起》，王孙禺等译，清华大学出版社 2007 年版。

9. 弗兰克·H.T.罗德斯：《创造未来：美国大学的作用》，王晓阳、蓝劲松等译，清华大学出版社 2007 年版。

10. 康德:《康德论教育》,贾馥茗、陈宝山、黄汉昌、游振鹏、吴美瑶译,五南图书出版股份有限公司 2013 年版。

11. 怀特海:《教育的目的》,庄莲平、王立中译,文汇出版社 2012 年版。

12. Howard A. Ozmon, Samuel M. Craver:《教育的哲学基础》(第七版),石中英、邓敏娜等译,中国轻工业出版社 2006 年版。

13. 马克斯·韦伯:《新教伦理与资本主义精神》,阎克文译,上海人民出版社 2010 年版。

14. 托马斯·库恩:《科学革命的结构》(第 4 版),金吾伦、胡新和译,北京大学出版社 2012 年版。

15. 顾明远:《中国教育的文化基础》,山西教育出版社 2004 年版。

16. 钟秉林:《大学的走向》,商务印书馆 2015 年版。

17. 瞿振元、王建国主编:《建设高等教育强国的意义与使命》,高等教育出版社 2016 年版。

18. 金树人:《生涯咨商与辅导》(重修版),台湾东华书局股份有限公司 2014 年版。

19. 金耀基:《大学之理念》,牛津大学出版社 2000 年版。

20. 刘经旺:《创造教育论》,商务印书馆 1933 年版。

21. 魏所康:《创新教育论》,江苏人民出版社 2002 年版。

22. 胡晓风:《创业教育论集》,四川教育出版社 1995 年版。

23. 彭钢:《创业教育学》,江苏教育出版社 1995 年版。

24. 杨晓慧等:《大学生就业创业教育研究》,经济科学出版社 2015 年版。

25. 徐小洲、叶映华:《中国高校创业教育》,浙江教育出版社 2010 年版。

26. 梅伟惠:《美国高校创业教育》,浙江教育出版社 2010 年版。

27. 李志永:《日本高校创业教育》,浙江教育出版社 2010 年版。

28. 徐小洲编著:《国外中学创业教育》,浙江教育出版社 2010 年版。

29. 徐小洲等:《大学生创业技能发展战略研究》,浙江大学出版社 2014 年版。

30. 徐小洲、梅伟惠:《高校创业教育体系建设战略研究》,浙江教育出版社 2015 年版。

31. 牛长松：《英国高校创业教育研究》，学林出版社 2009 年版。

32. 胡瑞：《新工党执政时期英国高校创业教育研究》，高等教育出版社 2013 年版。

33. 黄兆信、王志强：《地方高校创业教育转型发展研究》，浙江大学出版社 2013 年版。

34. 任映红、谢建芬：《人的全面发展视域中的温州大学生创业教育》，浙江大学出版社 2014 年版。

35. 李尚群、刘强：《创业教育：一个大学教育主题的确立与阐扬》，新华出版社 2009 年版。

36. 刘丽君：《知识创业教育导论——理工科研究生创新创业型人才的有效培养模式研究》，北京理工大学出版社 2010 年版。

37. 赵金华：《基于科技创新的理工院校创业教育理论研究与实践》，合肥工业大学出版社 2014 年版。

38. 刘常勇：《创业管理的 12 堂课》，天下远见出版股份有限公司 2003 年版。

39. 李政：《创业型经济：内在机理与发展策略》，社会科学文献出版社 2010 年版。

40. 邹云龙：《创业发展论》，人民出版社 2013 年版。

41. 赵勇：《就业？创业？从美国教改的迷失看世界教育的趋势》，周珊珊、王艺璇译，教育科学出版社 2014 年版。

42. 曾湘泉等：《中国就业战略报告 2004·变革中的就业环境与中国大学生就业》，中国人民大学出版社 2004 年版。

43. 曹胜利、雷家骕主编：《中国大学创新创业教育发展报告》，万卷出版公司 2009 年版。

44. 侯慧君、林光彬：《中国大学生创业教育蓝皮书——大学生创业教育实践研究》，经济科学出版社 2011 年版。

45. 王占仁：《"广谱式"创新创业教育导论》，人民出版社 2012 年版。

46. 姜彦福、高建、程源、邱琼：《全球创业观察 2002 中国报告》，清华大学出版社 2003 年版。

47. 姜彦福、高建、程源、邱琼：《全球创业观察 2003 中国及全球报告》，清华大学出版社 2004 年版。

48. 高建、姜彦福、李习保、程源：《全球创业观察中国报告——基于 2005 年数据的分析》，清华大学出版社 2006 年版。

49. 高建、程源、李习保、姜彦福：《全球创业观察中国报告（2007）——创业转型与就业效应》，清华大学出版社 2008 年版。

50. 中华人民共和国教育部高等教育司：《创业教育在中国：试点与实践》，高等教育出版社 2006 年版。

51. 中华人民共和国教育部高等教育司：《高等学校创业教育经验汇编》，高等教育出版社 2011 年版。

52. 中华人民共和国教育部高等教育司：《世界主要国家创业教育情况》，高等教育出版社 2012 年版。

53. 瞿振元：《提高高校教学水平　抓好创新创业教育》，《光明日报》2015 年 11 月 17 日。

54. 唐德海、常小勇：《从就业教育走向创业教育的历程》，《教育研究》2001 年第 2 期。

55. 王占仁：《中国高校创新创业教育的学科化特性与发展取向研究》，《教育研究》2016 年第 3 期。

56. 王占仁：《中国创业教育的演进历程与发展趋势研究》，《华东师范大学学报（教育科学版）》2016 年第 2 期。

57. 王占仁、常飒飒：《美国高校创业教育"成熟性"、"合法性"及"发展趋势"的论争与启示》，《比较教育研究》2016 年第 1 期。

58. 王占仁：《"广谱式"创新创业教育的体系架构与理论价值》，《教育研究》2015 年第 5 期。

59. 王占仁：《高校全面推进创新创业教育的争论与反思》，《教育发展研究》2015 年第 15 期。

60. 王占仁：《高校创新创业教育观念变革的整体构想》，《中国高教研究》2015 年第 7 期。

61. 王占仁：《中国创业教育的历史发端与科学表述论析》，《东北师大学报（哲学社会科学版）》2015 年第 4 期。

62. 王占仁：《"经由就业走向创业"教育体系建设研究》，《东北师大学报（哲学社会科学版）》2013 年第 5 期。

63. 王占仁：《案例教学法与"广谱式"创业教育》，《教育发展研究》2013 年第 9 期。

64. 王占仁：《英国高校职业生涯教育之启示》，《教育研究》2012 年第 7 期。

65. 徐小洲、张敏：《创业教育的观念变革与战略选择》，《教育研究》2012 年第 5 期。

66. 徐小洲、李娜：《印度高校创业教育发展动因与模式》，《比较教育研究》2013 年第 5 期。

67. 徐小洲：《大学生创业困境与制度创新》，《中国高教研究》2015 年第 1 期。

68. 杨晓慧：《大学生创业能力培养的瓶颈问题与策略选择》，《中国高等教育》2010 年第 18 期。

69. 杨晓慧：《创业教育的价值取向、知识结构与实施策略》，《教育研究》2012 年第 9 期。

70. 杨晓慧：《我国高校创业教育与创新型人才培养研究》，《高教研究》2015 年第 1 期。

71. Donna J. Kelley、Anne de Bruin、Hyunsuk Lee、张玉利、刘常勇：《创业教育在国际上的发展现况与未来展望》，《创业管理研究》2009 年第 3 期。

72. 黄兆信：《众创时代高校创业教育的转型发展》，《教育研究》2015 年第 7 期。

73. 严毛新：《从社会创业生态系统角度看高校创业教育的发展》，《教育研究》2015 年第 5 期。

74. 李远煦：《社会创业：大学生创业教育的新范式》，《高等教育研究》2015 年第 3 期。

75. 常媛媛：《从 ABC 到 PhD：丹麦创业教育体系的框架设计与特点》，《比较教育研究》2015 年第 8 期。

76. 梅伟惠：《论创业体验学习及其应用》，《教育研究》2015 年第 2 期。

77. 朱玉红、邵园园、周甲武：《大学生创业社会资本的测量及其培育——以长三角地区普通本科高校为例》，《教育研究》2015 年第 5 期。

78. Colin Ball, Towards "Anenterprising" Culture: A Challenge for Education and Training, OECD/CERI Educational Monograph, No.4, Paris, June 1989.

79. Jerome A. Katz, Fully Mature but Not Fully Legitimate: A Different Perspective on the State of Entrepreneurship Education, *Journal of Small Business Management*, 46 (4), 2008.

80. Jerome A.Katz, The Chronology and Intellectual Trajectory of American Entrepreneurs hip Education (1876—1999), *Journal of Business Venturing*, 18, 2003.

81. Karen Wilson, Shai Vyakarnam, Christine Volkmann, Steve Mariotti & Daniel Rabuz zi, Educating the Next Wave of Entrepreneurs: Unlocking Entrepreneurial Capabilities to Meet the Global Challenges of the 21st Century, *World Economic Forum: A Report of the Global Education Initiative*, 2009.

82. Donald F. Kuratko, The Emergence of Entrepreneurship Education: Development, Trends, and Challenges, *Entrepreneurship Theory and Practice*, 2005, 29 (5).

83. Donald F. Kuratko, Entrepreneurship theory, process, and practice in the 21st century, *Entrepreneurship and Small Business*, 2011, 1 (13).

84. Suchman, M.C., Managing Legitimacy: Strategic and Institutional Approaches, *Academy of Management Review*, 1995, 20 (3).

85. Aldrich, H. E., & M. C. Fiol, Fools Rush in? The Institutional Context of Industry Creation, *Academy of Management Review*, 1994, 19 (4).

86. Kirk C. Heriot, Andres Jauregui, Tobias Huning, & Michael Harris, Evaluating the Legitimacy of Entrepreneurship and Small Business as a Field of Study, *Journal of Enterprising Communities: People and Places in the Global Economy*, 2014, 1 (8).

87. Lumpkin G. T., From Legitimacy to Impact: Moving the Field forward by Asking How Entrepreneurship Informs Life, *Strategic Entrepreneurship Journal*, 2011, 5.

88. Colin Jones, & Harry Matlay, Understanding the Heterogeneity of

Entrepreneurship Education: Going beyond Gartner, *Education + Training*, 2011, 8/9 (53).

89. Alain Fayolle, Heinz Klandt, *International Entrepreneurship Education: Issues and Newness*, Edward Elgar Publishing, Inc, 2006.

90. Alain Fayolle, *Handbook of Research in Entrepreneurship Education: A General perspective* (Vol.1), Edward Elgar Publishing, Inc, 2007.

91. Alain Fayolle, *Handbook of Research in Entrepreneurship Education: Contextual perspective* (Vol.2), Edward Elgar Publishing, Inc, 2007.

92. Alain Fayolle, *Handbook of Research in Entrepreneurship Education: International perspective* (Vol.3), Edward Elgar Publishing, Inc, 2010.

93. Alain Fayolle, Paula Kyro, *Entrepreneurship Research in Europe: Outcomes and Perspectives*, Edward Elgar Publishing, Inc, 2005.

94. Alain Fayolle, Paula Kyro, The *Dynamics between Entrepreneurship, Environment and Education*, Edward Elgar Publishing, Inc, 2008.

95. Colin Jones, *Teaching Entrepreneurship to Undergraduates*, Edward Elgar Publishing, Inc, 2011.

96. Colin Jones, *Teaching Entrepreneurship to Graduates*, Edward Elgar Publishing, Inc, 2013.

97. Calvin A. Kent, *Entrepreneurship Education: Current Developments, Future Directions*, Quorum Books, New York · Westport, Connecticut · London 1990.

98. Charles M. Hampden-Turner, *Teaching Innovation and Entrepreneurship: Building on the Singapore Experiment*, Published in the United States of America by Cambridge University Press, New York, 2009.

99. Colette Henry, *Frances Hill and Claive Leitch, Entrepreneurship Education and training*, Published by Ashgate Publishing Limited, 2003.

索　引

后　记

　　这本《"广谱式"创新创业教育概论》是本人建构的"三论体系"（"导论"、"通论"、"概论"）中的一本。此前已经出版的《"广谱式"创新创业教育导论》（人民出版社 2012 年版）是教育部人文社会科学研究规划基金项目成果，重在"体系建构"，开创性地建构了"经由就业走向创业"（"E2E"）的全新教育体系，并系统设计了与这一教育体系相匹配的素质结构、"嵌入式"课程、"实践导向"培养体系、案例教学法、师资队伍和评价体系，此书在获得吉林省社会科学、教育科学，长春市社会科学三个一等奖的基础上，荣获了第七届高等学校科学研究优秀成果奖（人文社会科学）二等奖，得到了同行专家的认可。《"广谱式"创新创业教育通论》（教育科学出版社 2016 年版）获立国家社会科学基金后期资助项目，重在"本体释义"，通过深入研究"前提反思"、"本体释义"、"逻辑支点"、"理论资源"和"范式建构"等基本问题，着力解决"本体论困惑"；通过系统梳理"世界进程"、"全球认同"、"中国实践"等发展历程，着重厘清历史脉络；通过专题研究"发展论争"、"以创带就"、"学科展望"和"生态系统"等新兴领域，着眼探索纵深发展的现实指向、战略导向和发展取向。《"广谱式"创新创业教育概论》得到教育部"新世纪优秀人才支持计划"项目资助，重在"基本问题"研究，旨在通过对"本质论"、"目的论"、"价值论"、"范式论"、"方法论"、"评价论"、"文化论"、"历史论"、

"学科论"、"趋势论"十个基本问题的深入系统研究，充分体现"广谱式"创新创业教育"面向全体学生"、"结合专业教育"、"融入人才培养全过程"的具体目标，引领当前高校创新创业教育理论研究与实践创新方向。

围绕"广谱式"创新创业教育这样一个主题，历时十载，形成三本著作，达百万言，真有这个必要吗？这要取决于"广谱式"创新创业教育是不是一个真问题。"广谱式"为本人首创，"广谱式"有"广义"和"普及"两层含义，在教育内容方面可以解释为普及性的、广义的创业教育；在教育模式方面可以解释为是相对于面向商学院学生开展的"专业式"创新创业教育而提出的一种教育理念和教育模式；核心理念是"面向全体学生"、"结合专业教育"、"融入人才培养全过程"；基本目标是"全覆盖"、"分层次"和"差异化"，通过系统开展"通识型"、"专业型"、"嵌入型"、"职业型"创新创业教育形成一个综合教育体系，整合构建"专业性"与"广谱式""双轨并行、相互助力"的运行机制。"广谱式"创新创业教育从理论的高度解决了创新创业教育为什么要"面向全体学生"，而不是少数学生？为什么要"结合专业教育"，而不是"另起炉灶"？为什么要"融入人才培养全过程"，而不是简单地开设几门创新创业课程等基础性、根本性问题。可见，"广谱式"创新创业教育确为真问题。

马克思说：问题就是公开的、无畏的、左右一切个人的时代声音。问题就是时代的口号，是它表现自己精神状态的最实际的呼声。每个时代都有属于它自己的特殊问题，只有科学地认识、准确地把握、正确地解决这些问题，才能够更加自觉地推动时代的发展进步。我们正处在"大众创业、万众创新"的"双创时代"，"广谱式"创新创业教育可以说是生逢其时、应运而生，与经济发展"新常态"的基本内涵深度契合，是促进"大众创业、万众创新"成为推动中国经济发展调速不减势、量增质更优，实现中国经济提质增效升级"双引擎"之一的重要途径和载体。它既是当前中国高校开展创新创业教育的政策导向，也是创新创业教育理论研究和实践探索的长期努力方向，成为当前高校创新创业教育的主要发展趋势。

高校创新创业教育俨然成了当今时代的"显学"，以前对创新创业教育一无所知或知之甚少的人，现在一见到我们这些研究此门学问的人经常会以有远见相夸赞。其实，几年前我们又何尝知道创新创业教育会有如此的热度。凡事有一热必有一冷。"人生不满百，常怀千岁忧"。知识分子特有的忧患意识不但没有使我们沉浸在这近似狂热的状态中沾沾自喜，反而使得我们忧心忡忡，又做起了"需求热中的冷思考"。我们不怕繁华过后是寂寞，因为做学问本来就需要耐得住寂寞，而是怕走进"其兴也勃焉，其亡也忽焉"的怪圈，所以一直在努力争取为创新创业教育留下一点什么，也不枉潇潇走一回。"三论体系"（"导论"、"通论"、"概论"）当为一种努力和尝试，到底能够留下什么，且听后人评说吧！

是为后记。

王占仁
2016 年 2 月 9 日

责任编辑:钟金铃
封面设计:石笑梦

图书在版编目(CIP)数据

"广谱式"创新创业教育概论/王占仁 著. —北京:人民出版社,2016.6
ISBN 978 – 7 – 01 – 016401 – 4

Ⅰ.①广…　Ⅱ.①王…　Ⅲ.①大学生-创造教育　Ⅳ.①G640

中国版本图书馆 CIP 数据核字(2016)第 147758 号

"广谱式"创新创业教育概论
GUANGPUSHI CHUANGXIN CHUANGYE JIAOYU GAILUN

王占仁　著

人民出版社 出版发行
(100706　北京市东城区隆福寺街99号)

北京汇林印务有限公司印刷　新华书店经销

2016 年 6 月第 1 版　2016 年 6 月北京第 1 次印刷
开本:710 毫米×1000 毫米 1/16　印张:16.75
字数:230 千字　印数:0,001-2,000 册

ISBN 978 – 7 – 01 – 016401 – 4　定价:39.00 元

邮购地址 100706　北京市东城区隆福寺街 99 号
人民东方图书销售中心　电话 (010)65250042　65289539